黄河流域生态治理法律协调机制综论

吕志祥 / 等著

ECO LAW

中国出版集团
中国民主法制出版社

全国百佳图书
出版单位

图书在版编目（CIP）数据

黄河流域生态治理法律协调机制综论/吕志祥等著.
— 北京：中国民主法制出版社，2023.3
ISBN 978-7-5162-3140-1

Ⅰ.①黄… Ⅱ.①吕… Ⅲ.①黄河－流域－生态环境
－环境综合整治－环境保护法－研究 Ⅳ.① D922.682

中国国家版本馆 CIP 数据核字（2023）第 047830 号

图书出品人：刘海涛
出 版 统 筹：石　松
责 任 编 辑：张佳彬　刘险涛

书　　　名/黄河流域生态治理法律协调机制综论
作　　　者/吕志祥　等著

出版·发行/中国民主法制出版社
地址/北京市丰台区右安门外玉林里7号（100069）
电话/（010）63055259（总编室）　63058068　63057714（营销中心）
传真/（010）63055259
http://www.npcpub.com
E-mail: mzfz@npcpub.com
经销/新华书店
开本/16开　710毫米×1000毫米
印张/20.25　字数/290千字
版本/2023年4月第1版　2023年4月第1次印刷
印刷/三河市富华印刷包装有限公司

书号/ISBN 978-7-5162-3140-1
定价/80.00元

目 录

第一章　黄河流域生态治理法律协调机制

一、黄河流域生态治理的必要性及进展

（一）黄河流域生态治理的必要性

1. 黄河流域生态地位重要

（1）黄河流域概况。黄河是中国第二大河，干流全长5464千米，发源于青海省巴颜喀拉山，流经青海、四川、甘肃、宁夏、内蒙古、陕西、山西、河南、山东9个省区，在山东省东营市垦利区注入渤海。黄河流域，一般指黄河水系从源头到入海所影响的地理生态区域，从西到东横跨青藏高原、内蒙古高原、黄土高原和黄淮海平原四个地貌单元。广义的黄河流域是指黄河流经9省区的全部地域，流域面积为357.07万平方千米；狭义的黄河流域仅指黄河干流及支流地域，约有340个县（市、旗）（其中，267个县全部位于黄河流域，73个县部分位于黄河流域），流域面积为79.45万平方千米。[①]

（2）黄河流域生态的重要性和脆弱性。黄河流域地域广袤，拥有黄河天然生态廊道和三江源、祁连山等多个重要生态功能区，野生动植物资源和矿产资源都非常丰富，是我国重要的能源、化工、原材料和基础工业基地，是我国的生态屏障，生态地位十分重要。黄河流域既是我国生态建设和环境保护的重

---

① 王文杰、蒋卫国、房志等：《黄河流域生态环境十年变化评估》，北京：科学出版社2017年版，第4页。

点区域，也是确保全国生态安全的关键地带，是我国亟待解决沙化和水土流失等生态环境问题的主战场。而且，黄河流域的生态文明建设情况不仅事关当地人民的福祉，也会直接影响全国的经济发展和社会稳定，甚至关系到伟大复兴中国梦的实现。

由于各种因素的影响，长期以来黄河流域生态环境的重要性并未被真正重视。在长期粗放式的生产模式下，乱采滥挖资源及肆意砍伐森林等短视行为，导致该地区的植被覆盖度迅速降低，水土流失加剧，江河断流，缺水严重。甘肃中部、宁夏西海固及陕北等地区已成为全国缺水最严重的地区，这里的降水量每年只有200—300毫米，蒸发量每年却高达1500—2000毫米，反差十分强烈。①显然，黄河流域也是我国减少水土流失，改善生态环境的重点区域。我国西北地区西高东低的地势及其土壤易被冲刷的特质，决定了其水土流失的易发性及难以控制性。加之黄河流域中上游地区经济发展普遍滞后，农业耕作技术粗放甚至乱采滥挖等现象不时发生，导致流域中上游水土流失现象更加严重。②根据黄河水利委员会发布的《黄河流域水土保持公报》（2010）显示，黄河流域水土流失面积已达46.5万平方千米，占该流域总面积的62%，其中，强烈、极强烈和剧烈水力侵蚀面积分别占全国相应等级水力侵蚀面积的39%、64%和89%，年入河泥沙量高达16亿吨，是我国水土流失最为严重的区域。③不难发现，黄河流域的生态具有显著的脆弱性和重要性。

2. 黄河流域生态环境问题突出

黄河是中华文化的发源地，是中华民族的母亲河。但是，随着近代以来追求经济利益高速发展的脚步，掠夺式的开发，再加上黄河流域本身脆弱的生态特质，黄河流域生态环境遭到严重破坏，黄河土著鱼类数量锐减，两岸植被

① 黄文清：《西部地区"一退两还"后补偿机制研究》，北京：中国农业出版社2011年版，第195页。

② 黄文清：《西部地区"一退两还"后补偿机制研究》，北京：中国农业出版社2011年版，第194页。

③ 张兴军：《〈黄河流域水土保持公报〉首度发布》，新华网，2011年1月3日。

和自然景观受到不同程度的毁坏，流域内地质灾害、急性生态危机事件频发。近年来，国家加大了对黄河流域生态环境的修复、保护和治理，流域生态环境有所改善，但是黄河流域生态环境问题仍然非常突出。

（1）生态环境脆弱。黄河流域地貌复杂，生态本底差，生态环境非常脆弱。以其主要支流渭河为例，渭河流域地貌复杂、生态脆弱。渭河流域的地形地貌相当复杂，其最低处与最高处的高程相差在3000米以上。渭河流域的主要地貌包括黄土丘陵区、黄土塬区、土石山区、河谷冲积平原区等。渭河上游大部区域为黄土丘陵地貌，间有小面积的河谷川地；渭河中下游地貌更为复杂，北部为黄土高原，中部为河谷冲积平原，南部为秦岭土石山区，海拔相差很大。渭河流域大部分为深厚的黄土覆盖，易被水侵蚀；加之植被破坏严重，生态环境非常脆弱。不仅如此，黄河流域生态脆弱区分布广、类型多、易退化，整体性、系统性生态问题突出，恢复难度大且过程缓慢。

（2）水土流失严重。黄河流域中上游地区位于土质疏松的黄土高原，黄土高原植被覆盖度低，水土流失非常严重。在全国主要流域中，黄河流域水土流失面积占流域土地面积比例最大，中度及以上水土流失面积占比最高。以渭河流域为例，渭河流域的水土流失非常严重，其流域内近八成区域为水土流失区，水土流失面积高达10.36万平方千米，占其流域面积的76.9%。渭河流域土壤的侵蚀强度大，流域内侵蚀模数大于5000t/（$km^2 \cdot a$）的区域达4.88万平方千米，占黄土高原地区同类面积的25.5%。而且，因地表植被破坏、林线后退等人为原因导致的水土流失面积仍在增加。严重的水土流失导致渭河多年平均含沙量高达50千克/立方米，比黄河多年平均含沙量高出1.5倍以上。[1]渭河干支流的含沙量都比较大，其多年平均来沙量高达6.09亿吨，其中，泾河约为3.06亿吨，北洛河约为1.06亿吨，干流咸阳站约为1.97亿吨。渭河流域的泥沙呈现出水沙异源、来沙量集中、含沙量高等特点。渭河的径流主要源于其南岸地区，泥沙主要源于其北岸地区，且主要集中在泾河、北洛河和渭河上游。

---

[1] 水利部：《渭河流域重点治理规划》，https://max.book118.com/html/2018/0521/167776856.shtm。

根据1956—2000年的实测数据，其入黄泥沙高达4.43亿吨，约为黄河流域的35%，其中，20世纪90年代的平均入黄泥沙为3.46亿吨，含沙量达77千克/立方米。而且，90年代以后渭河的高含沙洪水更为频繁，通流量水位显著上升、漫滩频率加大、漫滩洪水时间延长。

（3）水资源短缺。黄河多年平均水资源总量为647亿立方米，还不到长江的7%。以渭河为例，渭河流域水资源非常短缺。总体而言，渭河流域属于干旱地区向湿润地区过渡的地带，这里的平均降水量大约为572毫米/年，流域内水面的蒸发量高达660—1600毫米/年，水资源极为短缺。自20世纪80年代以来，渭河源头河川径流量衰减趋势较为明显。源头区水资源出现短缺，供需矛盾突出。渭河源头区河川径流量约为7.9亿立方米，其人均占有量约为541立方米，亩均占有量约为118立方米，分别为全国人均和亩均占有水量的24.6%和6.9%。以武山县为例，武山县渭河畔的百泉村曾经是山川秀美之地，这里沼泽和泉水密布，古树林立，有大群的鸟儿包括丹顶鹤生活栖息并与村民和睦相处。近年来，百泉村的生态开始恶化，植被和树木遭到破坏，泉水大都枯竭，丹顶鹤不见踪迹，百泉村已空有其名。[1]而且，黄河流域水资源开发利用率非常高，竟达80%，远远超过40%的生态警戒线。流域内农业用水占用水总量的66.9%，生态环境补水占比仅为7.7%。部分支流生态流量不足，13条主要一级支流中有7条出现过断流，生态环境功能受到严重影响。[2]

（4）空气污染和水污染严重。黄河流域多地空气质量较差，没有达到全国平均水平。2020年，流域$PM_{2.5}$浓度高于全国平均值15.2个百分点，空气质量优良天数比率低于全国平均值7.4个百分点，尤其是汾渭平原的污染更为严重，$PM_{2.5}$浓度达48微克/立方米，PM_{10}浓度达83微克/立方米，重污染天数比率

---

① 王仲毅：《渭河　大地的伤痛》，载《人民之声报》2010年12月17日。

② 生态环境部、国家发展改革委、自然资源部、水利部：《黄河流域生态环境保护规划》，https://www.mee.gov.cn/ywdt/zbft/202206/t20220628_987041.shtml。

为3.1%。①黄河流域水质总体劣于全国平均水平，2009年，民盟中央对渭河流域的调研报告称，渭河源头区Ⅲ类重度污染水域118千米，占94.4%，水质长期在Ⅴ类水质下徘徊，72.4%的人口饮水不安全。②近几年，渭河流域加大了渭河治污的力度，但由于经济基础薄弱，经济总量小，环境治理资金匮乏，环境治理显得心有余而力不足。黄河中游的汾河、三川河、黄甫川等主要支流缺少生态基流，且污染物排放强度高，污染严重。而且，黄河流域部分地带的土壤污染也很严重，部分地段、部分工业园区及重污企业周围耕地、有色金属矿区及部分重点行业企业遗留地块的土壤污染问题突出。③

（5）水涵养能力下降。黄河流域中上游地区严重的水土流失导致当地生态环境更加脆弱，黄河源头及整个流域水涵养能力大幅度下降，黄河上游径流量锐减，黄河干流补给量逐年减少。以渭河流域为例，参阅宝鸡峡林家村（宝鸡峡林家村是渭河流至关中进入中游的第一站）水文站的记录发现，20世纪50年代前这里的年均径流量约为26亿立方米；50—80年代的年均径流量约为22亿立方米；而90年代以来的年均径流量约为13亿立方米。④不难发现，渭河源头区为渭河干流补给的水量呈锐减趋势。进入21世纪以来，渭源县加大了生态文明建设的力度，在渭河水源地的半阴坡地营造水源涵养林600多亩，在相邻的白杨沟、郭家沟营造沙棘水源涵养林1600多亩，并加快封山育林、退耕还林的节奏，使源头生态系统有所恢复，但源头区水涵养能力依然十分低，渭河源头的水流显得特别细。

---

① 生态环境部、国家发展改革委、自然资源部、水利部：《黄河流域生态环境保护规划》，https://www.mee.gov.cn/ywgz/zcghtjdd/ghxx/202206/t20220628_987021.shtml。

② 陈彩虹：《甘肃渭河源头区生态恶化亮"红灯"》，载《甘肃经济日报》2010年1月22日。

③ 生态环境部、国家发展改革委、自然资源部、水利部：《黄河流域生态环境保护规划》，https://www.mee.gov.cn/ywgz/zcghtjdd/ghxx/202206/t20220628_987021.shtml。

④ 1949年以来最大年径流量为1964年的78.55亿立方米，最小的年径流量为1997年的5.63亿立方米。参见王仲毅：《渭河　大地的伤痛》，载《人民之声报》2010年12月17日。

（二）黄河流域生态治理之进展

1. 黄河流域生态治理理念的提升

（1）生态治理理念。生态治理是指通过运用生态学理念对环境和资源进行修复、调控和管理，以求实现一种以效率、和谐、可持续为目标的环境优化、经济增长和社会发展的模式。春秋时期著名的政治家管仲在《管子·立政》中就曾言道，"草木植成，国之富也"，可见，良好的生态环境是促进社会一切领域高速发展、国家繁荣富强的基础。在当今社会，绿色是健康色、安全色，是一个国家富强、自信、蒸蒸日上的象征和底气，走环境保护、生态治理的强国之路已经成为党领导人民实现中华民族伟大复兴的共识。环境保护和生态治理理念有着庞大的理论支持，比如，马克思恩格斯生态思想、习近平生态文明思想、绿色发展系统理论等。从20世纪后半期开始，我国开始高度重视生态保护和建设。2012年，党在十八大报告中突出了"生态文明建设"的重要地位，报告要求把"生态文明建设"融入经济社会发展的各个方面；2015年，《中共中央关于制定国民经济和社会发展第十三个五年规划的建议》提出了五大发展理念，在创新、协调、开放、共享这四大发展理念的基础上增加了和生态治理密切相关的绿色发展理念；2017年，党的十九大报告中明确提出了一种发展导向，即要求加快实现生态治理，建立有利于环境保护的绿色生产和消费的法律制度和政策，同时要建立健全环境治理和绿色低碳循环发展的国家经济体系。[①]显然，走生态治理之路已经成为我国共识。

（2）黄河流域生态治理理念的深入。2007年，《西部大开发"十一五"规划》提出了黄河流域生态治理的理念，并明确了在青海三江源保护区、甘肃甘南黄河重要水源补给区、黄河流域中上游水土流失区等的制度性任务安排，提出了"统筹人与自然和谐发展，正确处理生态建设、环境保护、资源节

[①] 生态环境部：《生态环境部2019年12月例行新闻发布会实录》，http://www.mee.gov.cn/xxgk2018/xxgk/xxgk15/201912/t20191226_751637.html。

约与经济社会发展的关系"①的发展模式和生态理念。2012年，《西部大开发"十二五"规划》提出，继续加强青海三江源保护区、祁连山水源涵养区、甘南黄河重要水源补给区的生态环境保护与建设，开展刘家峡等库区生态综合治理，加快黄河中上游水环境保护和综合治理，树立绿色、循环发展理念，坚决遏制流域生态恶化趋势。②2017年，《西部大开发"十三五"规划》提出，持续实施三江源生态保护和建设、祁连山生态保护与综合治理等工程，启动实施黄河白银段和宁夏段以及渭河源头区等生态环境综合治理工程，争取建立黄河中上游重点生态保护区。③2018年，"生态文明"入宪。2019年，黄河流域生态保护和高质量发展成为国家战略。习近平总书记强调，"要共同抓好大保护，协同推进大治理，着力加强生态保护治理、保障黄河长治久安、促进全流域高质量发展"。④2022年，生态环境部等四部委发布的《黄河流域生态环境保护规划》提出，统筹黄河流域上下游、左右岸、干支流，以上游水源涵养、中游水土保持和污染治理、下游湿地保护修复为重点，因地制宜，分类施策，推进工业与农业、城市与乡村、流域与区域等之间的协同治理，完善省际会商机制，构建齐抓共管大格局。⑤

2. 黄河流域生态治理之进展

党的十八大以来，党和国家高度重视生态文明建设，确定了"节水优先、空间均衡、系统治理、两手发力"的治水思路，黄河流域9省区认真贯彻

---

① 国务院：《西部大开发"十一五"规划》，http://www.scio.gov.cn/m/xwfbh/xwbfbh/wqfbh/2007/0301/Document/324548/324548.htm。

② 国家发展改革委：《西部大开发"十二五"规划》，http://www.agri.cn/cszy/BJ/whsh/ncwh/201202/t20120221_2486222.htm。

③ 国家发展改革委：《西部大开发"十三五"规划》，http://www.gov.cn/xinwen/2017-01/23/5162468/files/56301370765d4fe8975541a2bf221281.pdf。

④ 习近平：《在黄河流域生态保护和高质量发展座谈会上的讲话》，载《中国水利》2019年第20期。

⑤ 生态环境部、国家发展改革委、自然资源部、水利部：《黄河流域生态环境保护规划》，https://www.mee.gov.cn/ywdt/zbft/202206/t20220628_987041.shtml。

落实党和国家的决策部署,加大了对黄河流域生态保护、修复和治理的力度,流域生态环境有明显好转趋势。

(1)生态环境质量明显改善。第一,黄河流域水质有明显提升。相较2015年,2020年黄河流域Ⅰ~Ⅲ类水质断面提高了28.1个百分点;劣Ⅴ类水质断面降低了16.7个百分点,国控断面化学需氧量、氨氮、总磷浓度也大幅降低。第二,黄河流域空气质量明显改善。相较2015年,2020年黄河流域细颗粒物(PM$_{2.5}$)浓度下降到38微克/立方米,降幅达25.5%;可吸入颗粒物(PM$_{10}$)浓度下降到69微克/立方米,降幅达26.6%。2020年,黄河流域主要城市空气优良天数比率提高3.1个百分点,重污染天数比率降低1.6个百分点。第三,黄河流域土壤环境保护持续加强。近年来,将涉镉等重金属企业纳入土壤污染重点监管范围并开始有序整治,严格管控重度污染耕地,安全科学利用轻中度污染耕地,加强建设用地准入管理,已完成近2800块地块的土壤环境调查,并对150多块地块开展了土壤污染风险评估。[①]

(2)水沙治理取得显著成效。黄河流域水少沙多、水沙异源,控制好流域面水土流失是黄河流域生态环境治理的重中之重。根据黄河水利委员会发布的《黄河流域水土保持公报(2020年)》,经多年治理,黄河流域水土流失面积和强度实现"双下降",生态环境有所改善。2020年,黄河流域水土流失面积为26.27万平方千米,其中,水力侵蚀面积为19.14万平方千米,风力侵蚀面积为7.13万平方千米。黄土高原水土流失面积为23.42万平方千米,占黄河流域的89.15%。相较1990年,2020年黄河流域水土流失面积减少了20.23万平方千米,减幅达43.51%。截至2020年底,黄河流域初步治理水土流失面积共25.24万平方千米,其中修建梯田608.02万公顷、营造水土保持林1263.54万公顷、种草234.30万公顷、封禁治理418.35万公顷;建成淤地坝5.81万座,其中大型坝5858座,中型淤地坝1.2万座,小型淤地坝4.03万座。黄河流域水土保持率明显提升,从1990年的41.49%、1999年的46.33%,提高到2020年的66.94%(其

---

① 生态环境部、国家发展改革委、自然资源部、水利部:《黄河流域生态环境保护规划》,https://www.mee.gov.cn/ywdt/zbft/202206/t20220628_987041.shtml。

中，黄土高原地区63.44%）。①同时，黄河流域用水增长过快局面有所放缓，生态用水得到有效保障，黄河干流实现连续22年不断流。

（3）生态保护与修复成效明显。经过多年试点和建设，我国初步形成了以国家公园为主体的自然保护地体系。2021年9月，国务院正式批复同意设立三江源国家公园，三江源国家公园成为我国第一批国家公园。三江源国家公园在体制试点基础上，不断优化调整功能分区和范围，将黄河源头的约古宗列等区域纳入三江源国家公园范围，面积扩展至19.07万平方千米。三江源国家公园的正式设立必将推进黄河源头区的持续保护。同时，黄河流域还建立国家级自然保护区66处，划定羌塘—三江源区、祁连山区等生物多样性保护优先区域。国家还积极实施三江源保护、三北防护林建设、天然林保护、防沙治沙、湿地保护恢复等重大工程，历史遗留矿山生态修复、山水林田湖草生态保护修复等试点工作也全面推进。中央生态环境保护督察和"绿盾"自然保护地强化监督检查等专项工作持续推进，有效地解决了一批突出生态环境问题。近年来，三江源地区藏羚羊、秦岭地区大熊猫和朱鹮等种群数量明显增加，黄河口水生生物多样性逐渐恢复，黄河流域生物多样性水平持续提升。②

二、黄河流域生态治理法律协调机制之不足

（一）协调立法不足

黄河流域横跨9省区，地域广袤。流域9省区的生态、经济、气候等等均有较大差异。总体而言，黄河流域上游地区资源丰富、生态脆弱、经济发展滞后，中游地区水土流失和水污染严重，下游地区经济发展较好、用水不足。应该说，流域上中下游各地虽有侧重但发展的任务都比较重，给本来生态脆弱、水资源不足的黄河带来了更大的压力。同时，流域的生态具有动态性、流动

---

① 水利部黄河水利委员会：《黄河流域水土保持公报（2020年）》，http://www.yrcc.gov.cn/sylm/2022stbcgb/2022stbcgbgb/202201/P020220128314295348360.pdf。

② 生态环境部、国家发展改革委、自然资源部、水利部：《黄河流域生态环境保护规划》，https://www.mee.gov.cn/ywgz/zcghtjdd/ghxx/202206/t20220628_987021.shtml。

性，上中游生态环境问题可能会影响到下游地区，所以，上中游地区生态治理和修复的任务更重。但问题是，黄河流域上中游地区发展条件差，人均GDP更低，更需要加大发展的力度。这样就带来很大的矛盾。下游地区认为，上中游地区应该保护好生态环境，否则就应该承担公法上的责任。上中游地区则恰恰相反，会认为，我们为了保护生态环境失去了很多发展机会，下游地区应该给予补偿；如果没有补偿，那我们为什么要把紧缺的资金、时间、精力等等投放到生态修复和治理当中呢？毕竟老百姓的生计和幸福生活是最重要的。

显然，黄河流域生态治理需要流域9省区之间的协调、协作、联动，也需要省区内各市州之间、左右岸之间的协调协作。2022年10月，《黄河保护法》①颁布，该法第4条规定："国家建立黄河流域生态保护和高质量发展统筹协调机制（以下简称黄河流域统筹协调机制），全面指导、统筹协调黄河流域生态保护和高质量发展工作，审议黄河流域重大政策、重大规划、重大项目等，协调跨地区跨部门重大事项，督促检查相关重要工作的落实情况。黄河流域省、自治区可以根据需要，建立省级协调机制，组织、协调推进本行政区域黄河流域生态保护和高质量发展工作。"此规定显系重大进步，但是法律也不可能"事无巨细"，实际上该"统筹协调机制"还需要进一步细化，方能发挥其重要作用。而且，我国《立法法》中也没有流域内各省区跨区域立法的相关规定，致使黄河流域生态治理的法律协调立法不足，进而导致黄河流域生态治理法律协调机制的建立健全变得迟缓。

（二）省际之间缺乏体系化考量

目前，黄河流域各省区在流域生态治理方面仍然主要是"各扫门前雪"的模式，缺少体系化考量。以黄河流域甘肃段为例，黄河干流流经甘肃省甘南、临夏两个自治州和兰州、白银两市。甘南植被多以草类、矮灌木为主，根系不发达，固土保地能力差，流域生态治理主要集中在退牧还草、修复草场、

① 为了行文简洁，本书将《中华人民共和国……法》一律简称为《……法》，譬如，将《中华人民共和国黄河保护法》简称为《黄河保护法》。

提高水源涵养能力等方面；临夏荒漠沙地面积广，以农耕经济为主，兼顾家庭养殖业，流域治理方式有退耕还林还草、禁止采挖高原药材植物、减少人为破坏和保护野生动物栖息地等；兰州人口密集，工厂、企业众多，工业、大气污染严重，流域生态治理主要集中在污染治理和限制过度开发生态资源两个领域；白银硅、锰、铜等稀有金属资源丰富，有数量不小的砖瓦窑、粉磨站、砂石料等高污染企业，流域治理主要以工业污染、船舶污染防治为主。虽然流域内各市州分别采取了治理措施，侧重治理的关注点各异，也实现了部分相应的治理成效，但是过于拘泥于各自"地盘"而缺乏流域一盘棋的意识，在生态保护和治理方面缺乏体系化意识和法律措施，使黄河流域生态治理的成效打了折扣。

（三）未形成左右岸统筹治理机制

黄河横跨我国三大阶梯，流经千沟万壑的黄土高原，泥沙量巨大，百折千回的河道，自西向东的地势落差，造成水流对冲击岸的自然冲刷和侵蚀，使得冲击岸此岸的生态保护、加固岸堤、防流固岸、防止水土流失的工作任务重、压力大，所要耗费的人力、物力、财力开销高昂。而与之相对的彼岸，即沉积岸，则生态危机较小，治理和保护工作任务较轻，经济费用不高。从经济发展角度来看，沉积岸一边的工商业较为发达、经济发展水平较高、经济实力较为雄厚、信息发达，而冲击岸一边则与之相反。由于这种特殊的自然情况和各自的利益衡量，实际生活中冲击岸和沉积岸往往很难达成共同治理的合作共识，分区管辖的地区更是缺乏有效的良性互助，即便是表面上已经达成了部分共同治理、协作互助的合作协议，在实际操作和政策落实中以我为主、各自为营，整体上一段流域的综合治理效果依旧很不理想。黄河流域甘肃段也存在左右两岸缺乏良性互助的问题，例如，位于甘肃和四川交界处的黄河第一湾，其两岸自然生态问题也较为突出。从目前生态治理的结果来看，黄河流域甘肃段左右两岸还未形成全面统筹治理的合作机制，未实现流域综合治理、有效保护的生态治理目标。

（四）水土气等环境要素一体化治理机制未形成

黄河流域自然生态环境修复工作难度大，与其本身生态环境安全风险高密切相关。一方面，从地理位置和气候条件来看，黄河流域横跨青藏高原、黄土高原、内蒙古高原、华北平原等地带，流域中上游自然条件差，土壤贫瘠，温带大陆性干旱气候和部分高山高原气候使得大部分地区气候干旱、常年少雨，区域荒漠广布植被稀少，土质疏松，常年多泥石流、滑坡等自然地质灾害，水土流失严重，本身的生态环境安全风险高。另一方面，黄河流域多地经济不发达，由于许多地区矿产资源丰富，在经济利益的驱动下，资源开发型工厂和企业遍布，但这些工厂、企业普遍技术水平不高，污染防治、废物处理等技术落后，废料废渣堆积、不合格的废气排放、工业污水排放屡禁不止，致使流域水污染、大气污染、土壤污染严重，各种污染相互碰撞叠加，造成复合型污染现象严重，更加难以治理。所以，黄河流域需要水土气等环境要素一体化治理机制，但该机制尚未完全形成，客观上给黄河流域生态治理带来了一定的困难。

（五）多元共治机制还在探索中

生态治理要取得好的效果，需要经济、社会等政策机制的"联动"，形成多元共治机制。但由于黄河流域多属于后发展地区，发展的任务还比较重，生态政策与其他政策本身容易形成利益冲突。在经济与环境的关系方面，很难做到环境保护优先，常见的仍然是以开发为先；在政策实施方面，黄河流域紧跟国家号召、践行黄河流域生态保护和治理的理念，但依然在政策的内化与践行、结合自身现状等方面存在不足，例如，政策内化不理想、践行效果不明显、地区间缺乏政策结合和互助、未形成绿色发展磋商机制和全局策略、缺乏有效的部门联动等；在环境司法方面，黄河流域多地已启用环境资源案件统一管辖机制，譬如，甘肃全省的环境资源案件统一由甘肃矿区法院（兰州环境资源法庭）受理和审理，虽然相比之前进步明显，但仍然存在一些问题，譬如，在生态环境资源案件的审理与执行中，在环境民事、刑事、行政等案件中，司法践行归口审判机制改革不彻底、集中审理效果和执行效果不佳；在公众参与方面，环境公益诉讼主体资格认定条件较高，企业缺乏高度自觉的社会责任感，民众监督意识不强，等等，导致社会、企业、公民等参与生态治理的功效欠佳。

三、完善黄河流域生态治理法律协调机制之进路

（一）完善协调治理立法

黄河流域生态治理已取得重大成绩，但其生态环境问题仍然非常严重，有的已成为"老大难"问题。一方面是因为黄河流域生态本底脆弱，流域上中下游各地"经济优先"还是"生态优先"其目标和做法均有不同；另一方面则是因为黄河流域"协调"立法不足，导致流域生态治理过程中较难形成刚性的协调协作机制。目前，黄河流域无论其污染治理方面，还是生态保护方面，其协调治理和修复机制多以软法性的指导文件和措施为依据，缺乏实体法律的强行规制。法律最大的优势在于它的强制力和明确性，也在于它的系统性和有序性。在流域治理保护方面，以颁布法律的方式进行规制的成功案例不在少数。例如，美国1933年通过了《田纳西河流域管理局法案》，设立了流域管理局，统筹田纳西河流域的规划、开发和保护，取得了很好的效果；日本、德国等也有以采取立法的方式治理河流湖泊的成功案例。《黄河保护法》颁布后，大大缓解了上述"协调"不足的问题。《黄河保护法》较为详细地规定了黄河流域的"统筹协调机制"，包括中央层面的和地方层面的。但由于该法规定的"统筹协调机制"并未明确牵头单位、组成单位和启动程序等，所以协调机制的可操作性不够，需要尽快出台相关细则以完善协调机制。另外，《立法法》对立法主体应该适时做出调整，以适应流域协调发展之需要；而且，流域各地应当通过地方立法细化相关协调之规定，为黄河流域生态治理法律协调机制的建立和践行奠定基础。

（二）健全省际及两岸协调执法机制

在黄河流域上中下游及左右岸保护与生态治理方面，势必要形成上中下游及两岸"一幅图"模式，打破各自为营式发展，解决"各扫门前雪"的窘境。加强上中下游及两岸磋商合作，协调两岸执法，构建全流域统一的生态治理执法协调机制，打破上中下游各自为政和"左右岸"壁垒，消除行政设限，推进流域区域联动和司法行政等政令通行，实现联动式互助发展。在环境执法方面，协调流域各段及两岸执法，在信息互通上，共建共享流域的资源现状、污染数据、危机分析报告；在环境司法裁判执行方面，上中下游及左右两岸协助式执法，以此实现快速执法、落实司法；在经济支持方面，可以建立黄河流域生态保护专项资金，按比例和经济发展条件进行融资，实现各段及两岸互助式资金周转；在协作治理方面，加大下游对上中游、沉积岸对侵蚀岸的协作支持。而且，通过建立黄河流域生态治理协调机制，实现上中下游及左右岸之间的协作调查，摸底查清全流域入河排污口情况，协助进行溯源调查，查清污染源，规制排污，惩戒污染，使污染者承担应有的责任。总而言之，依法成立协调机制，上中下游、左右岸同心同步，才能实现黄河流域的有效治理。

（三）形成水土气等环境要素一体化治理机制

习近平总书记在黄河流域生态保护和高质量发展座谈会上指出，"当前黄河流域仍存在一些突出困难和问题"，"这些问题，表象在黄河，根子在流域"[①]。流域是指"由分水线所包围的河流集水区"，即地面集水区。每条河流都有自己的流域，黄河流域面积达79.5万平方千米。河道不仅是水流的通道，还是全流域能量、物质的输送通道，是流域情况的集中反映。河道中的水、泥沙、污染物都源于流域面，降水从坡面到河道、从支流到干流系流域的自然水循环过程，人类从河道取水利用、废水（处理后）返回河道系流域的社

---

① 习近平：《在黄河流域生态保护和高质量发展座谈会上的讲话》，载《中国水利》2019年第20期。

会水循环过程。可见，无论是自然水循环还是社会水循环，河道与流域紧密相关，流域出了问题，河道自然就出了问题。习近平总书记以朴素的语言，阐释了河流和流域的关系，指明了流域综合治理的方向。①他进一步强调，"要坚持山水林田湖草综合治理、系统治理、源头治理"②。所以，黄河流域生态保护和治理功夫都应该在流域面，需要聚焦流域生态环境及其变化、流域水沙调控与长治久安、流域水资源集约节约利用、流域生态承载力和绿色发展等重大问题，"加强协同配合"，实现流域水土气等环境要素一体化治理，"统筹推进各项工作"，才能"协同推进大治理"。

（四）建立多元共治机制

黄河流域的生态治理需要从整合资源、建立多元共治机制着手，逐渐培育协同保护新模式。在政府协作领域，流域9省区政府、省区内各市州政府之间都应该建立不同层级的协调协作机制，定期召开会议，协商解决黄河流域突出生态环境问题，定期评估落实情况，及时解决突发性环境事件和重点难点问题；在司法领域，需完善司法协调机制（下文详述）；在治理能力提升方面，进行按批次定期综合培训，积极开展黄河流域立法、执法、司法一体化培训活动，提升流域相关人员环境执法能力，提升法官公正有效司法的水平和素质；在公众参与方面，强化社会、企业、公民和司法、执法领域的监督和信息互通，通过信息网络平台、法院网站、微信公众号等公布黄河流域执法和司法情况，为社会和公众参与监督提供便利，进而推动黄河流域生态治理的多元共治及长治久安。

---

① 《学习时报：为什么说黄河的问题表象在黄河根子在流域？》，http://www.qstheory.cn/2020-01/22/c_1125493259.htm。

② 习近平：《在黄河流域生态保护和高质量发展座谈会上的讲话》，载《中国水利》2019年第20期。

（五）完善司法协调机制

司法是流域生态治理的最后一道防线，严格司法才能有效执法。在黄河流域环境司法方面，应当统筹流域各地，在建立跨地域集中管辖制度的基础上，建立环境资源案件巡回审判制度，最高人民法院可以探索设立黄河流域巡回法庭（或黄河流域人民法院），以定期巡回监督与不定期考察监督相结合的方式，统一审判流域重大生态环境案件，构建司法协调机制，规制惩戒与责任，避免流域惩戒力度不一的差异，形成黄河流域生态治理法律保障轴线。同时，创新司法模式，建立生态环境案件下的司法修复制度，以使环境责任人承担治理污染、修复环境的实质性修复责任为主，最大程度挽回对环境的污染和破坏，实现最快速的修复。譬如，兰州环境资源法庭可与当地政府执法小组共同协商，选择切实可行的区域，建立专项工作场所，成立专项修复监督小组，定期考察环境责任人的植树造林、荒山复绿、野生动物栖息地修复、鱼类人工补殖情况，定期评估考核，合格者减免处罚，不合格者继续承担修复责任，对履行责任不积极、不作为的责任人实行惩罚性加重修复责任，条件允许的可以强制执行。

第二章　黄河流域水权配置法律保障机制
——以甘肃段为例

一、黄河流域甘肃段水权配置法律保障现状

（一）水权配置的内涵及模式

"水权"一词起源于英美法系，在长期的发展过程中，逐步被大陆法系国家所移植。①随着水权理论的不断发展以及水资源物权化理论的出现，水权配置应运而生。

1. 水权配置的内涵

水权配置通俗来讲，是对水资源的使用权进行分配，其主要目的是使不具备水资源所有权的使用人可以通过法定的程序获得水资源的使用权。水权配置一般分为初始水权配置和水权再配置。

初始水权配置过程就是将水资源的所有权与使用权进行分离。初始水权配置是国家水权制度建设的基础性工作，以建立和完善流域（区域）水量分配制度、取水许可总额控制制度以及其他取用水权益分配机制为核心内容，进一步明晰地方政府水资源管理职责，明确各地方取用水总额控制指标，并逐步规范和健全各地方取水许可制度、水资源有偿使用机制和对其他取用水权益的确认机制。通常认为初始水权配置的主体拥有水量权、用于生产经营的水资源使

---

① 陈兴华：《论中国水权交易培育性监管制度的构建》，载《北方工业大学学报》2021年第2期。

用权、可供给的水资源量等。初始水权配置的实施者，一般认为，包括区域、流域管理机构和国家资源管理部门。[1]流域初始水权配置涵盖于初始水权配置之中，大致包括了流域内各个行政区划间的初始分配、行政区域内各个用水部门及行业之间的初始分配以及水管部门向最终用水户的初次配置三个方面。流域水权配置的三方面相互影响、相互制衡，一方受益的同时必然导致其他方受损。因而，流域水管部门应当合理调节各方用水矛盾，并推动流域内各个地区和产业之间协调发展，以达到对流域内整体初始水权的良性分配。

水权再分配，即通俗意义上的水权交易。是在水权初始配置的前提下，为了更好地保障水资源的高效利用，将水资源的使用权通过市场运作的方式实现流通转换。水权交易的主体包括用水者协会、水区、自来水企业、用水企业、个人等，凡是用水权利人均有资格参与到水权买卖的过程中。[2]水权交易所发挥的主要作用，是使水权成为一种具备经济发展意义的市场流动性产品，透过市场机制，促使用水效率较低的水权人考虑用水的机会成本而节约用水，并把部分水权转让给用水边际效益大的用水人，使新增或潜在用水人有机会取得所需水资源，从而达到提升社会用水总效率的目的。对于流域水权再分配而言主要分为三个方面：流域间的水权再分配、流域内不同行政区域间的再分配、行政区域内的水权再分配。水权交易的市场包括一级和二级市场，一级市场主要指掌握水资源所有权的国家与拥有水资源使用权的用水户之间的交易，主要在政府与用水户之间进行；二级市场主要是指基层用水者与用水者之间通过买卖方式进行的再交易。

2. 水权配置的模式

我国水权配置研究起步较晚，且国内水情错综复杂，导致水权配置模式尚未达到成熟的水平。结合国内及国外水权配置情况，主要分为以下三种配置

---

[1] 吴丹、吴凤平、陈艳萍：《水权配置与水资源配置的关系剖析》，载《水资源保护》2009年第6期。

[2] 陈金木、王俊杰：《我国水权改革进展、成效及展望》，载《水利发展研究》2020年第10期。

模式：

（1）政府为主导的行政配置模式。在这种模式下，政府充分发挥其行政主体地位，通常利用法律和行政管理等手段直接对水资源进行分配，调配工业、农业、生态和生活等领域的用水，调节各行政区域、各用水部门间的水资源利用关系，从而减少各行业间用水矛盾，提高水资源利用效率。[①]政府作为水资源的所有权人，对可用水量实行计划分配，是保障水资源良性利用的必要措施。然而政府主导的配置模式是以公平为指导观念，一定程度上会影响濒水地区人们的用水习惯，同时也会存在配置不合理、效率低等方面的问题。

（2）市场配置模式。这种模式就是充分发挥市场在公共资源流转中的决定性作用，将水商品化，赋予其可以交易的属性。通过市场的流转将水从利用率低的领域转向利用率高的领域，从而实现水资源高效利用的目的。近年来，我国的水权市场化发展已经取得了明显进步，但是水权交易的行政干预严重、参与主体单一以及交易成本过高等问题依旧显著。[②]

（3）混合配置模式。这种模式就是将政府宏观调控与市场自主配置功能相结合，充分发挥二者的作用，从宏观层面建立合理的水权配置保障机制，从微观层面建立奖效机制；一方面在公平的基础上提高水资源利用效率；另一方面在市场高效配置的同时保障公平。[③]近年来，这种混合配置模式在国内外不少地区已逐步被应用。

（二）水权配置的理论基础

水权配置涵盖诸多学科理论，主要包含法学、经济学、管理学等诸多方面。本节内容将从多个角度展开论述。

---

① 王慧：《水权交易的理论重塑与规则重构》，载《苏州大学学报》（哲学社会科学版）2018年第6期。

② 唐小娟、崔静、王军德：《疏勒河流域水权交易相关问题研究》，载《中国水利》2021年第8期。

③ 王军权：《黄河流域水权配置问题的政治经济学分析》，华中科技大学博士学位论文，2017年。

1. 人水和谐理论

要想实现取水权公平分配的目标，就要以人水和谐理论作为指导，综合考量区域经济社会发展和自然条件的空间差异性来制定具体的分配方式。[①]这就与习近平总书记在黄河流域生态保护和高质量发展座谈会上指出的要坚持"以水定城、以水定地、以水定人、以水定产"的理念不谋而合。人水和谐理论主要涉及公平性、高效性、尊重现状和可持续性四大基本原则，公平性作为水权初始配置的首要原则，主要从经济社会状况和自然资源条件视角诠释了发展与资源的和谐关系，要求流域水权配置过程中要综合考量沿岸各地区经济、社会、人文和环境等一切因素。高效性原则要求水权初始配置要从地方经济社会发展水平和资源使用效率的角度出发，力求保障投入与产出之间的和谐关系。尊重现状原则是指初始水权的分配要以区域当下的实际用水需求和流域供给能力为准则。可持续性原则从流域水资源开发利用后果角度诠释了当下和未来的和谐关系。在流域水资源开采的过程中不能以牺牲生态环境为代价，在初始水权向各行业配置的过程中也要预留必要的生态用水量。

2. 水资源公共商品交易理论

水资源公共商品交易理论是指将水资源使用权客体的水资源赋予"物"的属性，从而赋予人类支配和控制的权利，可以在市场中流转。但和传统意义上的商品不同，应将水看作一种特殊的商品，它有较强的社会公共性，它对改善人类生活、保护传统文化和维持生态平衡等社会利益均至关重要。[②]20世纪60年代，加雷特·哈丁提出了"公地悲剧"的理论观点，他认为类似于公地这样的公共资源，所有人均可在不妨碍他人的情况下使用，所有人均因担忧公共资源被他人占用过多导致自身拥有不足而去过度占用公共资源；对海洋资源的

---

① 窦明、王艳艳、李胚：《最严格水资源管理制度下的水权理论框架探析》，载《中国人口·资源与环境》2014年第12期。

② 王剑、史玉成：《中国自然资源权利体系的类型化建构》，载《甘肃政法学院学报》2019年第6期。

大肆捕捞、对山林资源的大肆砍伐、对空气资源的过度污染都体现了加雷特的这一理念。成为悲剧的原因是因为所有人都知道长此以往公共资源终究会不复存在，但所有人却对此冷眼旁观，认为这不是靠自身约束能够改变的事实，进而形成"及时捞一把"的心态，最终导致公共资源严重浪费。而水资源公共商品交易论正是为了避免这一悲剧的持续产生。

将水资源赋予公共商品的属性，一方面有助于解决水供给短缺的问题，因为政府可能缺乏必要资金和意向来建设公共水供应系统，而当水权再分配市场基础设施的建设有了较为稳定的财政支持则能让人们重视水资源的使用效率。另一方面可以让水资源在使用者之间实现流通，实现水资源从低效能一方转向高效能一方，极大地提高了水资源的利用效率。当水资源具有公共性特征，政府应当确保水资源得到有效管理，协调人们需求与环境保护之间的关系。如果仅仅把水资源视为不可交易的公共产品而非可交易的商品，那将无法确保水资源的使用实现社会效益最大化目的；如果只把水资源视为商品而非公共产品，则无法保证水资源能够满足各种公共需求。[1]

3. 协同管理理论

协同管理理论即强调多元主体共同参与到实际的管理中，不去过多地强调管理的中心，而是力求构建治理过程中不同组织和要素之间网状化的复杂关系。它很好地契合了公共资源公益性、社会性、生态性、经济效益性等特征，一方面有助于冲破传统部门主义和科层制组织的弊端，有效化解不同主管部门和组织机构内部的隔阂；另一方面也有助于充分调动社会、企业、各类社会团体积极参与公共资源管理的积极性，促进国家公共资源综合效益总体目标的达成。

协同管理主要表现为除政府组织外，公民、企业、社会组织都可以参与到治理的过程中，实现对治理政策的制定、监督与评估；同时，每个主体都

---

① 李华、叶敬忠：《被捕获的自然：重审水资源商品化》，载《中国农业大学学报》（社会科学版）2014年第2期。

拥有同等的机会掌握相关信息，并可以进行公平协商和资源交换。在这一模式下，政府管理、市场治理以及基层自治等管理方式都能够被吸纳进来，从而实现彼此之间的取长补短。

（三）黄河流域甘肃段水权配置情况

黄河流域甘肃段在整个黄河流域中居于重要位置，说它有命门之重也并不为过。黄河流域甘肃段地跨9个市州，干流流经甘南藏族自治州、临夏回族自治州、兰州市、白银市等四市州。流域内人口约1835万，占全省的70%以上。2018年，沿黄流域9市州完成地区生产总值6236亿元，占全省的75.6%。

1. 黄河流域甘肃段水资源及水权配置情况

在甘肃境内，黄河流域全长为913千米，流域总体面积约为14.59万平方千米。流域在甘肃省的大支流有湟水、庄浪河、大夏河、洮河、祖厉河、渭河、泾河等，甘肃省省会兰州市是黄河唯一穿城而过的省会城市，黄河流域60%以上的水资源来自兰州以上河段。

近年来，甘肃省水资源总量约为平均每年270.92亿立方米，其中黄河流域提供的水资源总量约占40%，为120.38亿立方米。甘肃省全年降水量在各区域间分配极不均衡，总体趋势是从西北地区向东南地区递增。近年来，甘肃省平均降水量约为283毫米，其中，黄河流域近年来的平均降水量约为485毫米，远超全省平均水平。地表水近年来平均自产量约为260亿立方米，其中，黄河流域约占全省总量的45%，为115.5亿立方米。地下水全省多年来平均水量为125亿立方米，其中，黄河流域为38.29亿立方米。近年来，全省入境水量307.7亿立方米（扣除黄河干流从青海省入我省玛曲县的第一次入境水量174.16亿立方米）。其中，黄河流域入境水量247亿立方米，占全省入境水量的80.3%。全省出境水量460.5亿立方米（扣除黄河干流在我省玛曲县出青海省的第一次出境水量217.31亿立方米）。其中，黄河流域出境水量345亿立方米，占全省出境水量的75.0%。[①]（见表2-1）可见，黄河流域在各个层面都为甘肃省水资源的供给提供重要支撑。

表2-1　黄河流域甘肃段近年来平均水资源产量及出入境水量[②]

分区	水资源 （亿 m³）	降水量 （mm）	地表水量 （亿 m³）	地下水量 （亿 m³）	入境水量 （亿 m³）	出境水量 （亿 m³）
黄河	120.38	485	115.5	38.29	247	345
全省	270.92	283	260	125	307.7	460.5

自"十三五"以来，甘肃省水资源供需变化不大。以2020年为例，全省总供水量109.89亿立方米，其中，黄河流域35.35亿立方米。全省总用水量109.89亿立方米，其中，黄河流域38.35亿立方米。全省净耗水量70.20亿立方米，综合耗水率为67.9%，其中，黄河流域21.36亿立方米，综合耗水率为63.1%。（见表2-2）[③]

表2-2　2020年黄河流域甘肃段供水组成[④]（单位：%）

流域 分区	地表水源供水量					地下水	其他水源
	蓄水	引水	提水	跨流域 调水	小计		
黄河	10.6	31.9	41.1	0	83.6	9.0	7.4
全省	28.8	29	14.6	2.5	74.9	21.3	3.8

由上述统计数据不难看出，甘肃全省及黄河流域甘肃段水资源供应主要依靠地表水，而黄河流域此特征更为明显。

---

① 马翔堃、陈发斌：《甘肃省黄河流域现状用水及存在问题浅析》，载《地下水》2018年第6期。

② 甘肃省水利厅：《2020年甘肃省水资源公报》，http://slt.gansu.gov.cn/slt/c106726/c106732/c106773/c106775/202110/1853946/files/d7c09d4d6a714a83ad058afddf9a492c.pdf。

③ 甘肃省水利厅：《2020年甘肃省水资源公报》，http://slt.gansu.gov.cn/slt/c106726/c106732/c106773/c106775/202110/1853946/files/d7c09d4d6a714a83ad058afddf9a492c.pdf。

④ 甘肃省水利厅：《2020年甘肃省水资源公报》，http://slt.gansu.gov.cn/slt/c106726/c106732/c106773/c106775/202110/1853946/files/d7c09d4d6a714a83ad058afddf9a492c.pdf。

黄河流域甘肃段水权分配始于国家1987年制定的黄河流域分水方案，"87分水"核定甘肃省地表消耗水量指标为30.4亿立方米，人均用水量不足170立方米，人均用水水平仅为黄河流域整体人均的54%左右。随着黄河流域甘肃段经济的不断发展，用水量也日益增多，"87分水"核定的用水量指标已经不能满足黄河流域甘肃段的实际需求，国家确定的甘肃省2020年、2030年经济发展用水指标分别为114亿立方米、125.5亿立方米，相较目前甘肃省用水量分配指标而言，缺口较大。[①]

2. 黄河流域甘肃段行业、地区水权配置情况

黄河流域向甘肃省9个市州供水，分别为甘南州、临夏州、兰州市、白银市、武威市、定西市、天水市、平凉市、庆阳市。以2018年为例，全省用水量中，农业用水占79.4%，工业用水占8.2%，居民生活用水占5.1%，生态环境用水占4.2%，城镇公共用水占3.1%。黄河流域甘肃段用水量中，农业用水占65.0%，工业用水占14.9%，居民生活用水占10.2%，城镇公共用水占6.3%，生态环境用水占3.6%。可见，不管是甘肃省还是省内黄河流域，水权分配的主要大户都是农业生产，占到了总量的六成以上。[②]2020年，黄河流域龙羊峡以上地区供水总量0.75亿立方米，龙羊峡至兰州段供水总量11.23亿立方米，兰州至河口镇供水总量14.47亿立方米（见表2-3，表2-4）。

表2-3　2018年黄河流域甘肃段各行业用水量[③]（单位：亿m³）

流域分区	农田灌溉	林牧渔畜	工业	城镇公共	居民生活	生态环境	合计
黄河	21.9	3.08	5.76	2.42	3.92	1.37	38.45
全省	80.27	8.88	9.25	3.49	5.74	4.67	112.3

---

① 赵莺燕、于法稳：《黄河流域水资源可持续利用：核心、路径及对策》，载《中国特色社会主义研究》2020年第1期。

② 张正苹、成自勇、沈国云等：《黄河流域向甘肃省可供水资源优化配置研究》，载《华南农业大学学报》2014年第2期。

③ 甘肃省水利厅：《2018年甘肃省水资源公报》，http://slt.gansu.gov.cn/slt/c106726/c106732/c106773/c106775/201702/11a950b4d80747e88bfd33c68ff7b9e4.shtml。

表2-4 2020年黄河流域甘肃段各行业用水量① (单位:亿m³)

流域分区	农田灌溉	林牧渔畜	工业	城镇公共	居民生活	生态环境	合计
黄河	20.26	3.04	3.46	1.08	4.86	2.64	35.34
全省	75.77	7.89	6.24	1.92	7.34	10.71	109.87

对比2018年及2020年的用水量,不难发现,农业依旧是全省各地区用水最多的行业;2020年工业领域及城镇公共领域的用水量较2018年有所下降,2020年生态用水及居民生活用水量较2018年均有所提升。可见,近年来甘肃省正在积极践行习近平总书记提出的黄河流域高质量发展之路,对生态环境及居民生活等领域的用水更加重视(见表2-5,表2-6)。

表2-5 2020年黄河流域甘肃段各市州用水量② (单位:亿m³)

行政分区	农业灌溉用水量	林牧渔畜用水量	工业用水量
武威市	13.67	1.1	0.21
兰州市	4.4	0.47	1.53
白银市	7.06	0.97	0.54
临夏州	2.28	0.26	0.11
定西市	1.79	0.11	0.11
天水市	2.13	0.27	0.18
平凉市	1.18	0.33	0.32
庆阳市	0.23	0.35	0.5
甘南州	0.2	0.29	0.02

---

① 甘肃省水利厅:《2020年甘肃省水资源公报》,http://slt.gansu.gov.cn/slt/c106726/c106732/c106773/c106775/202110/1853946/files/d7c09d4d6a714a83ad058afddf9a492c.pdf。

② 甘肃省水利厅:《2020年甘肃省水资源公报》,http://slt.gansu.gov.cn/slt/c106726/c106732/c106773/c106775/202110/1853946/files/d7c09d4d6a714a83ad058afddf9a492c.pdf。

表2-6　2020年黄河流域甘肃各市州用水量（续）^①（单位：亿m³）

行政分区	城镇公共用水量		居民生活用水量		生态用水量
	建筑业	服务业	城镇	农村	
武威市	0.004	0.13	0.29	0.29	1.51
兰州市	0.06	0.32	1.5	0.11	1.53
白银市	0.01	0.11	0.24	0.13	0.18
临夏州	0.01	0.09	0.26	0.31	0.02
定西市	0.05	0.04	0.26	0.32	0.68
天水市	0.06	0.06	0.42	0.28	0.07
平凉市	0.04	0.06	0.26	0.26	0.04
庆阳市	0.03	0.11	0.19	0.24	0.04
甘南州	0.007	0.04	0.09	0.11	0.04

分析各市州数据不难发现，兰州市工业用水量显著多于其他地区，除兰州外，各地城镇及农村居民用水量大致相当，武威、白银两地农业用水量高于其他地区，除兰州、武威外，其他地区生态用水量均较少。

在各地区及行业间开展的水权交易层面，自十八届三中全会提出对水流等自然资源进行统一确权登记以及推行水权交易的决策部署之后，甘肃省成为国内第一批水权交易试点省份。甘肃省水权交易试点工作的交易类型主要为行业和用水户间的水权交易，主要体现在农业领域。近年来，随着试点工作的不断推进，甘肃省逐渐建立了多级互联互通的水权交易信息平台，涉及农户17万余户，充分调动了全社会节约高效利用水资源的积极性。甘肃省水权试点工作始于疏勒河流域，黄河流域的水权交易相对起步较晚。2018年初，为贯彻落实党的十九大培育水权交易市场的决策部署精神，兰州市政府办公厅出台了《兰州市水权交易试点实施方案》，以七里河区内的非居民取水用户及榆中县农业生

---

① 甘肃省水利厅：《2020年甘肃省水资源公报》，http://slt.gansu.gov.cn/slt/c106726/c106732/c106773/c106775/202110/1853946/files/d7c09d4d6a714a83ad058afddf9a492c.pdf。

产领域的取水用户为对象，开展为期5年的试点工作。市政府力求在不突破总用水量指标和取水许可证规定许可水量的前提下，充分发挥市场的配置功能，建立科学、可持续的水权交易市场，从而促进水资源的高效利用。2019年，甘肃省灌溉用水户水权交易工作正式启动，该试点工作将围绕黄河流域及省内其他流域展开。总之，黄河流域甘肃段水权交易市场探索工作正在进行中，主要包括农业节水向工业、服务业的水权转让以及灌溉用水户之间的水权市场交易。

（四）黄河流域甘肃段水权配置法律保障情况

甘肃省水权制度建设始于2002年，针对黄河流域甘肃段，甘肃省水利部门出台了《黄河流域甘肃段取水许可总量控制指标细化方案》，明确了流域沿岸各市州及相关行业用水总量的指标，围绕水权制度的取水许可管理体系初步建立。随后，甘肃省积极探索水权初始分配工作，研究制定了不同层级的水权初始分配原则，明确了沿黄各地区、各部门之间的水权配置协调机制。同时，省政府又出台了确保水权配置方案高效实施的监管制度，保障分配成果的有效落实。[1]2019年，甘肃省水利厅印发实施《甘肃省水资源用途管制实施办法》及《取水许可管理办法》，进一步统筹协调生活、生产、生态用水，充分发挥水资源的多重功能，使水资源按用途得到合理开发、高效利用和有效保护。2020年，甘肃省水利厅出台《甘肃省水资源管理监督检查办法》，确保最严格的水资源管理制度得到有效落实。同年，《甘肃省节约用水条例》出台，其第46条规定："县级以上人民政府应当推行水权交易制度，鼓励地区间、行业间、取用水户间按照国家有关规定进行水权交易。"这一规定较大地推进了甘肃省水权交易市场的培育和发展。[2]

---

[1] 戚笃胜：《甘肃省水权制度建设基础与路径》，甘肃农业大学硕士学位论文，2017年。

[2] 苏钊贤、张国兴：《黄河流域水权交易实践探索、瓶颈制约与突破路径》，载《华北水利水电大学学报》（社会科学版）2022年第2期。

目前，甘肃省围绕黄河流域的水权配置法律制度建设主要集中于总量指标控制和初始水权分配，针对黄河流域各区域、各领域间的水权配置问题，还没有出台细化规定。二级水权交易市场的相关法律制度建设起步较晚，正处于积极探索阶段，有关水权市场监督、纠纷解决以及基层自治等相关法律政策依然缺位。

二、黄河流域甘肃段水权配置法律保障机制之不足

（一）水权配置及其相关问题

黄河流域甘肃段水权配置的共同问题主要集中体现在初始分配量不足、配置效率低下、经济用水与生态用水之间矛盾突出等。除共性问题外，流域各地受各自历史、社会、资源、环境等因素影响，存在的问题各不相同。

1. 黄河流域甘肃段初始水权配置量不足

黄河流域初始水权配置始于1987年国务院出台的《黄河可供水量分配办法》，这是国内首次针对黄河流域整体范围内的水资源调配方案。此次分配中，甘肃省初始分配的水量为30.4亿立方米，占比仅为流域整体分配水量的8.2%，人均大约170立方米，仅占流域整体人均水平的54%。可见，"87分水方案"中，由于当时黄河中上游省份的经济社会发展水平明显低于中下游地区，所以导致初始水量的分配明显偏低于中下游地区。因此甘肃省获得的水资源初始分配量明显低于其他省份。①2013～2018年间，黄河流域甘肃段年均水资源配置量进一步减少至26.6亿立方米，黄河流域以43.5%的水资源涵养了甘肃省7成以上的人口，可谓甘肃省水资源供给的主要源头，初始水量的一再减少严重制约了黄河流域甘肃段的经济社会发展。黄河干流兰州段以上及省内渭河、泾河及祖厉河等支流径流量约占黄河流域总径流量的7成左右，如此大的

---

① 王忠静、郑航：《黄河"八七"分水方案过程点滴及现实意义》，载《人民黄河》2019年第10期。

产水量也与极少的初始分配量严重不匹配。特别是河西地区及陇中区域，一直以来都是甘肃省较为严重的干旱区，但却存在紧靠黄河"无水用"的尴尬窘境。

近年来，黄河流域经济、降水、水利工程建设等方面的变化，都使得1987年初始制定的水权分配方案不再适用于当前。首先，随着经济社会不断发展及工农业机械化规模不断提高，原来制定的水量分配方案已经不能满足甘肃省目前的实际用水需求。并且随着我国当前耕地中心不断向西北地区转移，未来甘肃省黄河地区的耕地与种植面积将持续增加，随之而来的便是水资源需求量的不断提高。其次，近40年来黄河天然水量呈现持续减少的趋势，以2013年为例，降水丰富的夏季，降水量却较往年减少了40%，致使黄河流域甘肃段水量较往常降低了15%左右。另一方面，由于沿黄流域生态环境的不断破坏以及生态保护思想的不断加深，致使生态用水的需求不断增多。再者，制定"87分水方案"时，明确指出适用于南水北调工程生效前（见表2-7）。如今，南水北调首期工程已全面开通7周年，调水量近400亿立方米，随着工程的投入使用，黄河流域中下游地区的水资源条件已发生显著变化，应当在整体分析最新流域空间供水条件变化的前提下，重新制定符合实际的黄河水资源初始分配方案。[1]

表2-7 1987年黄河水量初始分配方案[2]（单位：亿m³）

省区	青海	四川	甘肃	宁夏	内蒙古	山西	陕西	河南	山东	合计
耗水量	14.1	0.4	30.4	40	58.6	43.1	38	55.4	70	350

2. 农业用水量大且浪费严重

黄河流域甘肃段水权初始分配的主要问题虽为初始分配水量不足，但各

---

① 贾绍凤、梁媛：《新形势下黄河流域水资源配置战略调整研究》，载《资源科学》2020年第1期。

② 王忠静、郑航：《黄河"八七"分水方案过程点滴及现实意义》，载《人民黄河》2019年第10期。

区域、行业间初始水量分配效率低下的问题也不容忽视。以农业用水为例，黄河流域甘肃段沿岸各区域农业用水占比均显著高于其他领域，除农业生产自身对用水需求较高以外，也存在用水效率低、浪费严重等显著问题。

首先，黄河流域甘肃段一直以来都采用发放取水许可证的方式，规制水权的初始配置，却很少通过市场的手段对流域初始水权进行配置，这就导致不少初始用水申请人在市场化竞争欠缺的前提下便取得了水权配置资格，致使水资源使用效率和经济效益低下。具体来看，其一，政府与市场在水资源配置过程中的权力责任尚未细化厘清，政府对于水权配置过多的行政管理及用水审批一定程度制约了其市场化的运作。其二，市场化运作将会导致诸多用水纠纷，目前相关配套的纠纷解决机制尚不成熟，一旦脱离政府的审批监管，纠纷得不到良好解决。在农业用水中也是如此，一直以来甘肃省都是由政府分配农业用水，且政府对农业用水市场化交易的价格一直把控在较低的区间，虽然在一定程度有利于农业的发展，但也因缺乏市场机制调节水价导致农户农业灌溉过程中水资源的大量污染与浪费。其次，农业灌溉设备与技术落后、地表水的使用效率低下、各乡镇间水资源的调配不科学等因素也都制约了农业用水的高效合理使用。

3. 生态用水与经济用水矛盾突出

在可持续发展的理念之下，黄河流域甘肃段水资源配置必须要保证生态环境建设的必要用水，以达到水资源的可持续利用，这就必然导致服务于经济发展的水资源量有所减少。而实际情况并非如此。农业作为黄河流域甘肃段的传统产业，农业灌溉用水效率低下，浪费严重，大量挤占了生态用水。再者，工业污水二次利用率低，大量污水的排放也对生态环境造成了严重的破坏。尽管近年来甘肃省政府对沿黄流域的排污企业做出了重点整治，但是长期以来的工业用水习惯依旧没有得到彻底改变。除工农业领域水资源利用不合理外，各领域水权配置量未随时代变迁及时做出调整，这也是导致水权配置过程中经济用水与生态用水矛盾日渐突出的主要原因。改革开放已然40余年，黄河流域甘肃段的经济也在不断地发展,工业、农业领域的机械化、大规模化产业链的形成也使经济用水量不断上升。同时,随着绿色发展理念的形成及黄河流域高质量发展目标的提出,政府对生态用水的重视程度也不断提高,甘肃省作为黄河上游地区重要的水源涵养区,生态环境领域的水资源配置比例逐年增高。[①]以2018年为例,黄河流域甘肃段用水量中,农业用水占65.0%,工业用水占14.9%,居民生活用水占10.2%,城镇公共用水占6.3%,生态环境用水占3.6%。其中,黄河流域生态环境用水量约为1.37亿立方米,生态环境用水量逐年提高,比20世纪初提高近1倍。而目前甘肃省各领域的水权配置方案依然还是基于早年情况制定的,显然无法满足当下各领域的实际用水需求。

4. 兰州及白银段工业用水供不应求

黄河兰州段全长151千米,其中流经市区45千米。黄河白银段全长258千米,主要包括黄河干流及其主要支流祖厉河、渭河、清水河三大水系。兰州与白银都是甘肃省重要的工业城市,近年来,随着工业生产规模的不断扩大,工业用水需求急剧增加。尽管从2001年至今,两地的工业万元增加值用水量从149立方米下降至59立方米,工业用水效率逐年保持上升。但日渐增加的工业产业用水需求与工业用水不充足、不充分的矛盾仍是目前兰州及白银市水权配置过程中最显著的矛盾。

兰州市水资源的供应一直以来主要以地表水资源作为支撑,但随着工业用水需求的日益增加,兰州市不得不大量开采地下水资源,极大地破坏了兰州市的水循环系统,影响了兰州市水资源的可持续发展。同时,兰州向黄河排放的工业废水严重影响了流域水质,导致黄河流域可配置水量的大幅减少。工业生产废水主要来自化工、石油、金属冶炼加工等行业,尤其是这些行业的龙头企业,如兰化化肥厂、兰化有机厂、兰化石油化工厂等,并且随着兰州新区的大力发展,兰州市未来的工业用水需求及工业废水排放量仍将继续增加。

---

① 张一鸣:《中国水资源利用法律制度研究》,西南政法大学博士学位论文,2015年。

目前，白银市年用水量达到50万立方米以上的工业企业有8家，工业用水量高达0.57亿立方米，白银市各行业用水大部分是从黄河直接取水，远离了黄河干流和提灌工程的区域，这也是导致白银市工业用水欠缺的重要原因。同时，白银市位于黄土高原与腾格里沙漠过渡地带，境内山地纵横，生态环境恶劣，近年来用以生态保护的水量不断增加，致使配置给工业的水量相对有所减少。① 再者，白银市工业用水的重复使用率为81.5%，城市管网漏失率为15.2%。仅白银区、平川区建有城市污水处理再生利用工程，2018年白银市区污水处理率超过93%，但中水利用率仅为11%，处理后大多直接排放，未进行中水回用。②

综上所述，兰州及白银市同属黄河流域沿岸重要的工业城市，工业污染物大量排放、工业用水重复利用率低及工业规模持续扩大都是工业用水供不应求的重要因素。

5. 临夏、甘南段水权配置效率低下

临夏州是黄河流域上游重要的水源补给区，州内河流均属于黄河水系。黄河流经临夏州境内达103千米，一级支流有洮河、大夏河、湟水河等，有黄河三级以上支流30余条。黄河甘南段全长433千米，每年平均向黄河补水65.9亿立方米，是黄河上游重要的水源涵养区。虽然近年来两州在生态环境保护方面已经取得了一定的进展，但目前两州的草地退化沙化程度仍然严重，水土流失问题也在不断加剧。

临夏境内绝大部分是山地，自然条件恶劣，生态环境脆弱，土壤侵蚀严重。水土流失面积5859平方千米，占总面积的79.9%。每年有7000多万吨泥沙注入黄河，大规模的水土流失导致黄河径流量减少趋势显著。由于黄河流域水系强大的自然侵蚀作用，造成域内沟壑纵横，使水权配置的难度极大增加；

---

① 刘世华：《白银市水资源现状及节水发展潜力分析》，载《农业科技与信息》2015年第20期。

② 白银市政协：《关于黄河流域白银段治理保护与开发利用情况的调研报告》，http://byszx.cn/html/works/detail_2020_05/17/964.shtml。

并且由于域内的水利设施使用年头已久，老化程度严重，加之受农业灌溉配套设施薄弱、管理技术手段落后等因素的影响，灌溉水渗透情况严重，利用率不高，农业灌溉水利用系数仅为0.58。临夏州发展高效节水灌溉面积61万亩，占农田有效灌溉面积的36.1%，离高效节水农业要求还有很大差距，导致水权配置效率低下的同时也给当地群众的生产及生活带来了安全隐患。甘南州牧区受产业结构单一、粗放、人口增长迅速以及气候变化等多种因素影响，农牧区生态环境逐步恶化，形成了"人口增加→生活困难→扩大养畜量→草原退化→生活更加困难→再扩大养畜量→草原进一步退化"的恶性循环模式。草场的退化使得大量的水土流入黄河，自20世纪80年代以来，玛曲段补给黄河流域的水量已经下降了13%左右，洮河径流量下降了15%，大夏河径流量也下降了32%。[①]

综上所述，甘南、临夏作为黄河流域上游重要的生态保护地，近年来管护力度不够、资金投入不足、生态建设后劲乏力、生态补偿机制尚未完全建立等因素都是导致其水土流失的重要原因。

（二）水权配置法律保障机制之不足

对黄河流域水权配置的管理方式有很多，包括经济、政治、法律手段，其中最具强制力的方式便是法律调控手段。法律作为国家强制管理手段具有自身的优势。自20世纪初期以来，我国水权配置的调控方式主要依据行政手段，法律保障一直处于滞后的状态，除黄河流域整体法律不完善的因素，黄河流域甘肃段自身在水权配置方面也存在法律保障不足的问题。

1. 黄河流域甘肃段水权制度体系不完备

水权制度是水权配置良好运行的机制保障，水权制度建设的不成熟会导致水权配置过程中出现诸多问题。自2002年起，甘肃省作为全国首个节水型社会建设试点，积极展开了水权制度的探索工作，从初始水权的分配入手，到

---

① 李雨兰：《甘南州水资源现状及保护对策》，载《西部资源》2009年第3期。

用水指标的逐级分配，再到水票制度的大力推行，甘肃省出台了一系列制度方案，保障水权制度的良好运行。但甘肃省水权制度建设也并非完备。目前，甘肃省有关黄河流域的水权制度建设主要存在以下两方面问题

第一，用水计划灵活性缺失。随着经济社会的不断发展和生态环境的持续改变，黄河流域沿岸工业、农业、生活及生态用水量都已发生显著变化，城乡人口比例的变化更是改变了黄河流域最初的用水结构。用水计划及临时水权的调配，由黄河水利委员会和各省区水资源管理部门统一制定，在流域初始配置方案无法改变的情况下，流域各地年度用水计划的灵活性就显得尤为重要。然而，由于年度取水计划是根据年度水量调配方案制定的，年度水量配置方案无法改变，年度用水计划也必然无法改变。农业灌溉区也是如此，年度灌区用水计划主要根据气候、种植面积等因素制定，年度计划颁布后，尚无相应灵活调节机制。[①]

第二，水权交易市场发展缓慢，框架体系缺失。尽管甘肃省不断推进水权交易市场的建设，但目前黄河流域甘肃段依旧没能建立起完整有效的水权交易体系。甘肃省的水权交易试点工作始于疏勒河流域，直到2018年，黄河流域兰州段才被确定为水权交易的试点区域。目前看来，甘肃省水权交易的试点工作主要集中在用水户间，行政区域间及不同行业间的用水交易仍旧不通畅。水权市场化的进度缓慢，严重限制了水权制度的发展完善，这不仅不利于节水型社会的推进，也无法针对水资源的实际需求变化做出及时响应。

2. 法律粗糙且落实不到位

甘肃省水权配置层面的相关法律保障依然薄弱，主要原因在于有关水权配置的政策内容没有通过地方立法的方式严格保障实施，所以无法真正落到实处。甘肃省水权配置存在的法律问题使其工作的开展主要依托国家层面的法律规定，省内目前尚无专门性的地方法规对省内黄河流域水权配置过程中可能出

---

① 戚笃胜：《甘肃省水权制度建设基础与路径》，甘肃农业大学硕士学位论文，2017年。

现的一系列问题做出细化规定。

首先，以水权交易为例，立法固然具有滞后性，但甘肃省水权交易试点工作开展近10年，有关水权交易的法律法规仍旧停留在借鉴国家立法的层面；且省内现有的大部分有关水权配置的法规都夹杂在其他水管理文件中，未能独立成文。例如，2014年6月省政府颁布的《甘肃省取水许可和水资源费征收管理办法》第八条规定，在初始用水权利明确的基础上，逐步形成政府调控与市场配置相结合的水权流转机制，但是随后并未就水权转让的政府责任做出细化，也没有后续文件对市场配置过程中的系列问题做出进一步规定和说明。又如，2020年7月出台的《甘肃省节约用水条例》第十五条规定，用水采取总量控制与定额管理相结合的方式，但却没有针对应当建立的制度进行细化规定；该条例第四十六条规定，县级以上人民政府要在域内逐步推行水权交易制度，但却没有对县级以上人民政府如何推行水权交易进行具体的规定和解释。政府和市场在水权市场配置中的权利、义务和责任，各行业间的水资源调配、基层用水户之间的水权交易运作模式等都未能在地方性立法上得到明晰的体现。

其次，有关黄河流域高质量发展和绿色发展的相关研究虽然进行得如火如荼，但生态环境用水的水权配置规定却仍然停留在笼统模糊的阶段，没有形成相对具体的制度规范。同时，有关黄河流域的水权定价、流域水权配置管理机构职能、水资源跨流域调配等具体问题也未从法律层面得到有效界定。此外，省内有关黄河流域水权配置的大多数地方规范性文件，都是以不具有法律强制力的"软法"形式出现。[1]虽然甘肃省自始至终积极推进水权配置的体制建设，但在新发展趋势下，政府结合黄河流域甘肃段实际情况，综合运用法规、经济、政策等方式的工作机制仍然不够行之有效。甘肃省人大及其常委会通过有关流域水权配置的立法少之又少，大多是决议、通知、意见等不具有国家强制力保障实施的政策文件。

---

① 罗豪才、周强：《软法研究的多维思考》，载《中国法学》2013年第5期。

3. 区域机构与流域机构之间的水资源管理权限不平衡

流域管理的协调统一始终是流域治理的重点，我国在立法中已明确规定流域水资源管理应由区域和流域相关部门共同负责，但在实际管理过程中流域管理机构与区域管理机构的管理权限却时常发生冲突，这一点在水资源的调配与执法方面尤为突出。目前，黄河流域的综合管理机构是黄河水利委员会，有关水资源调配的管理是由黄委会下属的水资源管理调度局负责。黄委会始于1933年，开始的职能仅为防洪，随着时代的变迁，新中国成立以后，黄委会的职能也不断扩大。

在水权配置管理领域，黄委会仅是水利部的派出部门，行使的职权有限，大部分职权围绕水事工作行使，对于流域各地的水权调配只能起到辅助作用，即黄河流域管理机构是在地方政府的领导下进行水资源配置活动，流域管理机构并没有被赋予独立的行政权，造成水资源的管理部门无法对水资源进行有效管理，出现了管理不对称的问题。而在水权初始分配的阶段，流域管理机构又占据了主导地位。就黄河流域而言，中央政府从宏观层面确定流域9省区初始水资源配置量，导致初始水权的分配结果必然受中央政策偏好的影响；区域管理机构虽然对本地实际用水情况有较为细致的了解，但却无权参与到本区域初始水权的分配过程中，也会产生管理脱节的问题。此外，水权配置过程中农业农村部门、生态环境部门、自然资源部门等均有权参与管理，多部门共同拥有管理权限的情况导致水权配置过程较为混杂且效率低下。

在水资源管理执法层面，虽然在《水法》中赋予了黄河水利委员会一定的法律地位，但其本质并不是行政机关，在处理行政事务上没有独立的权限，这就使得流域管理机构在行政执法与监督层面均无独立行使的权力，其处理流域事务的权威性备受质疑。就水资源行政管理而言，如果流域管理机构管理权限缺位，地方政府通常会将地方经济的发展放在首位，将流域整体利益置于后位，地方保护的情形便会滋生，流域水资源的整体利益将会受损。如何协调区域与流域管理机构在水权配置方面的职能，是甘肃省乃至黄河流域其他省区亟待解决的问题。

4. 黄河流域兰州段水权交易试点工作监管机制缺失

兰州市水权交易试点工作开展至2022年已近4年，主要集中于七里河区和榆中县。黄河流域兰州段属于省级水权二级交易市场，由黄河水利委员会总体制定交易方案，现存的交易模式主要为区域间交易、流域间交易、行业间交易。试点工作开始后，兰州市政府试图通过建立多部门联合协作的监管机制进行管控，但实际操作效果并不乐观。[①]由于我国水权交易法律体系尚不完善，流域水权交易的监管体系一直以来都处于薄弱状态。具体来看，兰州段水权交易监管缺失的主要原因大致包括以下三点。

第一，水权模糊。黄河流域兰州段目前的交易试点工作完全由地方政府指导展开，区域政府与流域管理机构不同，在水权配置的过程中易产生权属模糊的情形。依靠地方政府虽然能有效明确水市场交易过程中的主体责任，但基于流域的互通性，一旦涉及跨流域水权调配的问题，区域政府便难以实行强有力的监管措施。

第二，信息登记管理制度不完备。水权交易既然由政府主导，其性质便属于行政行为的一种，需要按流程审批方可进行。信息的公开是保障监督的重要手段，由于水权交易制度自身发展薄弱，地方政府对信息的登记管理也不完备。[②]兰州市也是如此，对有关水权交易开展的具体流程及实际进展情况公开不足，导致群众监督难以发挥应有作用。

第三，水权交易价格监管缺位。政府在水权市场交易过程中负有经济调控的职责，其目的在于通过责任主体的职能手段保障市场公正，从而保障水权交易效率。兰州市水权交易价格体系尚未完整建立，政府在市场价格方面的监管作用未能有效发挥。水权交易价格体系的完善可以参照矿产资源交易的经

---

① 《兰州市人民政府办公厅关于印发兰州市水权交易试点实施方案的通知》，载《兰州政报》2018年第2期。

② 王明秋：《流域水权交易法律问题研究》，华中农业大学硕士学位论文，2016年。

验，政府应综合考量资源成本、供求关系以及基础设施等方面因素，构建完备的水权市场价格体系。同时水价的制定不能忽视生态环境因素，因为水资源的开发利用一定程度上是建立在牺牲生态环境的基础上进行的。

5. 水权二级市场参与主体单一

2016年，甘肃省疏勒河流域开展水权登记试点工作，探索将水流看作独立元素进行确权登记的办法。甘肃省水权确权登记制度仅在省、市州二级区域进行，没有进一步将用水权分配到县市一级的基层用水户。虽然在灌溉区有将水权分配到用水户的情形，但只存在于少量地方，且登记制度仅为对水量的登记，忽略了对用水主体权利的确认，导致市场主体权利义务较为模糊。此外，甘肃省目前的水权交易参与主体主要为农业灌区用水户及用水短缺的工业企业，交易主体范围较窄，不利于实现社会层面的水权交易市场运作。再者，目前针对水权交易市场的风险防范保障较少，对市场主体的权利保障机制缺位，公众内心对于水权交易存在的风险损失较为担忧，这都严重阻碍了基层个体及企业参与到水权市场交易中的积极性。

三、国内外流域水权配置及其法律保障机制之经验

（一）国外流域水权配置及其法律保障机制之经验

美国和澳大利亚都是世界上水权制度研究起步较早的国家，对流域水权配置的研究较为成熟。本节以美国田纳西河及澳大利亚墨累—达令河为例，剖析了两流域在水权配置过程中的经验做法及不足之处，为黄河流域水权配置保障机制体系的构建提供思路。

1. 美国田纳西河流域实践

田纳西河（Tennessee River）是美国第八大河，全长1043千米，流经7个州，流域面积10.4万平方千米。它是俄亥俄河第一大支流，水力资源极为丰富。为对田纳西河流域内的自然资源实施全方位的综合性开发利用与管理，

1933年美国国会通过了《田纳西河流域管理法》，同时设立了田纳西河流域管理局。

田纳西河流域管理局的主要职能是管理流域内以水资源为主的各类资源的开采使用以及流域内水利与电力工程的修建。田纳西河流域曾是第二次世界大战前期美国最穷困的地区之一，到第二次世界大战结束时，田纳西河流域摇身一变成为美国最大的电力生产区，自然资源的使用效率也得到极大提升。它成功的主要原因就在于流域管理机构被赋予了极大权力，能够负责流域整体的规划和协调流域内外的合作发展。田纳西河流域管理局虽属企业性质，但它能够以国家名义行使包括水资源配置权在内的多项职权，并且可以依职权对地方的法律法规做出修改、废止。田纳西河流域管理局经国会批准设立，由总统提名董事会成员，后由国会审批通过，这一流程无疑赋予管理局巨大的流域管理权力，使其在水资源配置方面拥有超越地方政府的绝对话语权。田纳西河流域管理局作为美国联邦政府的权力机构，同时也是企业性质的经营实体，能够将"政企合一"的管理手段充分运用到流域水资源的管理中，这是确保流域繁荣发展的关键手段。[1]但职权的高度集中也存在明显的弊端，监管的缺失和对水资源开发利用的浪费在很大程度上制约了田纳西河流域的可持续发展。

随后，美国各州在田纳西河流域原本管理体制的基础上探索建立了另一种管理模式，即成立流域水资源管理协会（以下简称为水管会），该模式在美国沿用至今。水管会的职能主要有：规划水资源长期发展路线，根据各州实际需求配置水资源量，设计并监管水利工程建设，对水资源进行管理与保护等。水管会与州政府间形成了既统一又独立的保障机制。水管会的职责是管理、监督与水资源相关的一系列问题，形成流域整体一致的标准；州政府则做好辅助工作，并根据地方实际情况及时就问题进行反馈。[2]在该体制下，美国在西

---

[1] 李占伟：《国外流域水资源管理模式对漳河上游的启示》，载《地下水》2016年第2期。

[2] 黄蕊：《黄河流域水资源行政与法律管理研究》，西北农林科技大学博士学位论文，2013年。

部地区探索建立了水资源临时性再分配、退水买卖、用水置换、水银行租赁、（与土地）捆绑式买卖等形式，极大地提高了水权配置的效率，也在生态保护方面做出了巨大的贡献。①

2. 澳大利亚墨累—达令河流域实践

墨累—达令河是澳大利亚的主要河流，发源自新南威尔士州东南部的派勒特山脉，是澳洲大陆流量最大的河流。作为澳洲大陆最重要的河流，用水纠纷层出不穷是意料之中的事。为解决各州水权配置过程中存在的纠纷，参与分水的5个州于1987年签订了"新墨累—达令分水协议"，该协议主要用以规制水权配置量的红线，控制各州用水需求，保障流域水量平衡。国家方面开展水质提升工程，保护地下水；州政府则明晰水资源产权，探索水权市场化交易。同时，各州政府为赋予水市场经营者更大的权限，对原本的水资源管理体制进行改革，组建企业性质的供水公司，由政府控股经营。为保障水权交易市场的公平，各州将水资源行政许可费及污水处置费等计入水价，以构建合理的水价体系。为加强水市场的监督与管理，各州通过设立用水者协会，促使公众参与到水权配置的监管过程中。②墨累—达令河流域各州通过上述改革措施，基本建立起可持续发展的用水架构。水权交易市场的构建调整了原始的用水结构，使水资源向真正的需求者流转；水价体系的构建也在一定程度上限制了水资源使用的随意性，基层用水协会的构建亦增强了民众的节水意识，提升了全社会用水效率。

墨累—达令河在生态用水的保障方面也有较为先进的做法。2012年，联邦政府和墨累—达令河流域沿岸各州政府联合出台了《流域规划》，用以严格规制工业、农业及生活用水的总量，从而保障生态用水的存余量，实现经济与生态的协调发展。墨累—达令河流域管理机构在流域原有用水总量的基础上，

---

① 王军权：《黄河流域水权配置问题的政治经济学分析》，华中科技大学博士学位论文，2017年。

② 高妍、冯起、王钰等：《中国黑河流域与澳大利亚墨累—达令河流域水管理对比研究》，载《水土保持通报》2014年第6期。

根据生态用水实际需求，结合专家综合评估，兼顾水利设施建设情况、水权二级交易、地理变化等因素，分别确定了各区域地表水及地下水的长期可持续分水额度。该分水额度的制定降低了非生态用水的初始分配量，减少了非生态用水中不必要的浪费，促使墨累—达令河流域每年约增加28亿立方米的生态用水。[1]

墨累—达令河水权配置体制改革及生态用水配置成功的关键就在于联邦政府制定了流域的综合性法规，设立了具有流域统一管理职能的管理机构，明晰了水权交易的规则，明确了各领域的供水目标。首先，通过联邦政府与各州共同制定的流域综合性立法，明确了流域沿岸各州之间的管理权责，使具体工作的开展有明晰的法条作为依据。从最初单纯的水域协议到后来各方联合制定的管理协议，各州之间的管理权限不断扩大，协商机制也在不断完善。同时，随着用水及生态环境的不断变化，政府通过补充协议与修订法律，使管理协议始终成为墨累—达令河水权配置最坚实的保障。其次，构建多层次的组织架构，高效有序地管理流域事务。流域管理机构内部分为决策部门、执行部门及协调部门。决策部门负责流域的宏观调控，针对流域综合问题制定各项政策；执行部门由非政府组织组成，确保执行过程的公开透明；协调部门则吸纳公众广泛参与其中，协调各部门间的职能与责任。三部门齐头并进，协调配合，使流域水权配置实现最优化。最后，通过市场化管理手段，保障水权交易有序进行。通过水资源市场化运作及确定明晰的水量封顶额度，化解了各领域、各行业间的用水矛盾，同时也为生态用水量留下了充足的配置额。

墨累—达令河流域作为澳大利亚首屈一指的农业灌溉区，采用水权市场化管理的方式使企业可以通过市场将剩余的水权卖出，供农业大户买进，这样的交易手段促使各行业用水主体更加重视水资源的实际价值，有利于流域整体水资源的高效配置。同时，墨累—达令河在水权配置的过程中十分重视事中和事后监管，通过信息公开、资源审计、实时调查等方式对各区域内用水户的取

---

[1] 黄金、饶胜、王夏晖等：《墨累—达令河生态用水保障实践对黄河的启示》，载《人民黄河》2021年第6期。

水行为严格管控，对违法行为进行民事处罚，应用市场化管理手段的同时也通过行政手段确保水权市场交易的良好秩序。①

（二）黄河流域其他段水权配置法律保障机制之经验

宁夏回族自治区跟内蒙古自治区都是黄河流域中上游的重要区域，宁夏回族自治区于2004年开展有偿转换黄河取水权的试点工作，内蒙古自治区则于2005年首次在鄂尔多斯开展水权交易，二者在黄河流经的9省区中均属于较早开展水权配置工作的地区。内蒙古自治区、宁夏回族自治区与甘肃同为黄河流域省区，因而宁夏回族自治区与内蒙古自治区在近20年水权配置试点工作中的经验做法，对甘肃省而言具有重要借鉴意义。

1. 宁夏段实践

美丽宁夏位于黄河上游地区，全域均属黄河流域范围内，黄河流域宁夏段全长397千米。宁夏近90%的水资源取自于黄河，60%的耕地使用黄河水灌溉，约78%的人口饮用黄河水。宁夏一直以来水资源量都十分紧缺，农业用水与工业用水之间存在固有矛盾。基于此，2003年，黄委会首次提出"农业转工业"的水权有偿转换设想，即由工业项目业主投资兴建引黄灌区节水改造工程项目，意在大幅提升水资源利用效率，使农业灌溉节余水量能够满足工业项目新增用水需求。这种做法也被称为"以量易量"的水权交易方式。2014年，宁夏正式确立水资源确权登记制度，对黄河流域宁夏段沿岸工农业水资源的使用权进行确权登记；并初步建立了服务于水权市场交易的信息平台，由各县市水务局对取水的所有信息进行初步登记，建立取水许可的电子备案。水务管理部门依据"以供定需，总量控制"的原则，制定《农业灌溉年度用水方案》，将黄委会制定的用水指标细分至各县市级行政单位。宁夏目前已经完成了各行政区之间、各行业之间的水权配置工作，正在积极推进基层用水户间的水权交易

---

① 和夏冰、殷培红：《澳大利亚流域规划的法律规定及启示》，载《国土资源情报》2017年第9期。

市场建设。①

宁夏黄河流域水权转换试点项目的顺利推进，极大地推动了地方经济社会蓬勃发展，呈现出"多赢"的良好局面。一是通过水权转换，提供给拟建工业项目充足的生产用水；二是进一步拓宽水利项目融资渠道，改善了灌区节水工程存在的问题，水资源利用率得以提升，经济效益得到提高；三是很大程度上保护了农民合法用水权益，减少了输水损失，水费支出大大降低；四是在保障社会经济效益的同时，既没有超采地下水资源，也没有超出黄河水使用指标，收获了生态效益。

黄河流域宁夏段水权交易顺利开展的经验主要有两点。其一，通过政府与市场结合管理的运作方式，保障水权配置的良性运行。政府依据自身职能在水资源总量把控、水权确权登记及水市场行政监管等方面发挥作用；市场则充分发挥其配置资源的优势，通过商品转换的方式，促进水资源流转，提高水资源利用效率。其二，熟知自身优势与不足，因地制宜开展水权配置工作。宁夏是国家西电东输的枢纽，宁夏将大量水资源转换集中于域内火电厂，充分发挥能源优势，促进了经济发展。同时，宁夏少雨干旱，土地盐碱化严重，水量明显不足。为此，宁夏将节水置于战略优先位置，在农业领域采用深度节水控水模式，大力推进灌区现代化建设；在工业领域严格设置准入门槛，限制高耗水产业进入，促进节水工艺发展。不过，宁夏水权配置工作近年来虽取得了一定成效，但总体上仍处于探索阶段，目前，水市场定价机制不完善、灌溉区用水户及基层用水组织等真正水权主体未能参与其中等问题急需解决。

2. 内蒙古段实践

黄河流域内蒙古段是内蒙古自治区的经济核心区，是内蒙古自治区中西部盟市主要的水源地。内蒙古自治区最先于鄂尔多斯市和包头市开展水权转换试点工作，主要是盟市间的水权转让，大致思路为工业投资节水工程建设，

---

① 范振林、刘文敏：《黄河流域水资源市场化配置思路与对策》，载《国土资源情报》2020年第12期。

提高农业灌溉用水效率，从而将节约下来的水资源配置给工业使用，这一点与宁夏开展的工农业水权转换相似。随后，内蒙古自治区在原先探索的基础上，率先建立起区域间的水权转换模式，巴彦淖尔地区、鄂尔多斯市之间的水权转换为典型代表。具体工作是设立水权交易信息化平台、在各盟市间组织跨区域水权转让以及开展闲置用水指标储蓄转让制度。这一期间，内蒙古自治区将水权配置进一步下放，为水权市场化交易做好了铺垫。2016年，内蒙古水权交易步入市场化阶段，具体措施主要分为市场公开交易和水资源协议转让两种方式。[1]自2004年首次开展水权转让工作，至今为止，得益于水权配置的成效，内蒙古自治区经济有了迅速发展，此前因水资源欠缺而面临破产的企业通过从农户手中购买节余水权解决了用水危机，同时水权的流转也带动了新型企业的投资，改变了原先单一的产业结构。[2]此外，水权交易的开展也推动了农业灌溉技术的进步，原先老旧的基础设施，经由工业企业的投资，得到了迅速升级，农业生产过程中的水量浪费得到了减缓，用水效率显著提高。

黄河流域内蒙古段水权配置顺利开展的经验主要有两点。其一，水权配置过程中的组织分工明确。由自治区政府牵头，联合水利、农业、财政等部门制定相关政策，确保顶层设计，试点地区无论市、县均设立地方领导小组，负责落实水权配置工作的进展情况，并因地制宜配套出台了符合地区实际的管理办法。同时，水利厅成立专门的办公部门，针对各盟市的水权交易试点工作进行资金筹措、专业评测、考核验收等工作。自上而下的多部门配合机制，为内蒙古水权配置工作的推进提供了基础保障。[3]其二，成立企业性质的水权收储转让中心，促进了水权市场化运作。自水权试点工作开展以来，水权收储转让

① 何欣、张雪峰、谷素华：《黄河流域经济与生态环境协同发展的研究评述》，载《内蒙古大学学报》（自然科学版）2021年第6期。

② 刘钢、王慧敏、徐立中：《内蒙古黄河流域水权交易制度建设实践》，载《中国水利》2018年第19期。

③ 赵清、苏小飞、刘晓旭等：《内蒙古黄河干流跨盟市水权试点研究》，载《水利经济》2020年第5期。

中心进一步完善了企业管理机制，引进了相关专业技术人员，以会员制的形式与国家水权交易所建立合作关系，所有交易均通过国家信息交易平台进行。[①]

（三）对黄河流域甘肃段水权配置之启示

通过以上国外流域及国内黄河流域在流域水权配置方面的经验做法，可以看出，水权配置集各方面问题于一身，通过比较研究，能够发掘出一些有利于黄河流域甘肃段水权配置法律保障机制建设的经验。

1. 完备的法律保障

首先，放眼流域整体，结合美国田纳西河、澳大利亚墨累—达令河管理经验不难看出，水权配置法律制度齐备是支撑水资源良性利用的必然前提，也是解决社会发展刚性用水需求矛盾的必经之路。例如，美国《田纳西河流域管理法》、澳大利亚《墨累—达令河流域规划》，都反映出流域管理综合性立法和规划的必要性。尽快制定一份涵盖水权制度、水权初始配置、水权二级市场交易等方面内容的综合性立法，对于解决水权规定杂糅于众多法规政策中这一问题可谓势在必行。其次，对甘肃省内而言，已经展开初始水权二级分配试点工作的地区，被证实切实有效的做法唯有通过立法的形式固定下来，赋予其强制力保障手段，才能在省内由点到面，起到逐步推行的效果。例如，疏勒河流域的试点工作已经进展10余年，尽早通过立法，将疏勒河的成功经验转化为法规，无疑有助于省内黄河流域水权配置工作的开展。此外，由于省内水权市场化交易仍处于探索阶段，相关问题应当通过政策的形式进行规制，再通过法律的形式建立长效机制。因此，处理好法律与政策的关系，最大限度使二者相得益彰，软法、硬法相互支撑，实现良性互动，是政府在未来水权交易试点工作中应当重点注意的问题。

---

① 万峥：《基于水资源可持续利用的水权转换综合效益及生态影响评估研究》，内蒙古农业大学博士学位论文，2019年。

2. 流域综合管理机制

深化流域水权配置管理体制改革，是甘肃省解决水权配置问题的关键。以澳大利亚墨累—达令河流域为例，该流域内的4个州能够一致通过水资源利用管理政策，一些有效的管理协调机构功不可没。其他如美国田纳西河流域的高度集中式流域管理模式、英国1974年成立的泰晤士河水务局，也都在流域水权配置方面发挥着高效的作用。黄河流域采取的是流域与区域合作管理的运作模式。就甘肃省水权配置来说，现阶段由黄委会与省政府共同负责运作，由于职能划分不清、协调机制缺失等，造成了黄河流域甘肃段在水权配置过程中出现初始分配水量不足、水权二级分配地方保护严重等一系列问题。协调黄委会与地方政府在水权配置过程中的管理职能，建立综合性的管理体制可谓是大势所趋。

3. 明确的政府职能边界

从美国与澳大利亚的水权配置发展历程来看，政府的职能角色一直在不断变化。从起初的事无巨细皆由政府管理逐渐变为按照水权转化的不同层级调整政府的管理职能。我国西北地区的水权交易试点工作，也证明了水权市场交易不仅可以提高资源配置效率，也能提高人们节水的积极性，提高社会用水的整体效能。虽然我国不是联邦制国家，地方政府在流域管理过程中没有足够多的自治权，但省级政府对辖区内经济社会的发展拥有很大权责。在水权配置领域，政府下一步应逐步完成自身角色转换，由掌控者转变为守护者，合理规制政府的职能边界，方可在提高水权配置效率的同时，降低制度推行与监督的成本。[1]

4. 重视流域生态环境问题

美国、澳大利亚等水权制度起步较早的国家，水权配置过程中都有一个

---

[1] 齐文：《论我国初始水权配置中区域政府协商机制的建立》，中国政法大学硕士学位论文，2008年。

明显的共性，那便是重视生态环境的保护。甘肃省作为黄河上游水源的涵养区，优质环境对自身水质及中下游地区的水质都具有显著保障作用。在水权配置的过程中，应充分考虑到是否存在危及生态环境的可能性，这就要求地方政府必须把水资源与周围的生态环境当作一个整体去看待，不能竭泽而渔、杀鸡取卵，以破坏生态为取水代价。①尤其是在水权市场交易的过程中，更应注意因交易的外部性而对生态环境和第三方造成的不合理影响。因此，交易前的使用登记、交易过程中的生态风险评估机制及交易后的生态补偿制度都显得尤为必要。

5. 因地制宜

受地理环境及社会发展等因素影响，甘肃省各地区行业用水需求各不相同，这也导致了不同地区间存在不同的用水矛盾。借鉴宁夏、内蒙古自治区在工农业间开展的"以量易量"水权交易做法，甘肃省黄河沿岸白银、兰州等地区工业生产用水需求多，同时工业污水、废水排放量也相对较多的地区可结合自身实际用水情况探索"以质易量"的水权交易方案。"以质易量"就是工业投入资金构建水污染防治工程，从而置换水量满足自身用水需求，这一做法可以有效缓解工业发达地区工农业用水间的矛盾。此外，黄河流域甘肃段不少地区由于干旱少雨，农业发展一直受用水量不足制约，借鉴宁夏、内蒙古自治区因地制宜的水权配置形式，探索兼顾农业发展和生态效益可持续发展的模式是省内各地区的当务之急。在陇东、陇中等地的黄河流域，可采用集水农业的用水模式。集水农业模式在干旱地区十分常见，它主要通过庭院地面硬化等方式收集水源，将夏季雨水集中起来，贮藏在水窖等可容纳水体的空间中，以此来发展集约化农业生产，对于省内黄河流域、黄土高原地区都极为适用。②对临夏、甘南等高寒地区，由于地貌原因取水困难，农业用水应遵从地表水优先的

---

① 黄金、饶胜、王夏晖等：《墨累—达令河生态用水保障实践对黄河的启示》，载《人民黄河》2021年第6期。

② 方兰、李军：《粮食安全视角下黄河流域生态保护与高质量发展》，载《中国环境管理》2019年第5期。

原则，尽可能配置地表水，地下水仅在各乡镇内部灌区之间调配。

这些做法急需各地方政府整体规划、出台不同政策并牵头实施。同时，各地区可根据不同的水权配置情况、行业用水矛盾来有倾向性地构建水权交易市场，并配以不同的交易政策，完善服务、监管等一应配套机制，从而激发各行业主体参与水权市场交易的积极性，实现水资源在不同行业间的高效流转。

四、完善黄河流域甘肃段水权配置法律保障机制之对策

（一）完善黄河流域甘肃段水权初始配置法律机制

流域水权初始配置严格来说分为两部分，一是流域水资源逐级向行政区域分配；二是各行政区域将其从流域分配中获得的水资源通过取水许可的方式具体分配到基层用水户中。甘肃省在水权初始分配方面存在的诸多问题在前文已详述，依托前文论述，本节以法律为视角，从立法、管理职能、管理制度三个方面分析甘肃段水权初始配置机制的构建。

1. 加强水权初始配置立法建设

甘肃省依托"87分水方案"从黄河流域获得初始水资源，该方案现已无法满足甘肃省实际用水情况。但由于国家至今尚未出台相关法规就该方案的调整做出具体规定，导致目前甘肃省黄河流域用水分配指标仍与三十多年前相同。基于此，应从以下几方面进行完善。

第一，中央部门应就黄河流域现状迅速出台有关水权初始分配的实施细则，从而应对经济社会发展所带来的地区间实际用水量的变化。此外，应通过立法手段，强化水资源初始分配过程中的行政机关效能，规避当前地方与流域机关权责混杂、多龙治水的局面。流域初始水权配置的法律应将流域沿岸各地方政府的意见吸纳进来，因为流域是一个整体，唯有采纳流域上、中、下游各方意见，才能确立综合全面的立法思路，从而保障流域整体水资源的良性分配。

第二，在水权初始分配的第二阶段，甘肃省目前相关法律规章相对模

糊，易造成流域水资源产权模糊、管理职能边界不清、监管无力等情况。水权初始分配涵盖诸多因素，应综合各地区人口、土地、经济社会发展、产业占比、生态环境等因素，由省水利部门牵头，省发展改革、生态环境、自然资源、工信、农业农村、财政等部门配合，并联合黄河水利委员会制定一部综合性的水权分配法规，依据部门职能、权责主体、各地方分配方案等进行细化规定，同时通过立法的形式赋予原本仅停留在政策层面的相关规定以强制性，保障各方明确执行。此外，甘肃省应以立法规制的方式，对用水主体的用水量进行实质审核。因为水资源匮乏是一个相对而言的概念，并无绝对的标准，这就要求政府通过法律规制的方式避免分配过程中存在浑水摸鱼的情形。

第三，针对甘肃省目前经济用水与生态用水矛盾日益严重的问题，除了甘肃省自身的立法完善，国家层面也应扩大水权初始配置的立法范围，打破仅围绕行政法制定有关法规的立法原则。水权是一个复合型权力，涉及各方面，从生态环境的角度来看，污水治理和水质保护对初始用水的取得至关重要。水权分配的同时兼顾生态用水的存留与水质的保护，可以起到事半功倍的作用。因此，国家层面应以行政法为主导，同时结合民法及环境法关于水权的原则理念，调整初始水权分配的立法思路。

2. 实现流域管理机构与区域管理机构之间的协调

综合世界各大流域来看，流域管理机构与区域管理机构均存在职能冲突的情况。所以，要厘清二者间的权责范围，在原有的职能基础上做出相应调整。

第一，从宏观层面而言，流域管理机构应当负责规划水权分配的初始方案，区域管理机构应当服从流域管理机构制定的综合规划，这有利于流域整体水资源的公平分配。但仅由流域管理机构全权负责，易造成分配水量与地区经济社会发展不协调的问题。因此，应当在水权初始分配过程中引入地方政府参与的机制，保障地方政府代表能参与到黄委会的决策机构中去，通过会议的形式说明各自省份实际用水变化情况。

第二，从微观层面而言，根据省内不同区域对经济社会发展的重要程度及对流域整体发展的影响情况，流域管理机构和区域管理机构应当划定管理主体，明确各自权责。但在地方政府负责流域水权配置的过程中，流域管理机构也应参与其中，从监督层面发挥职能，避免地方政府因保护地方经济发展而做出损害流域整体的举措。目前，黄委会作为黄河流域水资源管理机构，仅是水利部的驻派机构，无独立的法律地位，很难参与到地方水权配置的监管过程中。要解决这一难题，首要便是赋予黄委会独立的法律地位，让其可以独立行使行政职权。此外，应提高黄委会的行政级别，由一位副总理兼任黄委会第一负责人，国家水利、生态环境、自然资源、农业农村、工业和信息化等部门的部长或一位副部长作为组成人员。[①]高级别负责人员的组成，有利于决策的快速落实。同时，黄河水利委员会应成立专门的水权配置部门，负责总览流域初始水权分配及跨区域水权调度的事务。其人员组成应兼顾中央代表与各省区代表，中央代表的人数可多一点儿，以便于迫切问题的及时解决。水权配置部门内应设调查研究小组，追踪流域内各省区的实际用水变化情况及区域内水权制度建设情况，从而保障黄河水资源在各区域间的高效配置，如，甘肃初始分配水量不足等问题都应由调查小组上报并由水权配置管理部门初步审查。最后，黄委会还应广泛吸纳相关领域的科研人员，以便为流域沿岸各省份水权配置过程中出现的技术问题提供指导。

第三，应进一步吸纳多方主体参与，强化协调合作的管理方式。在流域管理与区域管理的合作中，区域、流域内各部门都应在水权配置过程中发挥重要作用。流域管理机构与区域管理机构之间应建立共享的信息平台，建立互利的水权配置制度，开展各部门成员间的交流互动，形成协调合作的长效机制。此外，还应进一步发挥司法机关在水权配置方面的作用。水权配置也属于环境资源方面的问题，而环境公益诉讼制度以往很少关注水权配置过程中出现的环境问题。以甘肃省为例，甘南、临夏等地均存在用水环境恶劣等问题，兰州、

---

① 张一鸣：《中国水资源利用法律制度研究》，西南政法大学博士学位论文，2015年。

白银等地也存在生态环境用水量不足的情况，如若司法部门能充分发挥环境公益诉讼在水权配置中的效能，那么无疑有助于生态用水量的留存及水域环境的保护。

3. 建立省、市、县三级水权登记管理制度

水权登记管理制度就是将水资源作为不动产物权进行登记，并向登记人发放产权证书。在流域管理机构向各省区分配完成水资源总量后，各地方水利部门和资源管理部门应就分配所得水权进行登记。黄河流域支流众多，水域覆盖较广，且沿岸地区用水需求日益增加，此前的登记管理制度急需进行完善。

第一，应将水权登记管理制度推行至县一级，做到流域各地全覆盖。初始分配的水量唯有细化至县级，才能使得区域及行业间的流转做到产权清晰、高效运转。甘肃省水权交易工作已在县级开展，将水权登记制度细化至县级，也可以为基层水权市场交易工作提供配套的制度保障。

第二，此前行业之间仅对非农业用水以取水许可的方式进行权利确认，农业用水则需根据实际耕地面积确定各农户的水资源用量，水随地走、分水到户，这导致农业灌区用水效率低下，自我监督环节薄弱。因此，在农业灌区，可以结合农业水价综合改革、小型水利工程确权、农村土地确权等，对取用水户进行确权登记，以减少灌溉浪费。此外，甘肃省水权登记发放证书类型较多，分为水资源使用证、灌溉使用权证及取水许可证等。水权作为唯一登记客体，应化繁为简，统一证书名称进行发放，这样既提高了工作效率，也便于用水主体之间的水权交易更加清晰地展开。[1]

第三，应搭建水权管理登记的网络平台，确保登记信息公开，保障民众可以通过网站查询相关信息，为水权交易的买卖双方提供服务。登记机关应确保买卖双方提交的文件完整、信息明确，相当于物权登记的公示效力，用以保障水权交易过程中一方当事人可获得的实际水权。

---

[1] 张富刚、刘烜赫：《水流产权确权改革的问题与思考》，载《中国土地》2019年第12期。

（二）完善黄河流域甘肃段水权市场化配置法律机制

2016年，甘肃省出台《甘肃省推进农业水价综合改革实施方案》，其中规定以黄河流域为界，构建水权交易市场，通过水权流转的方式提高农业用水效率、增加效益。2018年，黄河流域兰州段开启水权交易试点工作，这标志着黄河流域甘肃段水权市场化配置的开启。在甘肃省水权交易工作的推进过程中，要充分运用好法律保障的手段，构建主体权力清晰、相关部门权责合理、风险防控到位的长效机制。

1. 构建水权市场配置过程中的取水权交易体系

第一，明确水权交易市场主体的权利与义务，这是保障水权市场交易顺利开展的前提。随着甘肃省水权交易试点工作的不断推进，下一步应扩大水权交易市场范围，将一切依法获得用水许可的组织及个人都吸纳进来。水权市场买卖双方的权利义务主要通过交易合同规制，交易合同载明的信息应在水权登记规定的水资源量、用水期限及水权类型下由双方当事人进行自由磋商。甘肃省工业用水交易的规模一般较大，主体较为明确，但农业用水交易过程中的主体多为零散农户，易造成监管困难、权益模糊的情形。省、市州级的政府应牵头，使农业农村与水利部门全程参与，在县、乡镇级建立农业用水者协会，将零散的用水农户整合起来，在保障灌区农户权利义务的同时也利于政府的监管。

第二，明确水权市场交易的客体。黄河流域甘肃段沿岸多地存在生态脆弱、取水不合理的情形。政府应在加强取水监管的同时严格把控进入水权市场流转的用水类型，对于可能造成生态损害及公共权益损害的用水主体，可以采用收取保证金或限制其交易权利等方式。对于居民日常生活用水，应在保证其充足使用量的前提下，将节约下来的水权赋予其市场交易的属性。对于生产经营过程中的工农业用水，因其本身就具有经济效益，也可进入市场自由流转。[1]

---

[1] 张莉莉：《水资源市场化配置法律保障的结构分析》，载《南京社会科学》2015年第10期。

第三，水资源被赋予商品属性后，其价格的变化便会受市场供求变化的影响。黄河流域甘肃段的水价主要以2004年黄委会出台的《黄河水权转换管理实施办法》作为依托，根据水资源成本及可能产生的合理收益确定市场交易价格。甘肃省自身并没有更细化的规定，水价的制定没有将中介费用及时间属性考虑在内。中介费是市场交易过程中水权交易所扣除的费用，自双方签订合同起5日内由卖方缴纳。时间属性是由水权交易的期限性决定的，水权交易并非随时可行，而是存在期限要求。唯有将二者充分考虑其中，才能使水价真正公正合理。由于我国关于水价的法律规制尚不成熟，甘肃省可在黄河流域通过地方法规的形式对水价进行初步规制，同时借鉴国外流域先进的做法，建立水价听证制度，听证过程中应保障人员的组成符合相关规定，保障决策的科学合理性。此外，政府部门应实时开展市场调查，对水价进行灵活调整，并时刻保障水价信息的公开，确保水价调整第一时间为民众知晓。

2. 构建水权市场配置过程中的风险防范机制

第一，黄河流域甘肃段水权交易市场应加快水银行的构建。水银行的功能与普通银行类似，只是储存的商品不同，水银行是将水权作为一种有价值的商品进行存储。由于水资源分布较为广阔且具有流动性，致使水权市场交易的买卖双方具有一定的空间差距，面对面完成现货交易的困难较大、成本较高。建立水银行有助于降低水权交易成本，并减少市场个体间水权交易的风险。目前，水银行在美国等发达国家早已普遍适用，水银行建立的前提是要有明晰的水资源产权。[1]甘肃省从黄河流域获得水资源分配的工作已开展三十多年，省内黄河取水权早已固定，应考虑先在刘家峡水库开展水银行试点项目，作为储蓄节余水量的大仓库，逐步探索，进而在省内多地区建立水银行，提高用水效率，减少水权市场交易风险出现的可能性。

第二，甘肃省应建立水权交易生态破坏风险评估机制，确保水资源的可

---

① 张建斌：《黄河流域水权交易潜在风险规避路径研究》，载《财经理论研究》2016年第5期。

持续利用。水权交易可能会导致黄河流域用水结构的改变，从而破坏原有的用水规划，导致流域生态环境的损害。要建立高效的风险评估机制，首要任务便是完善水权管理登记制度，保障水权交易的实际情形得到细化统计，从而提高评估效率。再者，政府应依据《环境保护法》，结合各行业间的产业环保政策，确定水权市场交易的生态标准，禁止未达到最低生态标准的企业进入市场展开交易。最后，应根据生态风险评估等级，明确水权市场交易中的生态补偿标准。针对目前黄河流域水资源生态补偿的现状，应进一步明确生态补偿的主体资格，将水权市场监督主体也纳入其中。明确补偿金额的使用范围及运作形式，提高技术补偿的比例，并将生态补偿的结果纳入市场水价的考量范围内。

第三，甘肃省应设立水权交易保险。水权被赋予了商品的属性，便拥有了实际可以计算的价值。政府可以推动保险公司设立具有一定政策倾向性且专门针对水权交易市场的半商业化模式的水权保险险种，供水权买卖双方购买。[①]水权交易保险的设立，可以有效消除公众内心对于水权交易风险的忧虑，以激发基层个体、企业等参与水权市场交易的积极性。

3. 构建水权市场配置过程中的纠纷解决机制

第一，黄河流域甘肃段各用水地区应建立基层水权协商机制。十九大明确提出，要提升基层治理的效能，提高基层组织解决纠纷的能力。唯有水资源产权明晰，才能保障水权交易的顺利进行。将水资源的管理职责部分赋予基层社区，由社区成立自治组织进行管理、分配，使基层用水户真正参与其中，才能提高所有用水主体对水权交易及水资源节约的重视。甘肃省应重点培育农村基层水权协商组织，农业用水占甘肃省总用水量的70%左右，由于用水户分散，不利于纠纷的解决。农业水权交易主要分为长期性用水交易和临时性用水交易，临时性用水交易多因为季节性因素导致缺水，具有紧迫性，而当前用水审批及协调用水矛盾主要由政府负责解决，流程复杂且耗时过长。站在农业生产的角度而言，政府可将协调纠纷的权限下放至农村基层水权协商组织，既可

---

① 王明秋：《流域水权交易法律问题研究》，华中农业大学硕士学位论文，2016年。

提高用水效率，又可减少政府工作压力。

第二，完善黄河流域水权交易公益诉讼制度。目前黄河流域关于水资源的公益诉讼大多围绕水污染及水资源开采对生态环境的破坏展开，有关水权交易的公益诉讼一直缺位。原因有二：其一，黄委会作为黄河流域的水务管理机构，却没有公益诉讼的主体地位；其二，地方政府对于水权交易的信息公开程度不足，民众维权理念薄弱。基于此，应当着力改进完善。首先，黄委会作为最了解黄河水务的机构，应当及时将相关信息提交人民检察院，以便人民检察院提起环境公益诉讼。同时，黄委会应与地方生态环境部门构建合作机制，重视拓展公益诉讼的范围，将水权交易囊括其中。其次，水权作为一个新事物，应通过普及宣传的方式使广大用水群众了解其内涵，提高维权意识。再者，政府应对水权交易的信息予以更大范围的公开，同时将水权交易地方的环境信息纳入其中。

第三，甘肃省应建立水权交易非诉讼解决机制。非诉讼纠纷解决机制既能有效降低司法资源的浪费，也可以推动纠纷高效解决。首先，水权交易依托市场开展，规范的交易合同可以从源头上避免纠纷的出现。虽然合同交易具有自治性，但因水权交易具有一定的国家属性且刚刚在市场上开始流转，因而政府应在交易平台上上传规范式合同，供交易者参考。交易双方可根据政府提供的合同模板，依自身需求，对合同进行修改。其次，应专门针对水权纠纷，构建行政调解机制。对于黄河流域甘肃段而言，应由黄委会与甘肃省政府共同派员成立水权交易纠纷调解机构，人员的组成应包含相关专业技术人员，调解应在双方自愿的情况下进行，并可以逐步发展为水权交易纠纷诉讼的前置程序。

（三）构建水权配置政府、市场联动新模式

黄河流域甘肃段水权配置过程中的保障机制构建，单靠政府或市场的力量都无法建立长效机制。在初始水权分配和水权市场交易两个环节，唯有发挥政府协调监管与市场配置资源两方面的作用，构建水权配置中政府与市场并重的新模式，才能在秩序稳定、交易公平的前提下提升水权配置的效率，实现水

资源的可持续发展。

1. 水权初始配置环节适当引入市场机制调节

甘肃省正在构建节水型社会，应在水权初始配置环节适当引入市场机制进行调节。

总体而言，政府在流域初始水权的分配过程中应充当管理者，保障配置给本省区域的初始水资源量符合自身经济社会发展的实际需求。就初始配置过程中的一切问题，应向流域管理机构及中央水务管理部门进行反馈与沟通。在省内地区间的二级水权配置过程中，省政府与市州政府之间"不再是"绝对的上下级之间命令服从的关系，市州政府应充当本区域水权利益主体的发言人，各地应在省政府的主持下，通过平等协商的方式解决各区域间水权流转问题。

具体来看，针对黄河流域甘肃段的实际用水情况，对于原来已固定多年的水量分配格局，不应做出较大改变，对于南水北调工程投入后新增水量、黄河支流新发现水量应采取招标、拍卖等市场调节的方式进行再分配。这种做法一方面可以优化初始水量的分配格局，提高初始水权分配效率；另一方面，市场化手段可以增加政府的财政收入，使政府可以在水利工程建设方面拥有更多的资金支持，实现了水权配置的良性循环。对此，甘肃省可借鉴黄河流域宁夏段、山东段等地区的做法。[1]再者，黄河流域一直以来都采用发放取水许可证的方式规制水权的初始配置，甘肃省应积极探索以行政契约的方式代替此前的行政审批模式。行政契约与行政许可相比，首要优势在于行政合同较为灵活，双方可以因地制宜，通过合同条款细化用水方式及注意事项。如，在临夏、甘南等水土流失严重地区，可以采取合同约定取水人的措施，避免取水造成的泥沙滑落。在兰州、白银等人口密集、工业用水较多的地区，合同可以对污水的排放、生态的保护等做出具体规定。此外，针对甘肃省目前水权配置存在的"重审批，轻监管"等情形，契约具有持久性，可以为事后监管提供有力的凭

---

[1] 孟庆瑜、张思茵：《论水资源用途管制与市场配置的法律调适》，载《中州学刊》2021年第9期。

证。当前《取水许可和水资源费征收管理条例》针对水权配置中的相关违法行为，最高罚款仅为10万元，对于经济利益巨大的大型水权配置，这一处罚力度明显不足。行政契约则可以根据每一桩水权配置的具体涉及金额、环保评估等约定合理的违约处罚金，从而保障水权配置中的违法行为得到适量的处罚。

2. 水权一级市场增设具有独立法人资格的供水公司

在水管部门之外增设具有独立法人资格的供水公司，这是水权配置过程中，政府与市场协调合作新模式下的一种新型转让关系的设想。目前，甘肃省初始水权转让由政府部门全权负责，如果甘肃省政府在此过程中转变职能，试图构建平等主体间的交易模式，一方面可提升水资源使用效率；另一方面也能在极大程度上减轻政府压力，使政府可以在水权配置监管层面投入更多精力。

增设的供水公司可以代表政府，作为水权一级市场的出让方，全权负责向企业及广大基层用水户分配黄河流域初始水权的工作。首先，供水公司应根据政府机构的决策，对决策方案进行贯彻落实。其次，供水公司应在综合考量水资源开采难度、用水行业需求、用水量等因素的基础上收取水费，但供水公司对收取的水费无支配权，它仅仅是代国家收取。最后，供水公司应当依照合同约定的水资源用途、排污标准等对水资源的受让方进行监督，对于违反合同约定的行为，供水公司有权追究受让人的违约责任。但供水公司作为平等的市场主体，并不具有行政执法权，若需依靠行政强制手段对违约及违法行为予以惩戒，供水公司还需向行政机关寻求救济。[1]

3. 加强政府对水权二级市场的监管

在二级水权市场的交易过程中，省政府及市州政府进一步转变身份，作为守护者承担维持水权市场交易秩序的职能。水权交易市场规则制定后，政府职能由管理为主向服务为主转变，推动水权交易信息平台建设，促使用水主体之间开展多种形式的交易。但政府身份的转变并不意味着对市场的完全放任，

---

[1] 王军权：《黄河流域水权配置问题的政治经济学分析》，华中科技大学博士学位论文，2017年。

而是需要提供有力的监督管理。甘肃省主要着力于引导规划水权交易市场的建设，对于水权交易市场的监管一直未予以足够重视。对此，可以采取以下三点措施。

第一，明晰政府各部门的监督权限。我国《水法》对流域水权配置的监管并未作出明确规定，目前黄河流域甘肃段水权交易的监管主要由地方政府负责，黄河流域作为一个整体，水资源具有流转的属性，仅仅依靠地方政府的监管难免会造成"地方保护"。黄委会应成立专门的流域水权交易监管机构，流域各省区水务人员均参与其中，成立监督巡视小组，并实行跨省份异地监督。但流域监管机构的职责应仅针对水权交易对流域水质、环境等方面的影响，交易合法性审查及其对地方经济社会的影响则应交由地方政府负责。

第二，政府为主导吸纳多元主体参与。首先要发挥具有专业性水平的第三方组织的力量，专业性组织可以弥补政府对水权交易相关知识掌握不足的缺陷，发挥专业性优势，针对水权市场交易中的专业问题进行严格把控，同时也可向政府有关部门提供监管意见，再由政府采取相应的监管措施。再者，应当扩宽基层群众的监督渠道。在水权市场交易中介机构内设立专门的信息收集部门，专门负责接受交易双方对于交易信息的反馈。此外，政府应牵头成立水资源生态环境公益小组，并从各行业中按照一定比例抽选群众参与其中，专门负责监督水权交易对生态环境造成不良后果的情形。

第三，政府应加强对水权交易期限的监管。一般来讲，水权交易期限主要由双方协商确定，政府不应过多干预。目前，甘肃省正采取最为严格的水资源管理措施，对年度用水总量等都做出了严格要求，且随着甘肃省节水型社会的不断发展，未来的用水定额和计划指标都可能发生重大变化。这就要求政府对水权交易的监管不能局限于交易主客体及交易本身，更应考虑水权交易带来的长远影响。因此，水权交易转让期限不宜过长，监管部门应当对交易期限进行适当限制。同时，为了避免过度投机行为，同一用水权交易也不应该过于频繁，需限制其转让周期的下限。

第三章　黄河流域生态环境行政执法机制

一、黄河流域生态环境行政执法现状

（一）黄河流域生态环境行政执法界定

1. 生态环境行政执法的含义

生态环境执法主体所要行使的行政权力在内容和范围上均具有广泛性，从广义程度来说，根据相关法律法规的授权，行政机关行使一切关于生态环境内容的行为都可属于生态环境行政执法。从其本质来讲，这些涉及环境行政执法的行为就是对生态环境立法权所确立的相关制度的执行，也是生态环境行政权最为突出的表现形式。[①]根据相关制度最终是否会约束生态环境行政相对人，生态环境执法分为两大类：第一，抽象生态环境行政执法行为，主要表现为生态环境执法的各种宏观决策、指导、规划等；第二，具体生态环境行政执法行为，即对生态环境的行政相对人产生具体权利义务的行为。[②]狭义言之，生态环境行政执法就是对生态环境保护的管理，是行政执法主体依职权适用生态环境执法手段，并以此对环境行政相对人产生权利义务的具体环境行政行为。

---

① 张文波：《我国环境行政执法权配置研究》，西南政法大学博士学位论文，2017年。

② 刘恒：《行政执法与政府管制》，北京：北京大学出版社2012年版，第57—59页。

生态环境行政执法作为行政权在生态环境领域的主要表现方式，其在权力的行使上也必须遵守行政执法的原则。第一，法律优先，生态环境行政执法在执法的过程中，不仅应遵守生态环境法律法规规定的执法要求，还应符合执法程序、执法内容的规定。第二，合理行政。生态环境行政执法在执法过程中，应平等对待行政相对人，不偏私、不歧视，面对同等情况同等对待，不同情况区别对待。在作出生态环境行政决定和进行行政裁量时，应考虑执法的合目的性、适当性，力争在法律法规允许的范围内将损害降到最小。第三，生态环境行政执法应当遵守程序正当原则，严格遵守执法程序，查处违法违规行为做到职权合一，有理有据，在执行职责过程中，主动回避存在利害关系的执法相对人。第四，生态环境行政执法应诚实守信，虽然环境问题复杂多变，但不能以此为理由，在执法过程中随意改变、撤销已经生效的生态环境执法决定，确因国家利益、公共利益需要撤销的应对行政相对人因此受到的信赖利益损失给予补偿。第五，生态环境行政执法应权责一致，在生态环境执法过程中，要认识到有权必有责、用权受监督、违法应追究、侵权必赔偿。

2. 生态环境行政执法的特点

生态环境行政执法是行政权在生态环境领域行使的特有表现，但其在符合行政执法特点的基础上又与一般的行政执法不同。

第一，生态环境行政执法具有法定性。首先，生态环境行政执法应遵守主体的法定性。环境行政执法的主体在行使权力时必须经过法律法规的规定或授权，无相关规定或授权，环境执法主体不可以主动行使权力干预相对人。其次，行使方式的法定性即过程的法定性。环境行政执法的方式由法律明文规定，某种行为的惩戒采用什么方式去处罚、处罚的期限、处罚前权利义务的告知、处罚的时间等均应按照具体规定实施而非主观臆断。例如，按日计罚必须是在排污企业未按期实现环境监管部门限期整改的要求下才能实施。最后，执行结果的法定性。环境行政处罚的结果由国家机关保障实施，因此执法具有一定的强制性，这也是环境行政执法得以完成其本身目标的最终保障。

第二，生态环境行政执法具有复杂性，这在根本上是由生态环境行政执法的对象决定的，客体的复杂性往往影响权力运用的范围、广度及方式。生态环境本身就具有极大的复杂性，涉及水、土、空气、植被、物种等多种对象，一个环境危害的发生也往往由多种因素交织而成。这意味着在生态环境行政执法的过程中不仅要涉及多个主体、对象，还要对造成生态破坏的成因进行科学分析，进一步加大了执法的困难。

第三，生态环境行政执法具有专业性，生态环境行政执法极依赖科学技术，这是由环境问题的复杂性所决定的，一个环境问题的出现大多时候并非由单一的因素所引起，而是由多个致害因素共同作用。[1]同时，环境问题具有潜伏周期长、发现困难、恢复复杂等特点，因此必须在环境问题发生的前、中、后各阶段实施相关的监督检测，而指标的检测、环境问题的变化必须依靠科学技术来实现。生态环境行政执法对科学技术的依赖主要体现在对污染源、污染物的动态实时监控、对采集的环境数据进行分析归纳、对突发环境问题解决中的数据、信息共享及公众对环境问题的监督与知情等方面，这些均需要专门的技术人员进行分析检测，并在检测后得出科学的结论。[2]实践中，各级环保部门为落实解决环境问题在其内部均设有专门的环境检测监察机构、信息交流共享网络平台、环境致害检测鉴定等部门，动态分析环境问题以保障生态环境行政执法权的准确行使。

3. 黄河流域生态环境行政执法的主体

生态环境行政执法主体指生态环境行政执法活动的承担者，即由谁进行生态环境执法。根据我国宪法、法律法规及法学理论，生态环境行政执法主体必须具备以下条件。首先，生态环境行政执法主体必须是组织，个人不可以成为生态环境行政执法的主体，尽管实践中，生态环境行政执法活动通常由个人

---

① 刘霞：《论我国环境执法的困境及其完善途径》，西南政法大学硕士学位论文，2011年。

② 李凯伟：《环境执法风险防范研究——基于行政自制的视角》，吉林大学博士学位论文，2016年。

展开，但其代表的是所在的行政组织而非执法主体个人，生态环境行政执法个人只是执法主体的构成要素之一。其次，生态环境行政执法主体的成立必须有法律依据，并非所有的生态环境组织都可以成为执法主体，只有经过法律法规的规定或授权才可行使行政执法权力，履行执法义务。最后，生态环境行政执法主体必须能够以自己的名义做出相应的具体行政行为，并承担法律责任。依据生态环境行政执法的特点和要求，在考察黄河流域各生态环境行政执法主体后，下面将从纵向维度和横向维度上分别阐释黄河流域执法主体的组成结构。

纵向维度的黄河流域生态环境行政执法主体是指沿黄9省区内的生态环境执法主体，黄河发源于巴颜喀拉山脉，流经青海、四川、甘肃、宁夏、内蒙古、山西、陕西、河南及山东9省区，最后在山东省东营市垦利区流入渤海。9省区均在其行政区域内为黄河流域的水土流失、植被保护、污染排放等负主要责任。2016年9月，中共中央办公厅和国务院办公厅联合印发关于环境保护垂直管理改革的新方案，即《关于省以下环保机构监测监察执法垂直管理制度改革试点工作的指导意见》（以下简称《指导意见》），自此各省区内对生态环境保护的相关职责、工作方式、内容有了新的改变。根据法律法规及《指导意见》，表3-1列举了纵向维度黄河流域生态环境行政执法主体。

表3-1　纵向维度黄河流域生态环境行政执法主体

执法主体	职责
省生态环境厅	负责全省的生态环境问题，对生态环境问题进行管理监测监督等
市生态环境局及其派出机构	执行生态环境法律法规、政策等。县级环境保护部门为市级环境保护部门的派出分局，负责日常生态环境保护执法管理工作
河长制中各级政府的主要负责人	负责管辖区域内河流的生态环境保护。形成省、市级河长—县级河长—乡级河段长—村级（居委）专管的四级河流管护体系，对省内黄河流域段形成"无缝覆盖"式保护[①]

---

① 黎元生、胡熠：《流域生态环境整体性治理的路径探析——基于河长制改革的视角》，载《中国特色社会主义研究》2017年第4期。

（续　表）

执法主体	职责
各级政府	地方各级人民政府应当对本行政区域的环境质量负责，应当根据环境保护目标和治理任务，采取有效措施，改善环境质量
各级党委	各级党委负责人在环境保护中应同地方政府同责，党政双责，积极履行环境执法职责
各级人大及其常委会	人大及其常委会对环境执法工作拥有质询权、监督权等
生态环境保护综合执法大队	整合原环境保护、国土、农业、水务、林业等部门污染防治和生态保护的执法职责。对流域环境治理综合执法

在横向维度，黄河流经9省区，从东至西贯穿我国版图的整个横截面，整体生态环境意义重大。作为一个系统的生态环境整体，在生态环境行政执法时应整体考虑上中下游的差异问题。[1]根据法律法规、《指导意见》及相关授权，表3-2列举了横向维度黄河流域生态环境行政执法主体。

表3-2　横向维度黄河流域生态环境行政执法主体

国务院相关部门	对黄河流域生态环境治理提供法律法规、方针、政策支持。指导地方生态环境保护工作。例如，生态环境部、水利部、国家发展和改革委员会（环资司）
黄河水利委员会及其派出机构	具有行政职能的事业单位，在水利部授权下行使水行政管理职责，履行黄河流域水资源开发利用、建设项目审批、水政执法、违法行为处罚等
督察局	监督检测黄河流域河道污染防治、水利工程建设、水文水质监测等。实践中，与黄河流域横向监管有关的督察局有黄河流域生态环境监督管理局、西北督察局、华东督察局等
各级政府间联席会议	解决黄河流域上中下游突出问题，协商共讨黄河流域执法措施、开展联合执法活动、解决流域特大环境治理问题

---

[1]　习近平：《在黄河流域生态保护和高质量发展座谈会上的讲话》，载《中国水利》2019年第20期。

4. 黄河流域生态环境行政执法的形式

生态环境行政执法形式是指在法律法规、政策的指导下生态环境执法主体应如何进行行政执法活动，开展何种生态环境执法行动，是环境保护的主要管理手段。由于生态环境行政执法是行政执法的一部分，因此在实践中必然符合行政执法形式的相关要求。根据行政执法的执法行为分类，生态环境行政执法可以分为羁束性生态环境行政执法行为和裁量性生态环境行政执法行为、受益性生态环境行政执法行为和负担性生态环境行政执法行为、要式性生态环境行政执法行为和非要式性生态环境行政执法行为、外部生态环境行政执法行为和内部生态环境行政执法行为。①不管以何种执法标准划分，生态环境行政执法都是具体行政行为的表现形式。

在黄河流域生态环境治理过程中，作为具体行政执法行为的表现形式，行政执法主体主要开展以下执法活动。第一，流域生态环境行政处理。这是黄河流域行政执法主体最为广泛的执法行为，主要包含了流域环境行政许可、流域环境行政征收、流域环境行政裁决、流域环境行政调解等。第二，流域环境行政处罚，是指黄河流域执法主体依照法律法规，对违反流域行政法律、法规且尚未构成犯罪的行政相对人给以处罚的行为，主要有警告、罚款、没收违法所得、责令停产停业等。第三，流域生态环境监管，主要指流域环境执法主体为保证流域生态环境可持续发展，对影响流域保护的行政主体、社会公众及其他相关主体进行监督检查。第四，流域生态环境强制执行，是指流域执法主体对环境行政相对人进行处罚或科以其他义务后，环境行政相对人既不履行相对义务又不起诉，环境执法主体采取强制划拨、恢复原状、强行扣缴等强制措施，迫使其履行义务的行为。

---

① 朴光洙：《环境法与环境执法》，北京：中国环境科学出版社2002年版，第1—3页。

（二）黄河流域生态环境行政执法的理论基础

1. 生态整体主义

生态整体主义是经历了人类中心主义、非人类中心主义两大阶段后逐渐诞生的主流理论。人类中心主义是笛卡尔"主客二分"思维模式下的产物，其核心是认为人与自然是相互分离、各自独立且不能统一的。在这种思想指导下，人类是以自我为中心从而不断地挑战自然、征服自然。这种思维模式不仅忽略了自然的独立价值而且忽视了自然与人类的联系，后工业时代的环境危机就是"人类中心主义"理论下的典型特例。[①]基于后工业社会环境危机的反思，环境领域在不断纠正人类自己错误的同时逐渐研究人类与自然的关系，形成人类主体与客体应当相互联系的"主客一体"思维模式，在这种思维模式中"非人类中心主义"逐渐得到推崇。"非人类中心主义"强调人与自然的绝对平等，将生态系统内的所有物种平等化，即某种意义上将自然界拟人化，认为自然界同人一样，有生存发展的权利，这在本质上虽然强调了人与自然界应该共同发展、相互联系，但却充满了浪漫主义色彩，因此在很大程度上不能被普遍接受。[②]在人与自然界关系不断争论的过程中，"生态整体主义"在"非人类中心主义"的基础上发展而来且自成体系并被广泛接受。

生态整体主义是在坚持人与自然相互联系的基础上发展而来的，其本身就经历了大致三阶段的发展，其中，最早提出生态整体主义的是美国环境保护先驱、生态伦理之父奥尔多·利奥波德。[③]利奥波德在其1949年出版的《沙乡年鉴》中提出著名的"土地伦理"思想，书中的"土地伦理"指出人类与土地之间应该是一种伦理关系，早期的道德伦理关系是仅仅指人与人之间的伦理关系，但在面对日益复杂的社会，所谓的道德伦理范围必须扩大化使之包括土

① 陈泉生：《环境法哲学》，北京：中国法制出版社2012年版，第80页。

② 邓海峰：《生态整体主义视域中的法治问题》，北京：法律出版社2015年版，第27页。

③ 王野林：《生态整体主义中的整体性意蕴评述》，载《学术探索》2016年第10期。

壤、水或其他生物即土地，这里的土地尤指自然界甚至代表整个生态系统。①针对工业时代人类对自然的严重破坏，利奥波德明白人类不可能脱离环境而存在也不可能不利用环境，但环境又是人类巨大的财富，若使这种矛盾的对立平稳长久地发展则人类必须以一种新的伦理观念去对待环境。②利奥波德试图将人类是大自然掌控者、主宰者的角色变成与生态系统和平共处的共生者。在这一点上利奥波德又在某种意义上对"非人类中心主义"提出修正，他肯定了人类对自然的利用、控制，去除了非人类中心主义将自然、生态系统拟人化所营造出来的绝对平等，但也要求人们必须站在一个理性的角度上对生态系统中的活动做出相对理性谨慎的选择，其核心是希望人们能用科学、全面、系统、联系、整体的观念去思考问题。③利奥波德的"土地伦理"在环境日益恶化的后工业时代，为当时及其美国后期环境法理论的发展提供了巨大的突破口，这本书后来被称为"美国资源保护的圣书"。

后来的美国著名环境学者霍尔姆斯·罗尔斯顿在其《哲学走向荒野》一书中提出"荒野转向"的概念，进一步提出人类的关注点不仅仅应该停留在人类本身，而应该进一步扩大到荒野。④这里的荒野同样指生态系统，罗尔斯顿进一步肯定了生态系统的内在系统价值，并指出这种价值并不依附于人类，由此肯定了自然界独立的主体地位，进而说明自然界和人类社会是平等发展的，人类不应该仅仅站在自我角度对自然界进行毫无底线的破坏。⑤

---

① 卢风：《利奥波德土地伦理对生态文明建设的启示——纪念〈沙乡年鉴〉出版七十周年》，载《阅江学刊》2020年第1期。

② ［美］奥尔多·利奥波德：《沙乡年鉴》，侯文蕙译，长春：吉林人民出版社1997年版，第194页。

③ Aldo Leopold, *A Sand County Almanac and Sketches Here and There*, New York & London: Oxford University Press, 1989, p.110.

④ ［美］霍尔姆斯·罗尔斯顿：《哲学走向荒野》，刘耳、叶平译，长春：吉林人民出版社2000年版，第233页。

⑤ 王云：《生态整体主义思想及其现实价值研究》，中国地质大学硕士学位论文，2015年。

在利奥波德和罗尔斯顿之后，挪威著名哲学家阿伦·奈斯又相继提出"深层生态学"，奈斯提出八大行动纲领要求人们必须从思想意识中深刻认识到自然界是人类必须关怀的对象，人类在干预自然界相关价值和权力时必须履行尊重、保护自然界的义务，这种义务必须从生态系统的整体出发，以促使自然界和人类社会共同发展、生态系统和谐共生。同时，奈斯提出"自我实现"和"生态主义"两条最高准则，至此生态整体主义得以成型。

由上述可以得出，生态整体主义的核心思想是人与其他物种一样均是生态系统的构成因素，生态整体主义从根本上并不否定人类的生存权、发展权，更加在一定程度上不完全否定人类对自然的掌控和改造。生态整体主义所要强调的是在人类的发展过程中应该将人类对自身的全部发展利益同自然联系起来，即人类对经济、物质等的需求必须在生态环境系统可以承受且可以自我恢复、人为恢复的范围之内。[1]

生态整体主义理论完全符合黄河流域生态环境治理的目的。自古以来黄河流域拥有巨大的生态、经济、文化价值，黄河流域是我国生态环境系统的重要组成部分，与我国经济、农业、文化的发展息息相关，我们在明确黄河流域的生态价值时，也有义务保护黄河流域的发展。作为黄河流域保护的主体更应该在黄河流域治理的过程中贯彻生态整体主义的理论意识，以全局观、整体观指导黄河流域的保护及整体发展的实践工作。从整体生态系统去考察，促进黄河生命共同体的完整、美丽和稳定。

2. 整体政府理论

黄河流域跨越9省区，在生态环境治理过程中具有地域空间广、涉及环境因素复杂、治理部门众多且相互交错的特点，因此必须从整体上进行管控和治理，但整体管控涉及多部门多机构的参与，难免出现权责交叉的现象。[2]整体

---

① 杨继文：《基于生态整体主义的环境治理进路研究：理性化、社会化与司法化》，载《环境污染与防治》2015年第8期。

② 郑石明：《整体政府理论对我国政府大部制改革的启示》，载《湖南师范大学社会科学学报》2012年第5期。

政府理论的存在，为黄河流域生态环境行政执法的困境提供了新的突破口。

英国著名行政学家佩里·希克斯在其1977年出版的《整体政府》中率先提出整体政府这一概念，他认为整体政府即是要跨越边界化、功能化的职能部门去解决问题，涉及地方政府结构、政策制定、预算、公务员体系、工作过程、专业网络等在内的整体上的整合。在之后的两年，佩里·希克斯又在其《圆桌中的治理》提出关于政府整体治理的具体策略，而后在《迈向整体性治理：新改革长征》中延伸了整体性治理的各个方面，提出必须通过制度路径加强政府部门之间的交往。佩里·希克斯的整体政府理论在一定程度上对英国政府职能的改革提供了理论支撑。

英国整体政府改革大致经历了两个阶段，1997—2003年是英国整体政府改革的第一个阶段即协同政府的治理模式，这一阶段的改革重点在协同，环境领域首当其冲成为改革的试点，英国政府在环境部的办公室部门设置地区办公室，负责连接中央与地方政府，试图在环境决策上做到中央与地方协同治理。然而协同依然不能彻底解决行政治理碎片化的问题，环境治理在决策、执行过程中依旧存在众多困难。[①]于是英国政府进入第二阶段的改革，从协同到整体，这一改革很大程度上避免了行政执法碎片化，同时提升了中央与地方的执法信任度。[②]在这一改革过程中，汤姆·林提出内、外、上、下四维度的整体政府理论，即内应该达到组织内部之间的合作，外应该达到组织间的合作，上应该达到由上而下的目标设定及责任承担，下应该将公众纳入其中。汤姆·林认为整体政府不是简单的政府机构间的协同，也不是某一机构主导其他机构相互配合的关系而应该是在组织、认识等各方面整体的整合。[③]波利特也提出，

---

① 程述、白庆华：《基于协同理论的政府部门整合决策》，载《同济大学学报》2009年第5期。

② ［挪威］Tom Christensen, Per Laegreid：《后新公共管理改革——作为一种新趋势的整体政府》，张丽娜、袁何俊译，《中国行政管理》2006年第9期。

③ Ling·T. Delivering Joined-Up Goverment in the UK Dimensions Issue and Problems, *Public Administration*, 2002, p.625-642.

整体政府应该是一种横向、纵向相协调的思想与行动，以此来达到政府预期的治理模式和治理目标，最终使某一政策在不同领域、不同主体间相互团结相互协作，以此为公民提供无缝隙的保障。至此，英国的整体政府理论得到完善，英国的环境治理也在此理论的指导下取得了巨大的成就。随后澳大利亚、新西兰等国也在其政府机构改革中采纳了英国的整体政府理论，并在环境、教育、贫困等方面取得优异成绩。

综上所述，整体政府理论从20世纪90年代发展至今已经形成了较为完整的体系，尤其在各国的环境治理方面发挥着重要作用。我国黄河流域目前依旧存在各种行政执法问题，横向的执法壁垒和纵向的执法碎片化问题严重，急需一个从政策决策、执行、监督等全方位指导实践的理论为行政执法提供指明灯。整体政府理论自身出现的背景、理论核心、理论发展与黄河流域的行政治理均不谋而合。①因此我们应以整体政府理论为支撑，在决策、组织架构、信息搭建、执行等方面以整体政府的视角去思考问题，为新一轮的黄河流域生态环境行政执法提供积极有效的解决思路。

3. 系统论

系统论是以研究系统内部的原则、结构、动态、行为等组成因素以及各因素间的联系为出发点，在此基础上进行科学分析以达到整体最优化的理论学说。人们公认的系统论是由美籍奥地利人、理论生物学家L. V. 贝塔朗菲创立的。1932年贝塔朗菲发表"抗体系统论"，首次提出该思想，奠定了系统论的理论基础，1945年L. V. 贝塔朗菲公开发表论文《关于一般系统论》，系统论思想逐渐被引起重视，1948年贝塔朗菲出版专著《一般系统理论基础、发展和应运》，自此系统论的理论地位得以确定。

系统论的核心思想是系统的整体观。贝塔朗菲强调宇宙、生态系统、人类社会都可以分属不同的系统，任何系统都是一个有机的整体，但它不是各个

① 黄莉培：《整体政府理论对我国环境治理的启示——基于英美德三国环境治理模式》，载《中国青年政治学院学报》2012年第5期。

部分的机械的相加，贝塔朗菲引用亚里士多德"整体大于部分之和"的名言来说明系统的重要性和整体性，反对认为各要素性能完好则整体性能一定好的机械观点。贝塔朗菲坚信系统中的各要素都不是孤立存在的，每个要素在系统中都处于一定的位置上，并起着特定作用，各要素间相互联系、相互影响，以此共同构成一个不可分割的有机整体。基于系统论的核心思想，贝塔朗菲认为在面对任何事物时，不仅应从整体出发，而且要分析构成整体的各要素，研究各要素间的相互关系和变动规律，通过科学的分析方法和理论数据来改造、优化各系统要素的组合，最终使系统的有机联系符合人的需要。

系统论的出现在一定程度上改变了人的思维方式。以往研究问题，一般是将事物分解成若干部分，进而从中抽象出简单的规律，再以部分的规律去说明复杂的对象，这是因果决定论的单向循环，虽然这是人们解决问题最为熟悉的思维模式，但这种模式并不能深层次的说明事物的整体性，不能反映事物之间的联系和作用，只适用于较为简单的事物，不胜任于对复杂问题的研究。

黄河流域生态环境行政执法系统是一个有机整体，纵横维度作为其生态行政执法中的子系统，又由多种因素构成。根据系统论的核心思想，在对黄河流域生态环境行政执法进行优化的过程中，不能在纵横维度的执法系统内对各执法主体进行孤立的研究分析，应在对各要素分析的基础上研究各要素间的联系和影响，通过科学的分析方法优化黄河流域各系统要素的组合，最终使黄河流域各生态环境执法系统有机联系，为黄河流域生态保护和高质量发展提供更好的保障。

（三）黄河流域生态环境行政执法之成就

生态环境行政执法在黄河流域的生态环境治理中扮演着重要角色，对黄河流域的高质量发展起着至关重要的作用。近年来，为改善黄河流域生态环境存在的问题，各执法主体采取了多种执法措施，在纵横两维度均取得了巨大的进步。

1. 黄河流域生态环境纵向行政执法取得的成就

在纵向维度，各省区采取了一系列的专项执法活动。例如，2020年河南省大力加强违法行为的查处力度，对建筑施工项目坚决严格执行"三同时"制度，大力加强对污染的整治，同时制定更加灵活的监测检查措施。这一系列的专项执法行为使得河南段的黄河流域在河南省18个国考断面中，水质断面达到Ⅰ～Ⅲ类的占16个，占比88.9%，比上年同比提高5.6%，这一标准高于66.7%的国家标准。甘肃省也于2020年4月对其管辖范围内的黄河流域段开展了入河排污口的排污查处专项行动，排查范围包括兰州、天水、庆阳、白银、武威、定西、临夏、平凉、甘南9个市州58个县区，参与此项排查工作的人员有700多名，排查排污口共计1087个点位，发现新增排污口338个点位，并对违法违规企业依法进行行政处罚，对未达标准的排污企业、排污设施进行整改。同年，陕西省政府及省人大常委召开了专门针对黄河流域"一法两条例"的专项执法行动，对渭河、汉江、丹江流域开展水污染防污标准查处、水事建设项目污染防治措施整改、环境执法司法联动机制等。在具体的执法工作过程中，引入第三方评估机制，开展随机抽查。专项行政执法活动使陕西省黄河流域段水质明显好转，渭河出境断面水质提升到Ⅲ类，汉丹江水流水质持续保持为优。[①]在改进执法方式、提高执法效能方面，河南省生态环境厅引入最新的科学技术，采取无人机航测方式对辖区内的黄河支干流进行全方位的扫描，发现违法违规或轻微不达标问题8175个，由各市、县进行后续的查处执行。办理涉及的危废污染行政处罚案件共计137件，刑事案件8件，刑事处罚人数共计27人，[②]大大提升了执法查处效能。在对黄河流域行政执法的宏观规划方面，陕西省于2020年6月中旬发布《陕西省黄河流域生态空间治理十大行动》，开展"三屏三区一廊一带"的生态环境行政管理政策，对黄河流域林区的防风固沙措施提供执

---

① 周旭：《一图读懂黄河流域入河排污口排查整治专项行动》，https://huanbao.bjx.com.cn/news/20210329/1144539.shtml。

② 牛少杰：《河南开展专项行动全线排查黄河两岸生态环境》，https://www.tibet3.com/news/guonei/2020-04-13/162448.html。

法保障机制。

可以看出，各省区在黄河流域的生态环境行政执法过程中拓宽了执法方式，专项执法、环境执法及司法联动等机制综合运用，以此遏制各省区管辖范围内的黄河流域环境污染进一步扩大。另外，科学技术设施逐渐广泛应用于环境执法过程中，不仅提升了生态环境的执法效能，也进一步确保了执法活动更加科学规范。

2. 黄河流域生态环境横向行政执法取得的成就

在横向维度上，近年来黄河流域各行政执法主体创新执法措施，以此希望弱化地方行政壁垒，提高整个流域的水资源利用率。例如，2020年4月，青海省黄河园资源环境执法局会同当地公安对三江源流域展开环境大整治联合执法巡护行动，严惩乱捕乱伐、无证经营、无证排污等违法行为，此次联合执法巡护行动共出动警力170余人次，执法面积达2700平方千米，历程逾3000千米。此次执法行动旨在探索黄河流域跨区"联合、联防、联动、联打"机制的建设，进一步促使类似机制在日后成为执法常态化，以切实保障黄河上游生态环境安全。[①]在水事管理部门同其他部门的协同协作方面，2019年水利部及其派出机构联合最高人民检察院对黄河流域展开"行刑联动"机制，并在年底发布会上由最高人民检察院副检察长张雪樵宣布治理成效。张雪樵表示专项执法行动及联动机制在过去的一年中取得极大成效，截至2019年7月底，检察机关受理水利相关部门移送的线索共2339件，立案1097件。检察机关和水利部门及其派出机构共同开展执法，清理河道污染水域面积1707亩，监督非法侵占河道1937千米，查处拆除改建违法建筑面积80.8万平方米，促使138.7万吨的建筑垃圾及生活垃圾得到清理。[②]同时，这一专项执法活动也创新了"行刑联动"机

---

① 宋明慧：《三江源国家公园开展黄河流域环境大整治联合执法巡护》，http://www.qhnews.com/newscenter/system/2020/05/02/013153563.shtml。

② 时冉：《中国保护黄河专项行动取得显著成效》，http://www.cfej.net/news/xwzx/201908/t20190830_730695.shtml。

制，为此后开展联合执法提供了宝贵的经验。

综上所述，黄河流域在纵横两维度的生态环境行政执法方面均取得了显著的成绩。然而，实践中对黄河流域的生态环境保护还远远未达"绿水青山就是金山银山"的要求。根据黄河流域生态保护和高质量发展座谈会的数据显示，黄河流域上游的水源生态环境系统依旧呈退化趋势，水源涵养功能整体趋势依旧降低；中游水土流失严重，汾河等支流污染问题突出；下游黄河三角洲水流量偏低，河口湿地萎缩，工业、农业、生活等污染排放现象依旧严重。黄河流域共计137个水质断面中，2018年劣Ⅴ类水质断面占比达12.4%，这一数据明显高于全国6.7%的平均水平。而且，黄河流域的水资源可饮用利用率极低，黄河流域的水资源总量不到长江的7%，人均占有量仅为全国平均水平的27%；水资源利用粗放，农业用水效率低，水资源的开发利用率高达80%，远超一般流域40%的生态警戒线。因此，黄河流域在其生态环境行政执法过程中面对的问题更多、更复杂。

二、黄河流域生态环境行政执法存在的问题

（一）黄河流域生态环境纵向行政执法存在的问题

1. 垂直管理改革机制落实不彻底

2016年9月，中共中央办公厅和国务院办公厅联合印发关于环境保护垂直管理改革新方案，黄河流域9省区根据该方案均进行了垂直管理改革工作。新旧制度改革前后各省区生态环境部门职责发生了重大变化（见表3-3）。

表3-3　生态环境机构改革前后对比

	改革前	改革后
省生态环境厅	省政府组成部门。监察方面，省生态环境部门设置环境监察总队。执法方面，环境监察部门与环境管理部门之间互相监督、互相支持、密切配合	监察方面，将市县两级环保部门的环境监察职能上收，由省环保部门统一行使，通过向跨市或者跨市县区域派驻等形式监察地方环境执法问题。执法方面，执法重心下移至基层
市生态环境局	市政府组成部门，监察方面，市级生态环境部门设置环境监察支队。执法方面：环境监察部门与环境管理部门之间互相监督、支持、配合	市生态环境局受省生态环境厅的领导。监察方面，无监察部门。执法方面，市生态环境局统一管理，指挥本行政区域内县级环境执法
县生态环境部门	县政府组成部门，监察方面，县（区）级设置环境监察大队。执法方面，县级环境监察大队负责执法	市生态环境局的派出机构。监察方面，无监察部门。执法方面，市局的派出机构，强化现场执法

从表3-3可以看出，改革后监察方面由省生态环境部门统一单独行使，改变了之前环境保护监察和执法职能于一体的情况，避免了"又当法官又当立法者"的现象。执法方面建立了专门的执法队伍，仅负责执法，以此强化市县的单独执法权。但正如学者们研究所说，没有十全十美的权力架构，任何机构改革只是对现实问题短暂的解决和对权力的重新配置。生态环境行政改革也是如此，自2016年生态环境机构改革至今，各省区黄河流域生态环境保护在执法过程中逐渐产生新的环境执法问题。①

第一，受垂直管理改革影响，各级人民政府在黄河流域生态环境的执法过程中存在一定程度的缺位，我国《环境保护法》第10条规定，各级人民政府应对环境保护履行相应的执法义务，县级以上地方人民政府环境保护主管部门，应对本行政区域内的环境保护工作实施统一的监督和管理，县级人民政府有关部门和军队环境保护部门，对本行政区域污染防治、环境保护实施监督管

---

① 王灿发：《我国生态环境执法的主要制约因素及破解之道》，载《中国机构改革与管理》2019年第1期。

理。但在垂直管理改革以后，市级环境保护部门的职责上收到上级部门，实行单独垂直管理，在很大程度上不受本级人民政府的管理。因此，实践中对黄河流域的行政执法过程中，一方面会出现政府监督管理缺位，出现执法真空的现象；另一方面由于地方政府立足于本行政区域的发展情况，经常会对污染问题睁一只眼闭一只眼，致使相关企业在排污问题中处罚不到位。

第二，垂直管理在一定程度上使各级环保部门独立执法，基本不再与各级政府产生较频繁的联系。但环境问题往往涉及多个部门，在黄河流域的治理过程中需要统一协调解决。垂直管理改革虽进一步提升了环保执法部门的独立性，但在一定程度上加大了各部门间的执法摩擦，致使执法成本上升、执法效率降低。各级地方生态环境保护部门甚至陷入盲目的自信，认为垂直管理使其环保地位提升。在日常执法工作中，以其自身环保部门的执法处罚意见为主，忽视其他部门的执法建议，容易落入计划经济时代"一统就死"的怪圈。以1998年工商部门实行的垂直管理为例，垂直改革并没有达到预期的效果，反而由于缺少与相关部门的沟通，信息闭塞、执法矛盾尖锐成了问题，最后在其重新归属于各级政府管理后才成效渐好。

第三，垂直管理改革后，监督问题较之前仍然没有得到相应的改善。如上表所述，垂直管理改革使得监察权力上收，监察机构也不再承担执法的职责。这在一定程度上克服了"既当法官又当立法者"的问题。但垂直管理改革后，监察机构隶属于省生态环境厅，市、县级均没有专门负责环境监察的机构，行政权力平衡被打破，增加了腐败的风险。虽然黄河流域在各省的生态环境执法中还未出现此种事件，但在其他的突发环境事件中也有不作为、乱作为的徇私枉法现象。同时，由于近年来垂直管理的海关等系统腐败案频繁发生，间接说明垂直管理的各级监管力量薄弱。

第四，环境执法主体的问题，环保机构的垂直管理改革发生以后，原来的各级环境监察大队监察权上收，仅负责环境执法问题。但实践中原来这些环境监察大队多为事业单位，经查31省份的环境监察机构（注：这里的环境监察机构为监察职权上收后仅负责执法的职能机构），除北京、山西、浙江、广东、西藏五省市区为内设机构外，其他全部为直属事业单位，也即在黄河流域流经的9省区中，只有山西省是内设机构。《环境保护法》第24条规定，"县级以上人民政府环境保护主管部门及其委托的环境监察机构和其他负有环境保护监督管理职责的部门，有权对排放污染物的企业和其他生产经营者进行现场执法……"。这一规定进一步强调了原环境监察部门为事业单位，进行执法需经过行政机关的委托，这使得黄河流域行政执法主体的执法效率大打折扣。

2. 基层执法困难重重

黄河流域流经9省区，各行政区域存在众多的干支流。据统计，黄河流域共涉及69个地区（州、盟、市）、329个县（旗、市、区），其中，全部位于黄河流域内的县（旗、市、区）就有236个，乡镇还未计算入内。以流入宁夏段为例，黄河的干支流流经宁夏中卫、中宁、青铜峡、吴忠、灵武、银川、永宁、贺兰、平罗、石嘴山、陶乐、惠农共12个县市，且以上县市大多依靠黄河水力资源发展经济，因此素有"天下黄河富宁夏""塞上江南"之称，黄河对宁夏各县市的重要性不言而喻。因此黄河流域生态环境基层行政执法的效能对改善黄河流域生态环境具有重要作用，但现实情况中，黄河流域基层执法困难重重，很难在短时间内取得成效。

第一，基层经济发展与黄河流域生态环境保护存在尖锐的矛盾。由于各市县经济发展水平较低，产业结构单一，基层群众在发展经济的过程中往往截取大量的干支流水资源，因此实践中基层执法部门对相关排污企业、违法违规建设项目只能睁一只眼闭一只眼。以黄河上游段最重要的一级支流湟水为例，湟水发源于青海省海晏县境内，流经青海省的海晏、湟源、湟中、西宁、大通、互助、平安、乐都、民和九个市、县。其中民和、湟源、湟中、互助、乐都五县均属于海东市。但根据青海省2020年公布的各市县人均GDP数据排名，海东市的经济在七个市州中排名倒数第三，经济发展较慢。青海省为发展各市县经济，引湟入田，大力发展农牧业。要求建设诸多拦（蓄）水设施，大量拦截湟水支流，使得湟水支流水量逐年下降。湟水流域人均水资源量663立方米，耕地亩均水资源量472立方米，分别为全国平均水平的1/3和1/4，水资源利用率已达60%，超过全球公认标准的合理极限值（全球公认的流域水资源利用极限值为40%），致使湟水流域已基本无大规模开发利用的潜力。[①]经济发展和环境保护的紧张对立关系一直是各省、市、县迫切需要解决的问题。

第二，基层环境执法主体存在诸多问题。从执法主体的资格来看，执法主体大多为事业编，执法权威不强。从执法主体的执法效果来看，实践中的违法企业往往是县域重要的产业产值贡献者。环境执法主体在向其政府去申报时经常得不到有效的处理结果，不能从根本上对污染者起到惩戒作用。从执法主体的专业知识看，基层执法队伍的人员在考编时基本不做专业限制，致使执法人员对环境执法的执法理论、执法意义了解甚少，对执法程序的规范性要求落实标准较低，容易形成从众执法、惯性执法、懒惰执法。同时，实践中对环境问题造成的污染因果判断也不够专业。很多市县内黄河流域段的污染是长年累月造成的，但环境执法者只顾眼前所造成的危害，容易造成处罚不公的现象。[②]

第三，基层生态环境行政执法力量不足，人数较少，致使黄河流域水事环境执法问题很难得到根本的解决。据生态环境部行政体制与人事司所统计，截至2019年第一季度，全国各省、市、县生态环境行政执法人员约8万人，但相当比例的县执法人员不足5人，这对于基层的环境执法任务显然很难满足。从黄河流域生态环境质量发展的实际情况来看，当前黄河流域生态环境的污染治理修复工程呈"倒金字塔"的特征。理论上讲，在基层地区环境污染状况严重的情况下，理应配备更多更专业的环境执法人员。然而实践中，大多基层生态环境执法人员数量极少，连本县基本的居住环境问题都无暇顾及遑论专门针对黄河流域生态环境执法了。因此，基层生态环境执法人员不足、任务繁重已

---

① 数据来自《湟水流域简介》，http://www.iwhr.com/zgskyww/ztbd/qhdy/bjcl/webinfo/2012/08/1342498799283481.htm。

② 董学宇：《环保执行力的低效困境与改善路径》，西南政法大学硕士学位论文，2010年。

经成为基层生态环境问题难以突破的瓶颈之一。[①]

第四，各省黄河流域生态环境基层行政执法技术落后。由于现代工业的多样发展，致使环境问题充满复杂性。大多数企业经常为了降低解决污染的成本，对污染物的排放十分隐蔽。譬如，2017年在甘肃省兰州市红古区岗子村（该地距离黄河支流湟水河仅3千米左右）的山沟里发现大量的不明固体废物，随后在附近的山神沟、撒拉沟同样发现大量固体堆放物。经查为废阴极炭块（被列入《国家危险废物名录》，危险性为"毒性"），为兰铝公司倾倒。山神沟和撒拉沟地处隐蔽，由于基层执法本身任务大，经济水平不发达，很少配备优良的监察检测设备，环境问题的前期侦查往往靠人力去解决，很难在前期的环境预防阶段察觉到环境污染的发生，现有的技术设备很难满足基层执法情况。再者，由于没有相应的技术支撑，乡镇和市县也未能形成有效的信息互通，环境执法未能在乡镇得到有效的执行和监督，致使乡镇对黄河流域生态环境相关问题关心不足。[②]

（二）黄河流域生态环境横向行政执法存在的问题

1. 地方保护主义制约执法效益

地方各级政府是黄河流域横向生态环境行政执法的重要主体之一，但实践中各级政府并不能高效的履行对黄河流域生态环境保护的整体性职责，究其原因主要是地方保护主义的存在。地方保护主义即各级地方政府及其组成机构滥用权力或规避权力，违反相关法理、法律法规，以此维护并扩大本行政区域利益的行为。[③]地方保护主义是由体制原因和历史原因造成的。从体制方面来看，我国各行政区划内的行政机关对自己所管辖的区域有相对独立发展经济、

---

① 吴思芳：《基层生态环境行政执法研究——以河北省A县为例》，中央民族大学硕士学位论文，2020年。

② 荒野守护人：《2017—2020年黄河流域生态保卫战》，https://baijiahao.baidu.com/s？id=1686826674845329668&wfr=spider&for=pc。

③ 马怀德：《地方保护主义的成因和解决之道》，载《政府与法制》2004年第3期。

文化、生态的权利。我国《立法法》规定，各级政府、各级人民代表大会及其常务委员会有权制定适合本行政区域发展的政府规章、地方性法规。沿黄9省区行政区域相互独立、平等，各地方政府对本区域的黄河流域具有相对独立的资源利用权，并且有权依据本地方产业特色发展经济，致使黄河流域在各段支流上执法无法统一。从历史原因来看，我国经济发展呈不平衡状态，东部经济发展比中西部地区发展较好。但中西部对黄河流域所承担的生态环境保护责任却远远大于东部地区。以宁夏为例，宁夏在水土流失和生态环境修复方面每年要花费巨大的财政支出，对于林木种植的选择、实验、培育甚至需要好几年才能完成，但宁夏的经济发展水平却位于全国倒数。以小的能力去承担巨大的责任加重了宁夏回族自治区政府的压力，容易造成各地无效率执法的结果。近年来，国家为了解决这种供需矛盾尝试水权交易措施，但由于水权交易也只是在试点省市展开，并且由于市场机制的不发达，水权交易在根本上依旧不能解决各省区之间责任与效益不平衡的问题。本质上在黄河流域生态环境行政执法的纵横维度上均存在地方保护主义，但纵向生态环境保护的地方保护主义在一定程度上被垂直管理改革制度所削减，相较纵向维度，横向生态环境行政执法仍未摆脱地方保护主义的不良影响，容易在实践中造成以下执法困境。

第一，联合协作的生态环境执法行动展开困难重重。黄河流域是一个有机整体，各段有其特有的问题急需各省区共同参与解决。譬如，黄河上游需要以祁连山、三江源、甘南黄河上游的水源涵养为主，需要修建一大批生态环境保护工程。中游要加深水土保持和污染排放治理，下游要以湿地保护为主要核心。但实践中各省区往往以本地经济发展态势和工农业的需求为主要目标开发利用黄河流域水资源，地方保护壁垒严重，在开发利用黄河流域水资源的过程中也常常忽视相邻省份的生态环境，甚至造成跨区域的工业水污染。在这种情况下，联合协作执法以保护黄河流域高质量发展变得困难重重。

第二，在黄河流域生态环境横向行政执法过程中，各省区受到地方保护主义的影响，解决执法问题的方式单一。①各级地方政府在黄河流域的保护上扮演重要角色，目前各级政府对生态环境的横向治理主要有成立区域性流域管理机构、建立联合防治协调机构、协调或协商三种方式。但纵观黄河流域政府间关于执法问题的合作，会发现大多合作均以协调或者协商的方式展开，譬如，陕西省召开的黄河流域生态保护和高质量发展协作联席会议、在济南召开的黄河流域省会（首府）城市法治协作联席会议等。这种方式的优点是可以针对黄河流域执法中出现的突出问题及时、灵活、高效的解决。但这种方式并非制度化，大多是在国家政策重视、跨区域问题突出的情况下开展的。同时，这种形式由于召开周期长也容易造成信息不对等，很多时候这种政府间的会议需要筹备三个月及以上才能召开，对于各区域复杂变化的环境问题并不能得到及时解决。

2. 流域管理机制不完善

在黄河流域横向生态环境行政执法中，流域管理机构即黄河水利委员会是最重要的执法主体，黄河水利委员会是水利部的派出机构，在水利部的授权范围内从整体上对黄河流域水资源的开发、利用和保护进行管理。但实践中，黄河水利委员会的管理机制并不完善。

第一，流域管理的相关制度与现行法律法规间存在矛盾与冲突。首先，在某些事项中，与水事相关的法律法规存在一定的冲突，致使黄河水利委员会及其派出机构存在一定执法障碍。②譬如，在黄河流域某一干支流内存在相当一部分林木，若不砍伐会影响干支流汛期的正常排汛。按照我国《水法》规定，相关流域管理主体应立即责令该林木的管理人砍伐林木以使流域防洪正常运行。但依《森林法》规定，砍伐林木须经林业部门批准。两部法律都有相同

---

① 张文波：《我国环境行政执法权配置研究》，西南政法大学博士学位论文，2017年

② 艾琦森：《黄河水行政执法面临的困境及解决思路》，载《农业灾害研究》2020年第6期。

的法律效力且均有其存在的正当性，所以实践中成为流域执法部门的障碍，为防汛工作留下风险。其次，黄河水利委员会的部分制度在实践中存在一定的滞后性，常与地方性法规发生冲突。例如，黄河水利委员会在对黄河流域河道建设项目的审查通知中要求，在黄河流域干支流河道内建设项目，需经过黄河水利委员会审查同意后方可履行其他审批手续。但陕西省人大常委会依据本地区河道管理的情况，在其地方性法规中规定，若要在陕西省境内的渭河、丹江等河道内建设项目，则必须经过本地区的水行政部门审查。根据《立法法》，地方性法规的效力高于黄河水利委员会印发的规范性文件，最终致使黄河水利委员会的派出机构无权干涉各省内河道建设项目的检查，导致河道检查监察执法无法展开。①

第二，流域管理机构的执法主体资格模糊。根据行政法的相关规定，具有行政主体资格的应满足"权、名、责"三点要求，实践中有行政执法主体资格的大多为行政机关、法律法规授权组织（事业或企业组织如流域管理机构）、受行政机关委托的组织三大类。根据我国《水法》规定，黄河水利委员会为水利部派出机构，是中央垂直的、水利部授权的具有行政职能的事业单位。《防洪法》第六十四条授予黄河水利委员会行政处罚和其他行政执法的权限。也即黄河水利委员会作为法律法规授权的组织具有行政执法主体的资格，但实践中黄河水利委员会在基层设置的水行政管理机构，即黄河水利委员会的派出机构却无具体可操作的法律法规做支撑，这使黄河流域的流域基层管理机构在日常执法中根本不能从事实质性的工作，更别说对该地区河道进行相关的监督检查。

第三，流域管理执法权威不高。一般来说，流域管理机构是旨在打破地方保护主义，从整体出发促进流域的有序发展。即需要为了流域发展的整体利益、长远效益对各单独行政区域构成权力制约，协调各行政区域内因经济发展等原因造成的环境冲突问题。但我国的流域管理机构为事业单位，特别是黄

---

① 徐林：《黄河上中游流域水行政执法存在问题及对策》，载《人民黄河》2013年第7期。

河流域基层管理机构存在着授权不清、执法依据不足、执法手段不严等问题，在地方水行政执法的处理中，缺乏自主权。例如，黄河水利委员会对其派出单位做出规定，在审查河道项目、防洪减灾、现场监督检查等事项上应开展定期和非定期执法。但由于该制度可操作性不强，实际中各单位也只是在重大巡视事项、防洪减灾等方面进行实质性的执法活动，而对于其他执法职责随意性较大，致使执法效率较低。另外，由于黄河流域生态环境的复杂性，黄河水利委员会及其派出机构在执法时往往涉及地方生态环境部门的配合，致使流域管理机构不得不在违法违规事件的处理上考虑地方政府及其相关部门的态度，很难独立执法，长此以往更加使流域行政执法权威不断降低。

第四，黄河流域流域管理机构与各行政区域内相关水事行政机构存在职权不清的问题。我国《水法》规定，流域管理机构与各地方的水事行政管理部门应相互配合、相互制约共同促进流域水环境的发展。但实践中尤其是基层河务局与地方基层黄河流域水事行政主管部门的关系并没有理顺。根据现行水事相关的法律法规，二者存在诸多交叉、重叠的职责。譬如，在建设工程的审查审批上、河道污染问题的排放上，法律法规分别规定二者都有行政执法监督权。这容易造成要么二者争相执法抑或二者互相推诿无人执法的困境，出现一系列的执法真空。①

（三）黄河流域生态环境纵横维度行政执法存在的共有问题

在研究黄河流域生态环境行政执法的相关内容中，发现其在纵横两方面存在特有问题，需要分别研究。但在纵横两维度的执法情况中，二者也存在共同的执法问题。

1. 监督机制不完善

权力是把双刃剑，行政机关运用得当可以指挥得法、令行禁止、造福人

---

① 曾娜、郑晓琴：《流域管理机构若干问题研究》，载《昆明大学学报》2008年第3期。

民。但一旦被滥用，超越了法律的界限，就可能滋生腐败、贻害无穷。为确保权力的应用达到最大效益，权力必须被监督。纵观黄河流域生态环境行政执法，纵横两维度在执法的监督上存在诸多漏洞。

从黄河流域生态环境行政执法的纵向维度来讲，第一，垂直管理改革后，县级人民政府对环境保护部门不再具有直接的管理权，因此，县级人民政府对本级环境保护部门的监督存在一定程度的缺位。另一方面，由于黄河流域各干支流大都流经离省环保监察机构所在地较远的乡镇，但全省的环境监察权上收至省环境保护部门，市县级不再具有环境监察权，距离监察权力中心越远，环境执法监督越困难。省级监察机构很难时时监察各地黄河流域执法情况。实践中，黄河流域各干支流在各乡镇的环境污染中也确实存在无人监管情形。例如，位于三江口的黄河流域段，该段位于甘肃省兰州市和临夏州交界的达川镇，达川镇距甘肃省生态环境厅55千米，是一个偏郊区的小镇，远离省生态环境保护厅。该小镇的生活污水直排沟渠据黄河流域的干支流也十分近，这些污水最终也未经处理直接排入黄河，河道周围布满了塑料垃圾，河面漂浮已死的鱼类，政府执法部门惰于执法，常年无任何部门监管。第二，在黄河流域纵向行政执法监督中，监督法律法规不完善。[①]实践中对环境执法的监督大多依靠环境督政问责、约谈等方式，但这些方式大多都是一些临时性的文件或指示，并没有在法律法规上对此种监督方式的监督内容、监督权限进行明确的规定。[②]第三，纵向黄河流域生态环境行政执法碎片化致使监督问题难以展开。各水事相关部门在其职责权限范围内均可对黄河流域的执法情况进行监管，但实践中经常会出现利益大的地方争先监督，利益低的地方无人监管的现象，尤其环境垂直管理改革后，生态环境部门独立监管，建立了自己的监管体系，更加剧了其他水事环境监管部门的惰性和矛盾。第四，党委和人大在环境监督中

---

① 张文波：《我国环境行政执法权配置研究》，西南政法大学博士学位论文，2017年。

② 陈海嵩：《环保督察制度法制化：定位、困境及其出路》，载《法学评论》2017年第3期。

存在一定的滞后性，2015年，中共中央办公厅、国务院办公厅印发《党政领导干部生态环境损害责任追究办法（试行）》（以下简称《追究办法》），文件规定，地方党委、政府应对本行政区域内的生态环境和资源保护负主要责任，其他有关领导成员在职责范围内承担相应的责任，明确了生态环境损害赔偿责任的终身追究制。这是首次具体明确的规定党委在生态环境保护中的职责。但实践中，党委对生态环境执法的监管存在一定的滞后性和缺位，从各个环境执法会议和专项执法开展所公布的信息来看，参会人员多为政府生态环境部门的领导，专项执法活动也多由各级水事执法活动相关的行政机关展开，党委很少亲自参与生态环境的现场执法监督。再如，人大的监管职能，人大在政府的环境管理活动中享有质询权、提出议案、对政府执法工作监督指导等权力。但实践中，人大在黄河流域的环境执法监督中也存在一定程度的缺位现象，致使人大的监管责任不能得到很好的落实。

从黄河流域生态环境行政执法的横向维度来讲，第一，有关监督的法律法规过于宏观且与地方生态环境部门的职能存在重叠，导致纸上谈兵的现象出现。例如，黄河水利委员会的派出机构在其职能中表述：流域基层水行政机构依照水行政执法工作并对其他水事活动进行现场监督检查并执行其他事项。但对于监督事项、监督内容并无细致规定，毕竟各地情况不一，未详细规定也是担心宏观规定太过详细不利于各地流域基层管理机构因地制宜地开展工作。但流域基层管理机构也没有制定关于自身的监督细则，致使黄河流域的流域基层水行政机构在实践中多为事后监督或者沦为地方生态环境部门的辅助工具，流于形式，未达到对地方水环境行政主体执法的真正监督。第二，流域的环境监察机构监察地位较低，机构运行混乱，与其他流域监察主体交流较少。黄河流域横向的流域管理机构多为事业单位，即使其通过授权可以成为行政监察监督的主体，但与本就具有行政执法权的生态环境部门相比，地位不平等，在黄河流域的执法活动中职责不清，对地方环境行政执法中出现的问题起不到根本的监督作用。同时，我国在全国地区设置环境督查中心，监管地方的生态环境问题。但环境督查中心仅处理较为重大的环境污染问题，对其他问题基本不予处理。综上所述，横向维度的黄河流域执法急需通过顶层设计去完善监督不到位的现象。

2. 公众参与不足

我国是社会主义国家，人民代表大会是我国的权力机关，我国的国家机关是代表人民行使权力，反映人民共同意志，因此公众参与是各级行政机关处理公共事务必不可少的一项原则。环境问题具有公共性，涉及面广，执法对象复杂，公众作为社会整体的重要组成部分，往往在环境问题的参与中起到重要作用。①公众无执法权，但执法问题包括执法前的建言献策、执法活动展开对行政相对人造成权利义务的影响、执法问题的事后监督等，这些都是公众参与执法的重要方面。黄河流域流经九个省级行政区域，2018年底总人口为4.2亿，占全国总人口的30.3%；同时，黄河流域干支流跨度大，流经区域广且有诸多偏僻地带，公众参与在黄河流域综合行政执法中占有重要地位。公众参与主要包括环保组织、公民、新闻媒体在执法活动中的参与，但目前在黄河流域生态环境执法中存在公众参与度低、参与机制不完善等现象。

从公民参与环境执法来说，现阶段，公民对黄河流域行政执法的参与方式主要有投诉举报、民事诉讼、行政诉讼等。但这三种主流方式均存在一定的问题。从公民的举报投诉来说，现阶段我国公民环境保护意识日渐增强，从各省区的环境信息公开工作年报可以看出，公民的环境投诉举报数量逐年上升。但观察发现，投诉的大多均为噪声污染、违法违规建设施工项目污染，对黄河流域水事相关的污染关注较少，即使有也是污染已经达到严重的情况。例如，甘肃省兰州市雷坛河桥下的黑水沟问题（雷坛河最终流向黄河），等到接到群众举报开展侦查活动时，雷坛河已经污染严重。这反映出公民更多的是反映与自身相关的、较为敏感且显而易见的环境问题，对流域污染行为不易发现。其次，缺乏公民举报后的监督处理机制，致使公民对环保问题解决结果不满意。

---

① 史玉成：《环境保护公众参与的制度绩效、缺陷与未来路径——对完善我国环境保护公众参与法律制度的思考》，载《甘肃理论学刊》2008年第1期。

大多数情况下公民举报后，生态环境部门以接收到举报、后续将进行处理回复民众后，该举报事实就与公民无关，至于执法过程和结果更不会让公民知晓和参与，且环境治理周期长、问题复杂，会使公众认为行政执法人员不作为，降低公民对生态环境问题的关注度。从环境民事诉讼来看，提起环境民事诉讼的必须是受到环境损害的相关人，其他人无诉讼权利。①由于污染者大多均为大型企业，加之信息不对称，会使受害者背负巨大的败诉风险。即使受害者胜诉，对之后排除妨害措施后的预防风险再发生的监督等均存在缺位，并不会彻底解决对流域的污染，致使公民参与积极性降低。从环境行政诉讼制度来看，起诉主体严格，行政诉讼仅对8种具体行政行为可以起诉，其他行为不可起诉。同时对环境不作为的执法行为，由于环境问题尤其是流域环境问题潜伏周期长、现有行政诉讼很难认定相关部门的不作为执法情况，尤其是对相关部门的"不作为行为侵害公民环境问题"更难认定，很容易使公民败诉，打击公民此后参与环境问题的积极性。

从环保组织参与环境执法来说，首先，现有的环境公益诉讼仅在《民事诉讼法》中做了规定，未在《行政诉讼法》中给予认可，也即环保组织只能提起民事诉讼不能提起行政诉讼。其次，2014年《环境保护法》严格限制了环境公益诉讼提起的资格，对有权提起环境公益诉讼的公益组织严格限制。《环境保护法》第58条规定，可以提起环境公益诉讼的公益组织，需要满足依法在设区的市级以上人民政府民政部门登记且专门从事环境公益保护工作超过五年无违法犯罪现象，纵观近年提起的环境公益诉讼的主体大多为中华环保联合会、自然之友等少数有影响力的环保组织，这不利于黄河流域生态环境保护，也不利于环境公益组织对黄河流域的违法、不作为等执法现象的监督。最后《环境保护法》第58条规定，环境保护公益组织提起诉讼不得以赢利为目的，这一规定是为了保证环境公益组织的公信力和防止滥诉现象的出现。然而现实情况中，环保组织很少提起公益诉讼，即使提起公益诉讼，对诉讼费用的来源、筹

① 于晶晶：《行政正当程序视角下环境公众参与制度的规范与完善》，载《中国环境管理》2021年第1期。

集也是十分困难，还可能面临败诉风险，一旦败诉，诉讼费和其他开支均需要环保公益组织自己承担，所以即使环保公益组织在黄河流域的执法过程中发现违法现象抑或是执法不作为等现象，在不确定或严重的情况下环保公益组织一般不会贸然提起环境公益诉讼。所以对流域生态环境的行政监管、参与、风险防范无法起到良好的防范作用。

从媒体对黄河流域环境执法的监督、宣传来说，针对黄河流域的一系列专项执法行动、各省区召开的联席会议、对黄河流域生态保护和高质量发展座谈会的学习、落实等会议在网上均可搜索到，即针对黄河流域的相关执法报道积极、准时。但综合各省区媒体报道研究发现存在共同的现象，即对问题纰漏缺少报道，查阅相关环境官网，大多是基层环境动态、最新环境执法行动、落实各项政策等情况，但对活动落实结果、执法存在问题报道较少，这使公众很难了解到本区域黄河流域存在的根本问题，更别提以身作则、引起防范。因此，媒体对黄河流域执法无法很好地起到监督作用，反而在某种意义上成为政府躲避执法不作为的保护伞。

三、国外流域生态环境行政执法之经验

（一）国外流域生态环境行政执法情况

1. 田纳西河流域

作为美国第八大河流的田纳西河全长1043千米，流经7个州。19世纪90年代的田纳西河是美国最贫穷的地方之一，不断激增的人口对流域生态环境持续掠夺，长期不当的农作物生产使得田纳西河流域附近的土地退化严重，泥沙大量沉积，水土流失严重，矿山开采导致地表植被被进一步破坏，炼铜等高污染企业排放高浓度的氧化硫，形成酸雨进一步污染土壤和水体，田纳西河很多生物也随之消失绝迹。1933年，罗斯福总统为解决田纳西河流域面临的各种问题，专门规划设置田纳西河流域管理局（简称"TVA"），该机构被美国国会和联邦政府授予管理、规划、经营、开发流域内各种资源的广泛权力。田纳西

河经过半个多世纪的治理取得了辉煌的成就，成为世界各国河流治理的典范，TVA对田纳西河流域的管理可以归纳为以下几点。

第一，制定专门的立法，以保证TVA的高度自主经营权。生态环境问题涉及多个部门利益，易产生多头执法、碎片执法的现象。但成立之初的TVA由专门的法律赋予其高度的执法管理自主权。《田纳西河流域管理局法》授予了TVA土地买卖、水利水电建设、水土保湿、农业管理、植树造林等多项权力，把各项与环境有关的职能全部授予TVA综合行使，使其成为一个可以跨越一般程序，直接向国会和总统负责汇报、避免其他政治程序和利益部门干扰的机构，同时为了避免TVA随时受到其他部门的干扰，国会经常采用修正案或者提出新立法的形式，重申TVA是具有多重目标的国有企业性质，必须保证其拥有有效的自主权。各部门若需要对田纳西河进行相关的执法行动，必须同TVA进行协商或是经过其同意。

第二，针对河流的不同问题设置专门的部门进行研讨管理，并且针对实际情况随时调整，①设置流域管理站，对流域水质水文进行监督。TVA下设若干职能管理机构，各机构在职责分工的情况下互相协调，制定了流域开发管理等一系列具体方案，使TVA在实践中对各种情况可以较快地解决，具有相当高的实操性。并且不同时期不同情况下的职能部门地位不同。例如，1937年修坝治水是首要任务，因此治水执法部门成为重点关注对象，1951年治水部门又降到次要位置。

第三，对流域管理局人才的选拔上不得进行政治上的考察或者考虑政治资格，不受制于公务员法的限制，录用严格取决于效率和个人特长，录用后也会定期对其组织培训，并要求每个录用人员3年内必须完成120学时的培训任务，定期考核，多次不达标的情况下给予辞退。

第四，引入社会机制，寻求全方位的公众参与机制。由于田纳西河流域面积较大，对沿岸化工企业的监督、执法查处任务大，单独依靠TVA的力量难

---

① 吕彤轩、丁化美：《田纳西河流域管理介绍》，载《中国三峡建设》2004年第5期。

以取得有效成果，于是在环境治理的执法工作中，大量的与社会无业青年签订劳动派遣合同，使环境执法成本灵活转变，得以减轻资金压力。其次，在流域的开发中，由于环境污染问题解决困难，资金需求量大，因此TVA一方面寻求政府的拨款；另一方面发行债券，从社会募集资金。这在一定程度上减轻了资金压力，同时将社会公众变为重要监督主体。此外，TVA还利用志愿者协会宣传河流治理方式、治理缘由、治理任务，鼓励志愿者加入河流治理之中。实践中，根据有关政府下发的专项执法任务，TVA会从中挑选简单易操作的执法任务下放至志愿者协会，并对参与任务的公民支付一定的报酬。这在一定程度上不仅增加了公民参与河流管理的积极性；另一方面也对流域环境治理起到了良好的作用。

除上述措施外，TVA还在整个流域的不同地区建立26个水文水质监测站，这类似于黄河水利委员会的各下属机构，不同的是，各水文水质站之间联系密切，实现信息互通，在跨区域的污染防治上起到了很好的监督、预防作用，同时为流域执法活动提供科学、有效的支持。[①]

2. 莱茵河流域

莱茵河全长1320千米，是欧洲西部第一长河，沿岸共涉及9个国家，是国际性河流，之所以选取莱茵河作为流域生态环境行政执法优化机制的研究案例，旨在突破行政边界及地方利益的基础上寻求黄河水利委员会发展的新模式。1850年，由于莱茵河沿岸人口数量激增、工业化加速发展，尤其是第二次世界大战以后，城市重建、工业复苏，莱茵河流域迅速建起诸多工业区，工业制造又以化学和冶金工业为主，致使莱茵河流域废弃物任意排放、水土污染严重、生态快速退化、生物多样性严重受损、土地开发无序、次生灾害突出，被逐渐称之为"欧洲的臭水沟"。在这种严重的污染情况下，沿岸国家启动了流域治理，从1950年开始，莱茵河流域主要经历了污水治理的初始阶段、生态修

①　代鑫：《"顶层设计+合作共治"流域治理模式构建与实践——从田纳西河到黄河》，载《未来与发展》2020年第9期。

复阶段和提高补充阶段。①从"欧洲臭水沟"到如今的航海、海运、资源利用有序发展，莱茵河主要采取了以下措施。

首先，建立流域多国高效合作机制。莱茵河流经9个国家，各国之间的协调合作是重要的保障措施之一。1950年，各国组织成立了专门针对莱茵河流域综合管理的机构——莱茵河国际委员会（简称"ICPR"），与此同时，签订了专门针对莱茵河生态环境治理的《莱茵河保护公约》。在针对莱茵河流域特有的问题上，ICPR制定了专门解决特定问题的立法，例如，著名的《防止莱茵河氯化物公约》《防止莱茵河化学物质污染公约》。ICPR依托多层次、多元化合作机制展开工作，政府、非政府组织、专业机构、学者均是其合作对象。虽然其本身并不具有执法资格，但由于ICPR通过的公约多为国际条约，各国必须严格遵守，并在本国内建立相应的专门组织。以德国为例，德国严格要求各州按照公约建立全方位的执法监督体系，全方位的检测网络迅速提升德国莱茵河段的污染执法效果。②

其次，莱茵河治理取得较好成效的另一点原因在于采取了专业的技术支持，即以科学的数据标准检验检测治理效果。③ICPR建立的初衷就是收集科学数据，确认造成污染的具体物质及其来源，以此制定科学、统一的规划分发各国执行。例如，针对化学污染物的排放，ICPR通过专业的数据收集和调查，认为法国东部的阿尔萨斯矿是最大的污染源。为此，法国不得不展开排污技术数据标准的论证，并对沿岸矿场等污染企业开展严格的执法检查，最终法国加入《氯化物公约》，并承诺达到相应的减排标准。这种公开的、科学的数据结果使各国迫于国际影响，与流域管理机构积极展开合作。同时，欧盟对于消极配合流域污染防治、消极执法、未达相关高标准的国家也采取了严格的责任追

① 魏叶青：《跨省级行政区水污染治理联合执法机制研究》，中南林业科技大学硕士学位论文，2019年。

② 张璐璐：《论莱茵河流域管理机制之运作——以德国段为例》，中国海洋大学硕士学位论文，2011年。

③ 沈桂花：《莱茵河流域水污染国际合作治理研究》，北京：中国政法大学出版社2017年版，第84页。

究机制。例如，提起诉讼、减少相关政策预算等实质性的惩罚措施，进一步迫使各成员国积极制定出环境执法保护方案并提交委员会审核。[①]

最后，莱茵河流域管理委员会在其流域内建立了完善的预测检测预警机制，从瑞士到荷兰共设置了57个监测站，并且通过最先进的技术手段和检测手段对莱茵河展开监控，每个监测站设有水质实时检测预警装置，确保在超过规定标准及流域污染事件的治理过程中积极、高效、科学地执法。在建立预警机制的基础上，又建立了流域信息互通平台，各国的执法活动、执法经验、执法措施抑或是跨区域执法活动中出现的问题都可以及时得到沟通，这在一定程度上破除了执法中的阻碍因素，提高了执法效率和质量。

3. 多瑙河流域

多瑙河是位于欧洲东南部的第二大河，作为同样处于工业革命发展进程中的河流，多瑙河和莱茵河流域经历了相类似的污染厄运，酸雨致使水土流失、流域两岸植被破坏同样也未能避免。多瑙河的治理晚于莱茵河治理约半个世纪多，是在莱茵河治理水平逐渐提升的基础上才开始的。

针对多瑙河的治理，1994年多瑙河流域成立了多瑙河保护国际委员会（简称ICPDR），成员包括多瑙河流域的11个成员国及欧盟。ICPDR的下属机构主要由秘书处、流域管理专家组、压力及措施专家组、突发事件防控专家组、检测及评估专家组、防洪专家组、公众参与专家组、信息及GDS专家组构成。[②]为治理多瑙河流域的污染，ICPDR及各国采取了以下措施。

首先，多瑙河流域签署《多瑙河保护和可持续利用公约》，该公约为其流域管理机构提供了强有力的法律支持，对流域管理机构的职责进行了全方位的定位及精确的指导。同时由于公约具有法律属性，执法的过程受到流域各主权国家的监督，欧盟同样是各国执法情况的主要监督者，在各国执法未达标的

① Carolyn Abbot, "Compliance and Enforcement in Environmental Law: Toward More Effective Implementation", *Journal of environmental law*, 2013(2).

② R. 施塔德勒、陈桂蓉、张兰：《多瑙河流域跨界管理》，载《水利水电快报》2009年第9期。

情况下采取相应的政策措施迫使各国对流域生态环境做出积极的安排。多瑙河的治理效果来源于其多项法律支持，例如，20世纪90年代，ICPDR制定了《多瑙河环境保护计划（DEP）》《水框架指令》《联合行动纲领》《多瑙河流域管理计划》等规范性文件，专门针对特定现象解决特定问题，法律体系涉及水利、林业、渔业、环保等多个部门，为各国流域环境执法提供了指导方针。

其次，在多瑙河的流域执法治理过程中，公众参与涉及每个法律法规。欧洲各国均深信公众始终是流域治理过程中最广大、最有效的治理力量，若有效发挥公众的作用必定节省执法成本，提高执法效率。例如，《水框架指令》明确规定，在各国的河流治理执法活动中，应保障公民的积极参与，同时对积极参与的方式做了宏观性指导，建议各国在制定流域执法计划或规划时，不仅应将草案公布于众，在草案制定之前，应当尽可能多的向公众提供关于执法的流域水文水质特征、方案制定缘由、数据等信息，促使公众可以科学的了解流域执法方案的目的性，以此提出合理建议。对于公众参与渠道更是多种多样，除了日常的政府信息网、民众投诉举报登记之外，还设立了多瑙河流域水治理庆祝活动等，为日后流域执法活动的开展起到相应的宣传作用。流域管理机构还鼓励公民参与到各国政府开展的流域管理执法活动中去，例如，建议民间环境保护组织（NGO）以观察员的身份积极参与各国流域环境执法工作中，以此对其形成进一步的监督机制。

（二）国外流域生态环境行政执法经验之借鉴

各国流域治理有其各自的特性，但同时也拥有共性。在对上述较为成功的流域治理机制进行研究后，可以发现在流域综合执法过程中，有以下共同的执法方式供我们参考。

1. 流域管理机构管理权限充分

国外的流域治理之所以可以取得良好成效，大多取决于其流域拥有独立的流域管理机构，并且流域管理机构的机制十分完善。

首先，流域管理机构拥有完备的立法支持，立法的全面性保障了流域管理机构的执法权威，专门的立法对流域管理机构的运行提供了保障，不管是《田纳西河流域管理局法》《莱茵河保护公约》，还是《多瑙河保护和可持续利用公约》等，都充分肯定了流域管理机构的管理权，即使国际河流的流域管理委员会无执法权，公约也会制定一套办法，促使各国严格执行。

其次，在执法模式上，各流域机构均采取动态的执法模式。以田纳西河流域管理局为例，流域管理机构下设有由15名高级管理人员组成的"执行委员会"，委员会的各成员分别主管某一方面的环境问题，但这些委员会成员的职责经常针对特定阶段的特定环境问题进行调整。这种执法模式的执法效益十分明显，各个执法主体可在短时间内集中所有力量解决现存的环境问题，在一定程度上大大减少了人力的浪费和执法效率低下、执法机构臃肿的问题。

最后，良好的协调沟通机制。各国在流域治理的过程中深知流域水环境执法与地方水事管理部门必然存在一定的职能交叉，因此在职权行驶之前就与地方各水事部门进行了权力的划分，专管事务交由各州环境执法部门单独处理，共享事务由流域管理机构同各州共同商讨解决，建立常态化的协调沟通机制，就环保联合执法达成一致意见并形成备忘录。这一措施在提升流域管理执法地位的同时，很大程度上避免了与地方执法机构的摩擦，使执法效率大大提升。

2. 完整的监测监察体系

田纳西河流域、莱茵河流域、多瑙河流域均建有监测监察网格信息传播系统，其中，上述三流域在各自的流域管理条例中明确要求必须建立数据监测监察的同步共享技术，以此随时监测各流域水质质量，在水质波动强度大、水质危害等严重的情况下，及时展开流域治理行动。与此同时，上述三条河流的流域管理机构均设有专门的监测检验机构，对流域特定的环境问题进行科学的数据分析，各国、各州的执法任务、财政拨款、补偿机制等也是在此数据的分析下科学展开。这种完善的监测监察体系不仅可以加强对流域行政执法的科学监督，同时也进一步促进流域管理机构的执法效率。

3. 多方位的公众参与机制

国外流域治理实例都体现了公众参与环境执法的优势，正因为公众参与执法的良好效果，国外流域河流治理公约中分别均对公众参与的主体、参与方式做了规定。例如，德国的非政府间环境公益组织即NGO，在政府对河流的治理执法过程中具有实质的监督权，不仅可以对水事环境保护部门提起诉讼，还可以进行问责；同时，必须要求政府将处理结果告知相关提起问责的主体。美国田纳西河流域管理局也在相关法律法规中积极鼓励公民参与田纳西河流域的治理，对河流治理执法工作做出贡献的公民给予一定的报酬和社会荣誉奖励。多瑙河流域管理机构在其公约中明确要求各公众媒体应如实反映政府执法情况，并积极宣传各国政府流域治理的执法情况，以此达到全民保护流域高质量发展的效果。

四、优化黄河流域生态环境行政执法之路径

（一）黄河流域生态环境纵向行政执法优化路径

1. 建立执法协调机制

垂直管理改革是我国应对环境问题所进行的新一轮权力分配，但任何制度的存在均有其两面性。1998年，为了避免地方政府对经济实体的过分干预，国务院对工商行政主管部门实行垂直管理改革，但此项改革导致地方政府对食品安全责任逃避、工商部门与其他相关职能部门关系恶化等现象，致使2011年国务院取消了对工商部门的垂直管理改革机制，恢复到1998年以前的双重管理制度。但垂直管理改革也有取得较为成功的例子，比如，海关等部门在垂改后效果较之以前得到大幅度提升。因此，要达到垂直管理改革所追求的效果，可从以下几方面入手，进行相应的制度优化，以防止垂直管理改革效果不理想，环境问题反而严重的情况发生。

第一，落实各级政府权力清单间的协同协调机制。各级政府在环境保护中的作用不可缺少，[①]但垂直管理改革后县级政府环境执法职责缺位，致使在一定程度上对黄河流域的生态环境执法松懈，排污企业违法乱纪现象抬头。地方各级政府及其职能部门均发布了权力清单，但权力清单间未形成良好的协调关系，往往是各水事执法机构各行其是。因此，在落实各级政府权力清单的同时，应注意权力清单与环境保护机构的协调问题，避免出现信息不通、执法无序、执法真空的情况。在垂直管理改革过程中，中央也应尽快出台各级政府和生态环境部门的职权划分标准，以发挥地方政府在生态环境执法、生态修复任务中的支持、监督作用，避免政府执法缺位的现象出现。

第二，建立生态环境部门间的执法协调机制。协调机制不仅可以防止垂直管理改革后生态环境部门一意孤行、与地方其他水事执法机构相冲突的问题，也可以在一定程度上遏制生态环境执法碎片化，使生态环境执法机构在针对黄河流域干支流的执法中能够互相配合、积极科学执法。现阶段环境执法权上收市级，这是一个很好的有利条件，以前各市县单独执法，各行政主体间执法交流困难，执法成本费用大、信息交流滞后、执法成果不显著。环境执法权上收市级以后，市级之间的交流成本较低，环境执法信息汇总较容易，同时可以及时将最新的环境执法措施、执法政策传达至下属单位，更加合理化的提升黄河流域基层执法效果。

2. 优化执法权力纵向配置

垂直管理改革将市县两级环保部门的环境监察职能上收，由省级环保部门统一行使，环境监察权统一上收至省生态环境厅，市县级再无环境监察权，对市县级单位的监督变少，打破了权力监督的平衡性，不利于对市县级的执法监督，易造成市县级生态环境部门执法腐败、惰于执法的现象。因此，应尽快解决权力失衡可能带来的不利影响。

[①] 敖平富、秦昌波、巨文慧：《环境执法在环保垂改中的基本路径与主要任务》，载《中国环境管理》2016年第8期。

首先，可以建立环境监察专员制度。环境保护部门的垂直管理改革使各级环保监察权上收，省生态环境厅对市以下黄河流域生态环境行政执法监察变得困难，若定期进行监察，则监察成本高。但若不定期监察，易使黄河流域基层生态环境部门放松警戒、惰于执法。因此，省生态环境部门可在重要的黄河流域干支流所在地设置环境监察专员制度，及时监察基层生态环境机构对黄河流域的环境执法情况。

其次，可以对市级环保机构保留部分的环境监察权。垂直管理改革以后，取消了县区生态环境局、镇街生态环境所，由市生态环境局直面基层环境问题。市生态环境局执法压力变大，但实际的执法过程中，市生态环境局不一定能够完全对其下属的所有区县的环境问题了如指掌，因此可能陷入执法无序的状况。若对市级环保部门保留部分的环境监察权，一方面市生态环境局在面临黄河流域的重大环境问题时可以减少省生态环境厅、市生态环境局两个传导层级，直接对县区进行环保督政，防止信息不对等、执法滞后等不利影响。另一方面，对市生态环境局派出的环境执法机构形成一种执法威慑，避免其派出机构惰于执法。

最后，应细化垂直管理改革方案，落实执法细则，更新执法依据，保证权力行使有法可依。执法需要法律法规的授权，在监察权上收的情况下，执法更加应该依法依规。但目前各省的垂直管理改革均是依据2016年9月中共中央办公厅和国务院办公厅联合印发的环境保护垂直管理改革方案，但该方案并没有后续的实施细则。黄河流域9省区在执法中出现的执法主体权威低、职责不清也是因为没有具体的执法细则去落实，各省区生态环境部门多依照旧例进行生态环境执法，没有根据垂直管理改革中执法主体、执法对象、执法范围做出新的划分，因此，出台垂直管理改革的实施细则迫在眉睫，以此保障基层环境执法机构有序执法，这在一定程度上也可提高环境执法主体的执法地位。

3. 健全黄河流域基层环境执法机构

黄河流域干支流流经的地区大多是经济水平欠发达的乡镇地区，环境污染严重，执法水平、执法意识、执法能力均存在一定问题。黄河流域生态环境基层行政执法是黄河流域环境保护工作中的最前线，对整个黄河流域生态环境的保护具有重要意义。因此，必须改善目前基层执法中存在的问题，健全黄河流域基层环境执法机构，以小马拉动大马，促使黄河流域生态环境基层执法机制得到良好的运行。

首先，强化基层政府及其职能部门的环境保护意识，强化"绿水青山就是金山银山"的生态环境保护思维。必须加强基层政府的环境意识和环境责任，针对违法企业，基层政府应该以环境保护为重要考察点，在环境可承受的范围内对经济发展保驾护航，对于环境执法大队（所）提出的整顿排污企业等建议，基层政府应当妥善处理，并将处理结果及时告知生态环境执法部门，或与生态环境执法部门协商，达到最优解。基层政府的职能部门应在重要环境污染问题的处理上与生态环境部门形成积极的协商解决机制，以保障经济发展和生态保护协同进步。

其次，市生态环境局应积极落实生态环境职责，创新执法方式，积极支持、引导黄河流域生态环境基层执法主体提高执法水平。其一，在强化基层环境执法主体的理论知识方面，市生态环境执法机构应积极召开相关培训，提升基层环境执法人员的执法水平和执法意识。其二，市生态环境执法部门应对基层环境执法技术落后、设备不齐等问题积极解决，理论上垂直管理改革后，市以下环境执法部门作为市级的派出机构，在技术设备上均有使用的权限，市生态环境部门应根据环境监察大队所在地区的环境污染情况进行等级分析，对污染程度严重的黄河流域段提供技术支持、人力支持，做到资源的合理利用。其三，市生态环境部门应落实基层环境执法大队的执法权限、执法内容、执法方式等执法细则，以此在一定程度上缓解基层环境执法队伍作为事业单位执法权威不足的问题。

最后，积极促进生态环境综合行政执法队伍及其他相关主体对黄河流域基层生态环境行政执法的支持。以生态环境综合行政执法队伍为例，2018年3月21日，中共中央印发《深化党和国家机构改革方案》，明确指出，应建立一支整合国土、水利、海洋、农业、环境保护等与污染防治、生态保护执法有关职责的队伍，实行统一的生态环境保护综合执法。同年12月4日，中共中央办公厅、国务院办公厅联合印发《关于深化生态环境行政执法改革的指导意见》（中办发〔2018〕64号），再次强调，"有效整合生态环境保护领域执法职责和队伍，科学合规设置执法机构，强化生态环境保护综合执法体系和能力建设"，"到2020年基本建立职责明确、边界清晰、行为规范、保障有力、运转高效、充满活力的生态环境行政执法体制，基本形成与生态环境保护事业相适应的行政执法职能体系"。此后，各地逐渐展开生态环境综合行政执法队伍的建设，黄河流域跨度大，流域内执法任务繁重，流域环境执法问题涉及部门多，而生态环境综合行政执法队伍的建设初衷便是为了破解环境执法部门执法碎片化、执法效能低等问题。因此，促进生态环境综合行政执法队伍对黄河流域基层生态环境的执法支持，在一定程度上增加了黄河流域基层执法力量。实践中也有将生态环境综合执法队伍运用于黄河流域生态环境管理之中的先例。譬如，甘肃省定西市在2019年4月组建生态环境执法队伍，多次对定西市黄河流域段的污水排放、违法建设展开执法。但现阶段生态环境执法队伍在基层的运行并不理想，实践中大多生态环境执法队伍是在市级以上建立，很少在基层建设环境行政执法队伍。例如，定西市的环境执法队伍即使对其管辖领域内的黄河流域段展开执法，但定西市对该支队伍的定位是"同城一支队伍执法"。因此，应积极促进生态环境综合行政执法队伍在基层的建设，落实生态环境执法队伍建设的职责权限、人员构成、执法方式，进一步加强黄河流域生态环境基层执法力量。

（二）黄河流域生态环境横向行政执法优化路径

1. 发挥环保经济政策的作用

黄河流域横向生态环境执法中，政府消极执法的根本原因还是受制于经济发展。上中下游执法任务的不平等加速了政府执法的惰性，因此，必须在黄河流域上中下游政府执法的过程中引入市场机制，以环境经济政策促进黄河流域生态环境保护的积极执法。市场经济的发展规律表明任何资源都受供需关系的影响，黄河流域作为公共资源，所有的生态环境保护任务基本全由各级政府承担，造成各级政府环保压力大，若引入市场机制，在一定程度上可以减缓执法困难性。

我国现行展开的环境经济政策有生态环境补偿机制、排污权交易、水权交易、环境税收等，但并非所有的环境经济政策均适应黄河流域。[①]譬如，生态环境补偿制度，生态环境补偿制度在长江流域的治理过程中产生较好的效益，为经济发展不平衡的省、市注入资金，在一定程度上减少环境治理的压力，但生态环境补偿制度实施的前提是存在较大落差的经济发展水平，长江流域东中西部地区经济落差大，东部各省市经济发展水平均为全国前列，有促进生态环境补偿落实的现实基础。[②]黄河流域流经9个省区，跨越东中西部区域，在经济发展方面不存在较大的经济落差，各省区发展水平除山东省外都基本无特别明显实行生态环境补偿的优势。因此，在引入市场经济政策时，也要因地制宜，考虑相关政策在黄河流域的适应性。

黄河流域横向生态环境执法任务大，环境治理复杂。首先，各级政府可以考虑引入环境保险制度，利用较少的资金为黄河流域生态环境保护减少修复治理风险。这一机制一方面可以促进黄河流域生态环境质量尽量保持在一个良好的状态；另一方面可以给黄河流域生态环境修复提供一层保障。退一步讲，在政府和保险机构不平等的角色扮演中，政府可以积极引入企业，鼓励企业积极办理环境保险，以企业激励机制保障流域环境质量平稳发展。其次，各省区可以尝试联动建立黄河流域生态环境专项基金，根据黄河流域生态环境各省区的治理任务、治理效益，以及对相邻省区的影响，利用数据科学合理地计算除

---

① 王军权：《黄河流域水权配置问题的政治经济学分析》，华中科技大学硕士学位论文，2017年。

② 王树义、赵小姣：《长江流域生态环境协商共治模式初探》，载《中国人口·资源与环境》2019年第8期。

各省区在环境专项基金中应承担的金额，保障上中游各政府对黄河流域生态环境保护积极执法，提高执法效率。最后，各地政府也可尝试征收浮动环境保护税、开展环境保护信贷优惠等经济政策，以此提高各级政府的执法积极性。

2. 拓展省际环境协调执法机制

跨区域的协调解决机制、综合执法的行使有利于黄河流域生态环境整体保护。我国目前对黄河流域跨区域的执法虽然行动较少，但效果极佳。各级政府也多采用此种模式对黄河流域生态环境进行治理。协调协商方式作为目前各级政府解决黄河流域生态环境保护行政执法的重要机制，存在非制度化、周期长、信息不对称、行政执法配置随意等问题，因此，现阶段应尽快创新横向的协调执法机制。

第一，建立跨区域的河长协调执法机制。作为目前对流域生态环境治理最为有效的治理方式，河长本身就有对跨行政区域的河流承担保护的职责，《关于全面推行河长制的意见》要求，跨行政区域的流域应由各省市县政府的主要负责人进行监管，河长制与行政区域各级领导的绩效挂钩。虽然河长制目前取得的效果较为显著，但由于《黄河保护法》规定的"黄河流域建立省际河湖长联席会议制度"尚未真正"落地"，各河长基本单独治理自己所管辖河流。同时，由于各级政府的主要领导人职位升迁等原因，致使河长制执法情况并不稳定。因此，应尽快制定河长制跨省协调的常态化机制。黄河流域上中下游虽然存在问题不同，但各段问题突出，各段的河长制应该形成效益、经验共享执法机制。现代通信方便，微信群、视频会议等均可作为执法协调交流方式。这样不仅可以提升黄河流域生态环境整体性的执法效果，也可避免各省区"自我"执法。

第二，促进"行刑联动"执法机制从试点到常态化。2020年5月，黄河水利委员会水行政执法部门推动流域管理机构与地方司法机关的行刑联动。以河南省为试点，建议河南河务局与河南公检法机构推进司法衔接、案件移送，以提升黄河流域生态环境跨区域环境执法效果，避免跨区域环境污染者逃避法律的制裁。同年，由河南省公安厅牵头、河南省河务局等五个部门参与的执法行动，共破获生态环境刑事案件583起，刑拘83人，逮捕39人。行刑联动机制有利于跨省环境污染的环境执法证据同刑事案件的有效转化，避免重复搜集证据和流域环境污染者利用管辖权异议逃避法律制裁等优点。因此，各省区应同流域机构积极开展"行刑联动"的试点行动，使这一机制成为黄河流域生态环境跨区域执法效果提升的常态化机制。

3. 优化流域管理机构执法机制

黄河流域横向生态环境执法存在的最大问题，是流域管理机构的职责不清、与地方执法部门存在严重的矛盾冲突。作为黄河流域横向生态环境执法最主要的主体，却不能有效地发挥自身功能，无疑给黄河流域行政执法造成十分不利的影响，因此，必须尽快优化黄河流域横向管理机制。

第一，应加快流域管理立法，完善流域水事法律体系。"一个流域一部法律"，这是现代国际流域生态环境保护的立法谏言，全球跨区域的重要国际（内）河流均有其单独的法律。例如，美国田纳西河的《田纳西河流域管理局法》、莱茵河的《莱茵河国际公约》，认识从实践中来，各国对流域的保护措施均表明流域立法必不可少。黄河流域生态保护和高质量发展作为我国国家战略之一，更应该有独特的流域立法，以减少与现行法律法规的执法冲突问题，进一步促进黄河流域行政执法高效落实。

第二，明确落实黄河水利委员会派出机构的执法职责，落实黄河流域基层管理机构执法的可操作性，强化流域基层管理机构的执法地位。[1]我国《水法》明确规定了黄河流域水行政管理机构的执法主体资格，水利部也对黄河流域水利委员会明确授权。但作为黄河水利委员会的派出机构，基层流域管理机构毕竟不具有天然的行政执法资格，同时授权不清，致使在实践中执法效率极低。因此，水利部、黄河水利委员会应尽快落实流域基层管理执法主体的执法

---

[1] 陈宜瑜、王毅：《中国流域综合管理战略研究》，北京：科学出版社2007年版，第50—54页。

职责，以使流域基层管理机构有法可依、依法执法。

第三，细化流域管理机构与地方水事行政部门之间的权力划分，保障流域管理机构与地方环境执法部门的有机结合。[①]我国《水法》规定了流域管理机构的执法职责，但较为宏观，不能使流域管理机构在地方水行政执法过程中得以实操，造成与黄河流域地方环境执法部门相冲突的结果。但在与地方水事部门的关系上不应只讲权力划分，要求各自独立执法，也应促进流域管理机构与地方生态环境部门的协调发展，以达到"1+1>2"的执法效果。因此，一方面要积极落实流域管理机构的权力清单，在黄河水利委员授权职责范围内细化执法对象、范围，对地方环境污染的执法情况、监督、解决方式以规章制度的方式落实。另一方面，积极和地方生态环境部门进行协调，积极探索与地方生态环境部门的联动机制以此提升自身在地方的执法权威。

（三）黄河流域生态环境纵横行政执法共有问题优化路径

1. 构建全方位执法监督制度

一个良好的执法环境不仅应确保执法主体机制健全，还应保障对其的监督体制健全。权力需关进制度的笼子里才可造福于民。针对黄河流域综合行政执法过程中出现的监督问题，必须尽快建立全方位的执法监督制度。

从黄河流域纵向生态环境行政执法中出现的监督问题来讲，首先，应深化环境问责监督机制。一方面，在生态环境部门体系内，设置环境监察专员。垂直管理改革以后，环境监察权全部上收至省生态环境厅，致使市、县政府环境监察缺位、基层环境监察成本高、效率低，市级以下环境保护体系内无有效执法监督主体。因此，省生态环境厅应在市级以下环境保护部门设置环境监察专员，对市级以下生态环境部门的执法情况进行监督并及时反馈至省厅。在生态环境部门体制外，强化、细化环境督政问责制度。环境督政问责制度是对政

---

① 水利部长江水利委员会水政水资源局：《试论流域管理与区域管理相结合体制》，载《中国水利》2003第10期。

府或与具有环境执法公务的人员进行考核、督察并依照相关规章制度对结果不合格的主体责令他们承担一定否定性后果的追究机制。上下级政府机构间应细化督政问责内容、问责次数、问责方式，以此确保相关生态环境部门对黄河流域生态保护和高质量发展国家战略的落实。

其次，积极利用环境保护网格化监管机制。网格化监管是十八届三中全会中提出的对社会治理的新方式，随后生态环境部倡导各省（区、市）在全省（区、市）建立网格化监管机制。网格化监督是指依托统一的城市管理和数字化平台，将城市管辖区按照一定的标准划分成为单元网格进行监督。目前各省市已经基本完成省以内的网格化监督管理机制，但却形同虚设，达不到制度设立之初的监管要求。主要是由于多数乡镇并没有设置环境保护机构、未配备相关的执法监管人员、数字化平台未搭建等原因。[①]例如，甘肃省兰州市西固区新城镇，该镇并没有设置环境执法所，但网格化的监管人员、监管区域的设置却很完整，街道上有明确的网格化监管人员名单、联系方式。该镇距离黄河流域大支流仅三千米左右，但该处的黄河流域周边随处散落着塑料垃圾，沿河的村民生活和农业废水也直接排入黄河内。经调查发现，该乡镇的环境监察人员年龄较大、对该镇环境问题认识不足，并未很好地利用网格化监管机制。因此，各级政府应该积极助力环境监管机制的完善，尽快完善对数字化平台的搭建、对网格化监管信息交流方式的创新，避免全省一盘棋的动态监管机制变成静态机制，以此解决基层环境执法监管不到位的情况。

从黄河流域横向生态环境行政执法中出现的监督问题来讲，首先，对于黄河水利委员会下属的流域管理机构，应完善自身的监督机制，做到执法权和监督权相分离，彼此监督，互相制衡。目前流域管理机构的执法权和监督权往往集于一体，这不利于科学决策和责任追究。在流域管理机构外部，应尽快落实工作实施细则，建立对地方生态环境部门有效的监督方式，例如，在黄河流域较大的执法活动中，邀请地方生态环境执法人员和流域管理人员相互参与执

---

① 王裕根：《基层环保执法的运行逻辑》，中南财经政法大学博士学位论文，2019年。

法活动，并将执法结果相互通报。这不仅有利于解决地方与流域管理机构职责重叠的问题，还可在一定程度上缓解职责冲突。抑或是学习法国流域管理的经验，在流域管理机制和地方生态环境执法部门中互设常驻代表，促进地方生态环境部门与流域管理机构的协调监督。

其次，在黄河水利委员会外部，积极探索多种监督方式，争取建立事前、事中、事后多方位的监督机制。譬如，各督查中心应积极探索对黄河流域地方水事执法部门的监督方式，避免事后监督造成修复难度大、监督无效的情况，可以对黄河流域的执法活动开展定期会议，了解执法活动、执法进展。此外，目前黄河水利委员会在积极探索"行刑联动机制"，黄河水利委员会的派出机构也可以在此基础上，和地方执法部门建立信息交流机制，以促进彼此的执法行为合法化。

2. 完善全方位公众参与机制

一般来讲，公众参与到黄河流域的生态环境保护中，会大大降低黄河流域基层执法的压力和困难，同时，对黄河流域的生态环境行政执法工作起到强有力的监督制约作用。但就目前在黄河流域生态环境执法中的公众参与，要想达到此效果，还需不断完善公众参与机制。

在公民参与黄河流域生态环境行政执法方面，第一，应尝试建立公民举报激励机制。例如，可以指定如举报问题属实则公民可以分得少部分罚金，会提升公民对黄河流域生态环境综合行政执法监督的积极性。第二，建立对公民举报情况全过程的监督机制。针对公民举报的黄河流域生态环境违法违规情况，应积极将执法的结果反馈给相关公民，也可以允许相关公民参与到环境执法工作中，防止公民投诉无果的现象出现。第三，对于公民可以提起的黄河流域生态环境执法行政诉讼，若公民发现相关主体无作为或者随意应付并未解决实际情况，可以允许公民提起有关行政诉讼，不一定非是权利相关者才能提起。第四，充分发挥生态环境诉讼中惩罚性赔偿机制的作用，以遏制违法企业，避免企业因为违法成本低而反复地对黄河流域进行环境侵害。

在环境公益组织参与黄河流域生态环境行政执法方面，第一，可以考虑扩大提起环境诉讼的类型。我国环境公益诉讼只要求公益组织针对企业违法的情况提起公益诉讼，但针对政府在环境执法中不作为的情况并未规定。因此，建议立法扩大环境公益组织提起诉讼的对象和情形，更好地保护环境和监督政府及其环境执法人员。第二，针对提起环境公益诉讼资格的问题，建议放宽对环境公益诉讼提起的资格。我国的环境公益组织并不多，截至2019年全国总共不到800家，且大多聚集在华南华中等地区，中西部地区较少，对于水域的环境污染关注较少，起诉的大多为城市的污染问题。因此，可以降低提起环境公益诉讼的资格，比如将从事环境保护工作超过五年改为两年等。第三，应对提起环境公益诉讼的组织提供制度化、多渠道的资金支持，在做好对公益组织资金监管的情况下，对环境公益组织可以给一定的盈利区间，一定程度上有助于提升环境公益组织对环境执法工作监督的积极性。

在媒体参与黄河流域生态环境行政执法方面，首先要做好宣传工作，这里的宣传并非对政府生态环境部门的宣传，而是对黄河流域生态环境的执法方式、执法过程、执法结果等方面的宣传。其次，媒体应积极、及时、具体地披露黄河流域相关问题，而不是在相关报道中对黄河流域存在的问题一笔带过。媒体应该独立客观报道才能对政府的执法情况进行有力的监督。

最后，还可设置其他主体参与黄河流域执法的活动机制。例如，引入第三方专业机构对河流的水质水文标准进行监督检查；建立黄河流域志愿者协会，定期宣传与黄河流域相关的执法活动并给予一定的社会荣誉；构建多种合作机制，黄河流域现在多与各高校（例如，与中国海洋大学）开展合作交流，这为其他主体参与黄河流域生态环境行政执法树立了先例，各省区黄河流域生态环境行政执法主体也可在研讨黄河流域治理的座谈会中邀请专家学者参与讨论，以促使理论和实践更好地结合，以此更好地解决黄河流域生态环境行政执法中出现的问题。

第四章　黄河流域生态修复政府监管机制

一、黄河流域生态修复政府监管之必要性

（一）流域生态修复及政府监管的含义

1. 流域生态修复的含义

流域生态修复，即是对被破坏或者污染的流域生态系统进行修复。一般来说，生态系统是不断变化着的，在没有外力干扰或者在其自身自然修复机制超过外界干扰的时候，生态系统一般处于进化演替的状态。但是，当外力干扰十分严重时，则会出现逆序演替的状态，而流域生态修复即是指在人为因素的介入下，利用生态系统的演替及其自我恢复功能使得流域生态系统恢复到之前的自然状态或者向此状态趋近。[①]流域生态修复所强调的不仅仅局限于受到损害的生态系统的结构和功能，更包括在修复流域生态系统的前提下，对恶化的社会关系进行调整。在法学领域对于"生态修复"一词的研究现在尚处于初始阶段，关于其法律上的定义不同的学者有着不同的阐述。在法律的视角下，可以将生态修复定义为：生态环境的破坏者、受益者和政府在生态环境受到损害时，运用相应法律手段对受到损害的生态系统进行修复治理，对受损方的生态权益和环境发展权进行一定的补偿，从而达到人与自然和谐共生，人与社会之

---

① 李博伦、宁清同：《生态修复与恢复原状的比较分析》，载《山西省政法管理干部学院学报》2019年第1期。

间共同发展的过程。①环境法上的生态修复包括"风险评估"和"风险管理"两个部分，前者是技术部分，后者是政策导向部分，实际上是对于人的行为的规制与预期。②生态修复需要借助人的力量，采取积极主动的行为，使得受损的生态系统恢复到健康状态。

建立系统、完善的流域生态修复制度，保障国家生态安全，是党和国家的重要战略。通过遵循相关的法律规定，以整体化、系统化的思维对流域生态环境损害进行有效治理。对流域生态系统功能进行维护，实现流域生态系统良性循环，以此使得流域生态系统功能有效实现，并确保流域生态系统的健康稳定发展和可持续利用。我国《水污染防治法》《水法》《环境保护法》及最高人民法院颁布的相关司法解释，都对流域生态修复进行了规定或阐释，在流域生态修复的实践中也取得了一定的成效。2020年，国家发展改革委、自然资源部联合印发了《全国重要生态系统保护和修复重大工程总体规划（2021—2035年）》，将黄河流域重点生态区生态修复作为重点工程之一。③

2. 政府监管的含义

政府监管的概念可以从多个角度进行分析，美国著名经济学家丹尼尔·F. 史普博（Daniel F. Spulber）在《管制与市场》一书中，从经济学角度切入将政府监管定义为：政府运用公权力来影响微观经济主体的具体规制行为。政府有责任和义务采取相应的监管措施，在市场失灵等一系列问题出现时对市场中经济主体在一定范围内的行为及活动进行规制。④从法律的角度切入来

① 王盼：《生态修复责任主体研究》，载《太原师范学院学报》（社会科学版）2016年第2期。

② 刘超：《环境修复理念下环境侵权责任形式司法适用之局限与补强》，载《政法论丛》2020年第3期。

③ 韩康宁：《黄河重点生态区生态修复的现状、问题与对策研究》，载《三门峡职业技术学院学报》2021年第1期。

④ ［美］丹尼尔·F. 史普博：《管制与市场》，余晖、何帆、钱家骏等译，上海：上海三联书店1999年版，第268页。

说，政府监管作为国家社会治理的重要组成部分，其主要是指政府依据相关法律法规，对涉及包括安全健康、环境保护、可持续发展等方面的经济主体行为进行引导和规范，以此实现特定的公共政策目标。[①]政府监管相关概念的成熟和完善与市场经济发展密切相关，党的十九届六中全会强调，"推动国家治理体系和治理能力现代化"，加快生态文明体制改革，提升政府环境监管能力。

随着现代社会的不断发展，政府从之前的干预型政府逐渐转变为服务型政府。建设现代化友好型生态环境社会，建设监管型政府是国家治理现代化的重要内容。国家对影响其生态环境的行为进行必要的监管既是其行使监管权力的重要内容，同样也是其所应当承担的义务之一。政府作为公权力的拥有者，在行使生态环境监督管理职权的时候，不仅仅是对自己的行为负责，同样也是为广大人民群众负责。其在履行监管责任的过程中行使其行政权力，为人民服务，为其所生活的生态环境服务。政府监管机构应当依照相应法律法规履行相应的监管职责，《环境保护法》第10条及第2章对政府环境监管进行了相应规定，在其他行政法规和部门规章中也有对于政府环境监管职责的规定，《长江保护法》对流域生态修复中的政府监管责任进行了较多的规定，《黄河保护法》对流域生态修复政府监管责任问题进行了回应和阐述。随着社会的动态发展，有关政府环境监管的法律法规也需要不断调整，以进一步完善生态环境法律体系。

（二）流域生态修复政府监管的理论基础

1. 公共物品理论

在20世纪70年代之前，公共物品一直由政府这只"看得见的手"来供给。资产阶级思想家托马斯·霍布斯（Thomas Hobbes）最早于1651年发表的

---

① 冯玉军：《完善以宪法为核心的中国特色社会主义法律体系研究》（上册），北京：中国人民大学出版社2018年版，第125页。

《利维坦》中提出了有关国家干预的思想，提出国家代表着共同利益和公共权力，因此，应当承担保障国民安全和社会安全的责任，并对公共物品的供给问题进行了研究。[①]大卫·休谟（David Hume）在其《人性论》一书中认为，人类是被利益所支配的，在理性人之间存在着需要共同消费的物品。面对这类物品时，理性人总是会存在一种希望以最小的成本收获最大的利益的心理，即"搭便车"心理。为了解决这一问题，政府是最佳的供给公共物品的人选。[②]著名经济学家萨缪尔森（Paul A. Samuelson）在其《公共支出的纯理论》中，对公共物品的定义进行了阐释，其指出公共物品是与私人物品相对而言的，是为了满足社会公共利益需求产生的。其认为一个人对公共物品的消费不会影响其他人对该物品的消费即"非竞争性"，并且认为任何人都不能阻止对未支付相应费用的人对公共物品的消费即"非排他性"。他对公共物品所作的定义成为经典定义。由于公共物品的"非竞争性"与"非排他性"，导致其在市场中无法实现帕累托最优。但是，如果通过具有强制性职能的政府来对相应的问题进行干预，相应市场失灵问题则会得到有效的解决，萨缪尔森由此得出政府是公共物品的唯一供给主体这一理念。

国内外研究者普遍表明，自然生态系统及其提供的生态产品或服务具有公共物品的属性，公共物品的两个特性致使每个人都为了追求自身的利益而尽可能多地使用公共资源。黄河流域生态系统及其效益具有典型公共物品的属性，这就很容易让黄河流域生态环境在使用过程中出现"搭便车"和"公地悲剧"两种现象。因此，作为典型公共物品的流域水资源，对其进行监督管理是作为公权力代表的政府的首要职责，政府对流域生态修复治理进行统一监管，才能维护黄河流域生态系统的持久稳定有序。

---

① ［英］霍布斯：《利维坦》，黎思复、黎廷弼译，北京：商务印书馆2017年版，第189页。

② ［英］大卫·休谟：《人性论》，关文运译，北京：商务印书馆1983年版，第187—189页。

2. 委托代理理论

委托代理理论最早应用于经济学领域，由美国经济学家罗斯（Ross）提出，其认为委托代理理论是指相关行为主体根据契约，雇佣另外一些行为主体为其服务，同时授予后者一定的决策权利，并对其支付相应的报酬的行为。委托人和代理人之间以内部之间的契约约定为基础，委托方授权代理方从事其相应授权范围内的活动，并向其支付相应的代理费用。[①]在实践中，我们往往会发现，因为双方作为理性经纪人，代理双方均会追求自身利益最大化的效果，导致在实践中相关问题方免不了会出现利益冲突现象。作为理性经纪人的代理方往往会利用双方之间的信息资源差异，代理人在信息资源的拥有上处于优势地位，而由于委托人无法完全了解代理人的代理情况，导致在此过程中可能会出现代理成本增加，造成一系列不必要的委托代理损失。

在黄河流域生态修复过程中，作为代理人的政府与委托人公众之间存在着委托代理关系，一方面社会公众委托政府对国家的生态环境资源进行管理，以此实现公众整体福利的最大化；另一方面，作为代理人，政府应当向人民群众汇报生态修复情况以及所取得的成效，维护社会公众的知情权。在这种关系中由于政府拥有信息优势，会使得委托人公众并不能直接观察到其相应行为。并且委托人公众并不直接参与相应的经济活动，公众将公共权利委托给政府行使，但由于存在信息不对称的问题。在这种关系中，公众并不能清楚地知道政府对于流域生态修复监管责任的履行情况，那么很有可能会出现政府履行监管缺位及不到位的情况发生。对于此种情况，委托人社会公众可以通过对代理人政府的监管责任进行监督和约束，以此推进流域生态环境的长远发展。

3. 协同治理理论

协同治理理论由赫尔曼·哈肯（Hermann Haken）创立，其将协同治理定义为是自然科学中的协同理论和社会科学中的治理理论通过交叉而形成的理

---

① Ross, stephen A. The economic theory of agency: The principal's problem [J]. *American Economic Review*, 1973, 63(2): 134–139.

论。协同治理理论通过多元主体的协同合作，由此使得社会向有序的方向发展，相关活动也变得更加和谐和稳定。作为提升政府职能的有效途径，协同治理不仅可以有效地解决市场失灵的现象，还可以有效提高相应政府的社会治理能力。协同治理通过提高公共服务的质量和水平，保障社会的有序运行，以促进社会活动和谐发展，是提升政府公共治理能力的有效途径。协同治理理论认为，由于各利益主体具有不同的社会资源，相互之间在保持竞争与协作的状态下使利益主体之间共同治理目标得以完成。除此以外，其子系统之间通过有序协作的状态，实现治理目标，促进公共利益的实现。

协同治理的目的即通过协调合作，积极应对社会中发生的复杂多变的公共事务，带来高水平的治理绩效产出。黄河流域生态修复过程中的事务复杂多样，而协同治理通过对多元主体整体治理目标进行有效整合，形成合作互补关系。协同治理要求以开放动态的状态进行信息技术方面的交流。在解决黄河流域生态修复相关问题的时候，各级政府和社会公众可能会存在信息不对称等方面的问题。故而，通过对相关技术信息的交换，通过协商合作以达到黄河流域生态修复治理的共同目标。协同治理是整体主义生态观的有效体现，有利于治理能力的加强和聚合。同时，协同治理也是实现流域善治的有效途径，其强调在解决流域生态修复问题时，不应受限于地理因素、行政区划等的限制。所以，为了黄河流域生态环境的可持续发展，应当开展协同治理，以此实现黄河流域污染防治和生态修复的目标。

（三）政府监管黄河流域生态修复的必要性

1. 黄河流域生态保护和修复现状

作为我国第二大河，黄河流经九个省区，横跨四个地貌单元。相较于我国其他流域，黄河流域的生态系统更加脆弱和敏感。据统计，黄河流域约有三分之二的区域为干旱、半干旱地区，约有四分之三以上的区域属于中度脆弱区。①黄河流域干流根据河道特点可分为上、中、下游三个河段。黄河上游草地退化，植被覆盖率下降以及涵养水源和水土保持能力下降等问题突出。黄河中游地区的水土流失现象十分严重，黄河流域90%的泥沙来自黄河中游，且黄土高原土壤侵蚀程度强。由于黄河流域中游的水土流失致使黄河流域下游径流量减少，导致黄河流域下游河槽出现淤积和萎缩的现象，使得下游的河床不断抬高，让黄河成为地上悬河，这对于黄河流域的防洪抗灾方面造成十分严重的负面影响。②除此以外，由于自然条件和人类活动等因素的影响引起黄河源区植被破坏严重，水岸线管理与岸线设施建设之间存在矛盾，黄河"四乱"问题以及工业废水的排放更加大了黄河流域生态修复治理的难度。

针对黄河上中下游出现的一系列问题，我国采取了相应的生态修复和保护措施。近些年，国家对黄河流域采取了包括退牧还草还湿等一系列的生态保护修复建设工程。截至2020年，黄河流域上游源区草地面积达10.4万平方千米，与2000年相比增大了11.4%，森林面积达0.92万平方千米，比2000年增大了2.6%。③但是，黄河上游局部地区的水源涵养能力仍然偏低。在黄河中游的黄土高原区我国实施了包括梯田及防护林建设、小流域综合治理、退耕还林等一系列措施，使得黄河流域水土流失面积范围和严重程度都相应减轻。并且经过长期的生态修复治理，黄土高原的人工生态林面积已有较大规模，其植被指数增长率也高于全国平均水平，黄河黄土高原段的输沙量也开始呈现显著下降的趋势。

黄河流域作为一个完整的有机体，其具有与其他生态系统一样整体化、系统化的特点。但是由于黄河流域各地区的自然地理条件因素不同，经济社会发展也各不相同，所以对于黄河流域生态系统的修复治理更加需要我们运用整

---

① 田清：《近60年来气候变化和人类活动对黄河、长江、珠江水沙通量影响的研究》，华东师范大学博士学位论文，2016年。

② 牟雪洁、张箫、王夏晖等：《黄河流域生态系统变化评估与保护修复策略研究》，载《中国工程科学》2022年第1期。

③ 郜国明、田世民、曹永涛：《黄河流域生态保护问题与对策探讨》，载《人民黄河》2020年第9期。

体保护的思路，因地制宜地采取相应的生态治理措施。只有在对生态环境根基不断进行夯实，把握上中下游不同区域的生态功能定位的基础上，才能对黄河流域生态修复治理工作进行统筹开展，真正实现黄河流域高质量发展的目标。

2. 政府承担流域生态修复监管责任的必要性

黄河流域生态环境治理成效直接关系到周边百姓的日常生活及身体健康，因此全面保障黄河流域的生态修复治理，对黄河流域乃至全国的生态环境安全都至关重要。但相比较于防洪抗旱减灾等工程而言，黄河流域生态修复往往表现出非紧急性的特点，黄河流域生态修复的重要性往往被忽视。维护黄河流域生态系统结构功能和系统价值，修复受到损害的黄河流域生态系统，保障黄河流域生态系统的健康发展和可持续利用，对推进黄河流域生态保护和高质量发展国家战略至关重要。[①]

作为一种自然资源，黄河流域本质是一种公共物品，具有"有限性"和"非排他性"的特点，这些特性会导致环境市场失灵现象的出现，为了弥补环境资源配置过程中市场的职能性缺陷以及防止环境负外部性形成方面的不足，政府有必要采取一系列的干预行为，政府履行生态环境监管责任是其行使行政职责的重要内容之一。政府对于黄河流域生态修复治理中出现的一系列问题，具有不可推卸的监管责任。政府监管不仅仅是政府行使公共管理职能的具体体现，也是维护河湖健康发展的现实需要。因此，以国家的名义和法律规定的形式，赋予生态环境部在全国范围内对环境保护工作行使指挥执行、组织监督等权力，并对环境保护进行预测和决策是政府对环境进行有效监管的途径之一。[②]现阶段黄河流域生态保护修复政府监管能力仍显不足，黄河流域生态治理修复长期呈现"九龙治水"的碎片化管理模式，生态保护修复监管政府协同执法能力仍薄弱，使得流域生态修复难以进行系统有效治理。故而，对黄河流

---

① 才惠莲：《流域生态修复责任法律思考》，载《中国地质大学学报》（社会科学版）2019年第4期。

② 吕忠梅主编：《环境资源法论丛（第12卷）》，北京：法律出版社2020年版，第158—159页。

域生态修复政府监管责任进行研究是黄河流域高质量发展的必由之路。把政府监管责任纳入黄河流域生态修复治理法律体系中，通过采取有力的法律监管举措，才能保障黄河流域生态修复法治进程的深入推进。

二、黄河流域生态修复政府监管机制实证分析

黄河流域作为我国的重要水源，其生态恢复功能较低且生态系统极为脆弱，以往经济快速发展对流域治理的非理性忽视导致遗留的生态问题仍然存在。其所显现的复合性生态环境问题亟待解决，修复治理难度大。习近平总书记指出，黄河流域生态保护和高质量发展关系着中华民族的伟大复兴。因此，只有依法促进流域生态环境保护修复和自然资源合理开发利用，才能让中华民族的母亲河永葆生机和活力，才能使得黄河永远造福中华民族。下面通过黄河流域治理过程中的典型案例分析，以期发现黄河流域生态修复政府监管责任落实所面临的现实困境。

（一）黄河流域生态修复政府监管典型案例

1. 山东省东营市水利局未全面履行监管责任案

（1）本案案情：本案是因山东省东营市部分地区黄河流域堤坝被非法取土，导致黄河流域生态环境破坏严重而引发的公益诉讼案件。当地检察院将东营市水利局认定为责任主体并提起诉讼，并于2018年6月发出检察建议。在其检察建议中，指出该责任主体应当采取相应的补救措施才能修复受损的堤坝，但是根据检察院之后的跟踪发现，其修复的堤坝无法满足设计标准及汛情要求。并且修复的堤坝段部分出现溃坝、漫坝的现象，当地检察院发出检察建议，要求东营市水利局继续履行其职责，并对被毁堤坝采取相应措施进行修复。[①]

---

① 《最高法发布10个黄河流域生态环境司法保护典型案例》，https://new.qq.com/rain/a/20211126A01FBQ00。

（2）裁判结果：东营市东营区法院经过一审审理认为，当地水利局作为行政主管机关，对黄河流域涉案河道河段负有监督管理的职责，涉案流域两侧堤坝由于被非法取土，导致该段的黄河流域生态环境遭受到严重损害，在本案中行政机关在收到检察建议后虽然履行了一定的修复职责，但是无法满足相应的需要，致使黄河流域周边的生态环境遭到破坏且得不到有效的治理，一审判定其未全面履行监管职责的行为违法，并要求其采取相应的补救措施。①

（3）案件评析：本案的争议焦点在于该地水利局是否全面履行了黄河流域生态修复监管职责。进行生态修复的前提是做好生态损害的认定，但是当前并没有对黄河流域生态损害标准认定的法律法规，并且由于没有专业的评估鉴定机构对黄河流域生态修复治理活动进行评估，导致流域生态修复治理难以真正实现。因此，可以考虑将评估鉴定报告列入法律系统中，通过法律法规的规范性、严谨性，来更好地实现黄河流域生态修复的目标。现有的法律法规对政府监管不力、惩治力度不大，加之政绩考核等一系列因素的影响，政府监管责任往往被忽视，我国相关的政府监管追责制度在实践中的可操作性也较差，难以对政府的监管责任进行有效约束。

2. 河南省三门峡市生态环境部门未充分履职案

（1）本案案情：本案是三门峡市两矿业公司开采铝土矿时违规采矿致使黄河流域生态损害破坏而引发的公益诉讼案件。2016年，第一轮中央环保督察组对河南省三门峡市境内黄河流域生态环境所存在的矿区内水土流失、矿山裸露、生态环境破坏严重等一系列问题予以通报。2018年10月，中央环保督查组对河南省第一轮中央环境保护督察整改情况开展"回头看"督察反馈，反馈意见再次提出该地仍然存在生态环境损害破坏的问题。②

（2）案件评析：在本案中，根据当地检察院调查发现，三门峡市人民政

---

① 参见《东营市东营区人民法院（2018）鲁行初字第71号行政判决书》。

② 《"携手清四乱 保护母亲河"专项行动检察公益诉讼十大典型案例》，https://www.spp.gov.cn/spp/zdgz/201908/t20190829_430279.shtml。

府以及所属职能部门并没有做到充分履职，致使该地区受损的黄河流域湿地未得到有效修复，并且该地人民政府的生态修复整改与中央环保督察组所确定的修复目标有较大的差距。在修复治理的过程中，相关政府仍然存在生态修复不到位，该区域以外受损土地生态修复未完成等一系列问题。

本案中相关政府及职能部门未能有效履职的原因在于监管主体之间职责存在交叉重叠的现象。本案中，三门峡市人民政府及相关行政职能部门均有监管责任，然而现存的法律并没有对监管职责进行整合，导致各监管主体之间利益出现冲突。由于部门间的信息交流、协调工作等方面出现问题，使得政府监管效率低下，且案件涉及的两矿区的生态修复方案并不完善，使得相应行政机关在落实督促生态修复保护治理的过程中无法做到有效运行。根据《矿产资源法》第44条规定，以破坏性手段对矿产资源进行开采的一般处以罚款，只有在对矿产资源造成严重破坏的情况下才能对直接责任人追究相应刑事责任。对于采矿行为一般只是通过行政强制措施或者对采矿人员处以行政处罚的追究方法，只有在造成严重影响的情况下才会对相关人员追究刑事责任，这在《刑法》中的"污染环境罪"及"破坏性采矿罪"中也有同样的体现。而在对于流域环境污染而需要进行生态修复治理的情形中，更鲜少有对相关政府监管履职不到位的追究，使得在对黄河流域周边地区造成环境污染需要修复时，政府监管往往采取消极不作为的态度。在本案中，由于现有法律法规没有对相关政府因监管履职不到位而引起的追究，相关政府往往采取互相推诿监管责任，消极被动地对黄河流域的生态修复进行监管。

3. 四川省若尔盖县怠于履行污染监管职责案

（1）基本案情：本案是因若尔盖县政府怠于履行流域修复的监管职责，致使黄河流域若尔盖段社会公益被侵害的公益诉讼案件。2019年，检察机关通过对黄河干流及支流进行督察时发现，该区域河道内堆放了大量的垃圾。在本案中，若尔盖县检察院向当地政府发出检察建议，要求其切实履行河道生态修复监管职责，建议其应当建立长效监管机制来防止相关问题的出现。[1]

（2）案件评析：在本案中，该河道两侧的垃圾因长期处于无人监管的状态，从而导致河道旁垃圾数量增多，在涨水时河道旁垃圾流入黄河，对黄河流域的生态环境造成损害。而当地人民政府长期处于消极履职的状态，政府对于生态修复治理往往采取"事后监管"的措施，对"事前预防"等治理观念模糊，往往在真正造成严重影响时才采取相应的监管补救措施，致使黄河流域治理的过程中，政府监管往往处于一种被动的状态，未能有效进行流域生态修复监管。在本案中，政府相应部门长效执法模式未建立，导致河道垃圾的清理也变得愈加困难。对于黄河流域生态保护和高质量发展而言，生态修复十分重要，但如果仅仅依靠事后修复生态的方式，而不考虑事前对黄河流域生态环境污染情况进行预防，无法保证黄河流域生态系统的持久稳定有序。

（二）黄河流域生态修复政府监管机制之不足

黄河流域生态保护和高质量发展于2019年被纳入国家战略，有关黄河流域生态修复和保护工作受到高度重视。但随着经济社会的发展，对黄河流域水资源的过度利用以及污染物及工业废水的大量排放，致使黄河流域生态系统出现了一系列的问题。为确保黄河流域生态环境得到优化改善，对其法律机制进行健全和完善是关键举措。[2]但是在上述黄河流域生态环境典型案例中，我们发现，流域生态修复政府监管责任在法律制度的建设上仍然存在一系列问题。

1. 流域生态修复政府监管法律依据欠缺

（1）流域生态修复缺乏标准规范。对于生态修复，我国《环境保护法》《环境影响评价法》《矿产资源法》《土地复垦条例》等相关法律法规中都提到了关于生态修复的内容，但是多数规定较为抽象，在实践中的具体适用较为

---

[1] 《"携手清四乱 保护母亲河"专项行动检察公益诉讼十大典型案例》，https://www.spp.gov.cn/spp/zdgz/201908/t20190829_430279.shtml。

[2] 张君明：《黄河流域水生态保护与修复法律机制研究》，载《人民论坛·学术前沿》2022年第2期。

困难，无法为黄河流域生态修复提供相应的规范标准。有关流域生态修复的法律法规大多为地方法规和规范性文件，缺少中央层级的法律文件。并且在黄河流域生态修复过程中，黄河流域生态环境到底被破坏到什么状态，才需要采取生态修复补救措施，以及流域生态修复的目标是什么，在现存的法律法规中均没有清晰的界定。2015年《环境损害鉴定评估推荐方法》（第Ⅱ版）将"生态恢复"的目标设定为"为将生态环境的物理、化学或生物特性及其提供的生态系统服务恢复至基线状态"，而且，有关法律法规对相关术语进行了阐释和说明。但是，司法实践中，对流域生态修复的治理往往还需要结合更为清晰明确的技术参考标准才能进行确定。这些含糊的生态修复目标，影响了黄河流域生态修复政府监管实践的可行性，政府在进行监督管理时浪费大量人力物力，但效果并不理想。因此，完善有关生态修复的法律法规，统筹协调黄河流域生态修复及监管事宜，督促相关行政机关严格落实，才能使得黄河流域生态修复政府监管真正落实到位。

（2）政府监管问责机制尚不健全。黄河流域生态系统是一个有机联系的整体，流域生态修复治理成本高、周期长。政府可以在包括资金和科学技术方面给予生态修复相应的指导，《水法》及《水污染防治法》等相关法律法规中规定了各级人民政府应当对流域水环境质量负责，并规定政府应采取相应措施对流域水污染进行治理。然而我国现存法律法规中，缺乏对政府主导的生态修复义务的具体规定。考察黄河流域治理实践不难发现，政府在黄河流域生态修复的监管中往往有消极、被动特点，这与其本身应承担的责任并不相对应。根据现存的法律法规，虽然环境保护类法律法规对政府监管责任有一定的阐述，但往往只是政府对环境监管这一行为负责，而无法做到对所修复的流域的质量进行负责，无法从根本上实现流域生态修复的责任目标。这使得政府在履行黄河流域生态修复监管责任的过程中免不了抱有侥幸心理，导致黄河流域生态修复实施不到位的问题层出不穷，使黄河流域生态保护和高质量发展难以真正实施到位。现阶段黄河流域环境污染治理生态修复监管等相关工作，暂时还没有操作性强的法律保障措施。①

2. 流域生态修复政府监管职能碎片化

（1）流域生态修复政府监管碎片化现象严重。由于黄河流域流经9省区，受自然条件和管理体制的约束，黄河流域各区域的生态保护修复治理呈现出"区块分割""九龙治水"等碎片化特点。虽然我国在黄河流域实施了一系列重大工程，但大多是针对流域中某一生态环境要素，由生态环境部门分别规划实施，对流域生态系统的治理及功能的整体提升考虑不周全，致使黄河流域生态修复治理整体呈现分散和碎片化的特征。除此以外，还存在法律规定分散、执法事项不明确、执法机构、人员配置不科学等一系列问题，未形成完备的法律体系。由于受流域行政区划和管理体制的约束，现存的法律法规对于流域管理缺乏协调，流域生态修复以及政府监管的法律呈现碎片化趋势。上下级与同级的政府监管部门在实行相应监督管理工作的时候，往往存在监管职能上的交叉重叠，这对于黄河流域生态修复过程中政府监管职能的有效实施造成了一定的影响。譬如，在前述案例二中，政府及其职能部门监管之间存在交叉重叠等现象致使政府职能部门互相推诿其责任，导致受损的黄河流域湿地未能得到及时的修复治理，因此，难以真正实现流域修复的治理目标。

（2）政府各部门监管协同性不强。目前，黄河流域生态修复采取分段监管的河流管理模式，许多行政机关只对自己管辖范围内的水文资源信息知情，对自身管辖范围以外的河流信息缺乏充分的了解。流域生态环境的协同性是黄河流域生态系统稳定健康发展的内在要求，生态修复作为黄河流域高质量发展的重要环节，若仅仅只对流域进行区域化、局部化的修复，难以达到流域生态修复的效果和目的。现存的法律法规对于生态保护执法领域，法律、标准体系以及执法事项和执法主体的规定均较为分散，②也缺少针对流域整体性管理的

---

① 温天福、吴向东、成静清：《江西全面升级河长制工作实践与探索》，载《中国水利》2018年第4期。

② 李国军：《流域环境监管机构设置需厘清四种关系》，载《智库时代》2017年第4期。

规定。为应对黄河流域生态环境呈现的系统性的破坏情况，现行的管理模式已经无法满足黄河流域生态保护的要求以及无法解决黄河流域生态修复监管实践中所碰到的各种难题。由于黄河流域各地政府相关部门在执法过程中所承担的职能以及各个部门之间相互配合协调和监督的程序均没有明晰的法律规定，使得各政府部门在实施流域生态修复时出现程序模糊、责任界定不清等情况。因此，只有将生态修复政府监管责任详细列入专门法律中，才可能使黄河流域生态修复政府监管真正得以落实。目前，黄河流域水行政部门缺少专门的执法人员，在基层行政机构还存在政事混杂的情形，这些情况容易滋生执法扯皮，办案效率低下等现象，难以高效完成黄河流域执法监管职责。

3. 黄河流域生态修复长效监管机制欠缺

（1）流域修复监管"运动型治理"特征明显。所谓长效即不是短时间或者是一劳永逸的，而应当随着实践的发展不断充实丰富。在黄河流域生态修复治理中，无论是企业还是政府往往是在中央环保督察时才开始对流域生态进行修复治理，在督察之前或者之后往往处于放任不管的态度，连续性较差。譬如，在前述案例三中，当地河道两侧在进行修复治理监管之前就已经堆满了垃圾，甚至于长达一年之久，并且当地水务局也向当地政府反映了该情况，可是并未引起当地政府的重视。所谓生态修复不仅仅应当做到事后的修复治理，事先预防也十分重要，常态化监管并没有在黄河流域生态修复治理中得到相应重视，相关法律法规也没有对其加以明确。目前，我国对流域环境进行监管的主要抓手是中央生态环保督察，但是中央环保督察的时间及督察对象并不确定。其次，中央对于地方政府及其职能部门的直接监督，其自上而下的垂直监督模式打破了传统的政府科层结构，具有一定的"运动型治理"特征，不免使政府产生投机心理，使得流域修复政府监管无法得到持续进行。①

（2）政府监管没有相应的配套机制。现阶段，对于黄河流域的生态修复

---

① 张忠民、冀鹏飞：《论生态环境监管体制改革的事权配置逻辑》，载《南京工业大学学报》（社会科学版）2020年第6期。

治理工作，并没有系统化的监管法律体系和方案，这导致政府在监管过程中难免会出现不积极作为，怠于履行职责的情况。对于政府监管不作为、慢作为等一系列现象，也没有相应的法律法规对其进行问责追究。除此以外，现有执法人员对于流域环境问题仍然存在知识储备不足，对现有流域环境问题无法解决等一系列问题。黄河流域监管现代化及信息监测评估水平不高。公众对于流域生态修复的意识也较为淡薄，地方政府往往对流域生态修复监管不作为，至少不主动作为。在实践中，群众对流域生态修复的监管工作往往存在信息不对称等现象，无法真正实现流域生态修复的长效监管。

4. 政府环境监管与政绩考核冲突

在推进黄河流域生态保护和高质量发展战略过程中，政府同时负担有经济管理职能和环境监管职能。[1]政府应当注重受损的流域生态环境以及人与自然之间的关系，通过对流域生态系统进行保护，从而增强相关生态产品的质量为社会经济发展提供相应的物质基础。另一方面，物质经济基础的增强也会使流域的生态修复真正实现。同时，《环境保护法》《水污染防治法》等法律法规也明确规定了政府的环境保护责任，并且强调，县级以上人民政府对本行政区域内的环境保护工作进行相应的监督管理。

但是，在黄河流域的生态修复治理实践中，政府在解决流域生态系统健康稳定与推动经济持续增长之间存在矛盾。中央政府对地方政府官员，上级政府对下级政府官员仍然沿用以GDP作为政绩标准的考核机制，当然也不可避免地会导致地方政府为该区域的经济发展而较少顾及环境保护，通过牺牲环境资源从而实现经济的高速发展。[2]地方政府在财政压力和自身利益双重因素的驱动下，可能会出现仍一味追求区域经济发展，而忽视生态环境保护的现象，导

---

[1] 赵旭光、李红枫：《从法治视角探究生态环境监管体制改革》，载《中国特色社会主义研究》2018年第4期。

[2] 孙伟增、罗党论、郑思齐等：《环保考核、地方官员晋升与环境治理——基于2004—2009年中国86个重点城市的经验证据》，载《清华大学学报》（哲学社会科学版）2014年第4期。

致黄河流域生态修复政府监管内驱力不足。

流域生态环境问题大部分是长期形成的，修复治理难度较大，生态修复的资金大多来源于地方政府，资金来源和方式单一，途径狭窄，影响黄河流域生态修复治理任务的实施，使得黄河流域周边地区经济发展与环境监管相互脱节。现阶段，我国仍然采取先污染后治理的环境治理模式，流域生态环境污染依然成为我国经济迅速发展的重要代价，并且现有经济结构不合理，监管的财力支持明显有所不足，严重影响了黄河流域生态修复的效果。

三、域外流域生态修复政府监管机制之经验

（一）域外流域生态修复政府监管机制

1. 密西西比河生态修复政府监管机制

密西西比河作为北美最长的河流，其支流众多。针对美国密西西比河流域生态修复治理，在立法方面美国政府制定了一系列的法律法规以保障生态修复制度的有效实施，[①]在有关流域生态修复的法律制度建设方面也体现了整体性的立法思路。在1980年颁布的《综合环境反应补偿与责任法》中，不仅从法律层面确定了生态环境保护的基本原则，并且对密西西比河流域生态保护和修复中联邦政府的义务加以规定，通过提升政府在流域生态修复中的地位来增加对密西西比河的生态修复治理。该法第102条还规定，只要对流域生态环境可能造成"实质性危害"，即无论当事人一方是否有过错，都应当承担全部修复的费用。通过建立信托基金等方式，对相应责任人承担生态修复责任进行规定，将流域生态修复真正落实到相关法律制度方面，从而使监管、修复落到实处。除此以外，美国政府还制订了《密西西比河上游恢复计划》，该计划中美国政府及其相关部门广泛与公众、州政府及非政府组织之间建立沟通协调机制，建立覆盖多方面数据的长期资源监测计划。在美国的法律法规中对信息监

---

① 吴伟业：《矿区生态修复研究进展》，载《广东化工》2014年第1期。

管和信息公开也进行了相应的规定，同样也是密西西比河流域生态修复机制的重要内容之一。现阶段，美国密西西比河上游按照2015—2025战略计划持续进行，从而实现密西西比河的生态修复治理目标。①

美国密西西比河的流域治理主要是"流域委员会"模式。密西西比河流域生态系统复杂，在流域管理方面具有多样性的特点。为了加强对流域局部地区的管理，美国政府在国家和地方层级分别建立了不同的流域管理机构和协调机构。而对于密西西比河流域生态修复治理主要是由密西西比河流域管理委员会负责综合治理，各下属协调机构以及政府与非政府组织之间进行沟通协作。并且根据区域划分流域生态修复监管机构和范围，通过统一的管理以及对流域生态修复形成统一的治理目标，从而实现对密西西比河的综合治理。在密西西比河的流域生态修复工作中，流域管理机构通过对相关数据进行梳理整合，使其系统化、信息化，为密西西比河流域的监测和修复管理提供了有力的支撑，通过信息资源共享，提升流域修复管理效率并富有成效。在对密西西比河流域的监管中，政府、专家学者、环保公益组织和公民个人都参与到了密西西比河流域污染治理当中。在流域相关的环境立法方面，美国环境保护公益组织会将自己所发现的有关环境污染问题及对应的解决建议和方案性成果变为专业的提案，通过公众参与等方式使其成为法律。

2. 莱茵河生态修复政府监管机制

莱茵河作为国际流域治理的重要典范之一，也曾经历过"先污染，后治理"的治理困境。莱茵河流经多个国家，随着沿岸各国社会经济及城市化的快速发展，莱茵河流域水质严重恶化，对沿岸各地居民的日常用水造成极大影响。因此，莱茵河流域五国在瑞士成立了"莱茵河保护国际委员会"（ICPR），通过各国之间的沟通合作，以期达到协同治理的目标。1963年的《保护莱茵河不受污染国际委员会协定》更加确立了莱茵河国际委员会的法律

---

① 肖春蕾、郭艺璇、薛皓：《密西西比河流域监测、修复管理经验对我国流域生态保护修复的启示》，载《中国地质调查》2021年第6期。

地位，除此以外，流域各国还制定了有关莱茵河保护的法规、条例和标准，为莱茵河污染治理奠定了相应的法律基础。①之后在ICPR的推动下，各国之间又设立了一系列有关莱茵河流域生态修复的法律法规。ICPR成员国于1987年制订了《莱茵河行动计划》，提出莱茵河生态修复治理的目标，即在10年内将流域污染物质降低50%。

ICPR作为莱茵河流域治理的综合管理机构，在莱茵河各国的协同治理中，发挥着重要的作用。随着对莱茵河流域生态修复治理要求的变化，莱茵河委员会的组织结构也在不断地变化和精简。对于莱茵河治理水质标准的要求，也愈加严格。②莱茵河建立多个监测网络系统及水质预警装置，通过多站点协同合作以及对各个站点的信息进行沟通，从而实现对莱茵河流域的综合治理。

在莱茵河的流域污染治理过程中，公众的参与监督为莱茵河的修复治理提供了相应的制度基础，使其取得一定的进步和成效。在莱茵河流域生态修复治理过程中，ICPR会将各成员国的治理情况予以公告，通过公众监管的方式给予相应国家政府组织压力，以推动成员国完成对莱茵河的生态修复治理。《欧盟水框架指令》也鼓励公众参与流域管理，各国应当在公众要求时提供相应的执行草案，使公众成为监督者，对各成员国的周边流域治理情况进行监管。

3. 琵琶湖生态修复政府监管机制

琵琶湖作为日本的第一大淡水湖，在日本的生态治理、经济发展等方面具有十分重要的作用。随着流域生态环境污染损害事件的频频发生，有关琵琶湖流域生态修复工作以及与生态修复相关的法律法规也在不断完善。在国际层面，日本政府积极加入国际湿地公约组织；在国家层面，制定了《清洁湖泊法》《琵琶湖保护与修复基本方针》，将琵琶湖列为重点保护的湖泊；在地方

---

① 杨丞娟：《府际协同治理视角下长江经济带高质量发展——莱茵河流域治理的经验借鉴》，载《湖北社会科学》2021年第11期。

② 沈桂花：《莱茵河水资源国际合作治理困境与突破》，载《水资源保护》2019年第6期。

层面，滋贺县制定了《琵琶湖保护与修复措施规划》。[①]

日本政府环境监管体制是中央和地方在统一协调合作机制下进行的。环境省在日本的国家环境监管层面占据核心地位，并且日本政府通过专门的法律《环境省设置法》，对其相应的行政管理职能有明确的法律规定和约束。这就意味着，环境省在琵琶湖生态修复中的政府监管权责较为清晰。除此以外，地方相应政府及其职能部门也在规定范围内对流域生态环境进行监管。日本的流域管理是根据相应流域功能分类管理，以此为基础设立管理机构，逐步向流域统一管理发展。[②]琵琶湖流域政府监管主要采取自上而下的流域监管模式。在琵琶湖流域生态修复监管过程中，日本政府还规定了相应的执法监管标准，对流域排放标准进行了规定，使得琵琶湖水质得到极大的改善。

为保护琵琶湖的流域生态环境，日本政府设立了专门的生态环境教育基地，学生、社会公众通过参观学习等方式，对琵琶湖的污染治理有了进一步的认识，通过对环境监管方面的知识进行教育倡导，从而引导社会公众参与生态环境治理。为鼓励公众参与到琵琶湖的生态修复监管中来，琵琶湖通过设立流域研究会的方式，使各流域研究会之间进行沟通协作，保障公众参与琵琶湖流域生态修复的监管。

（二）域外流域生态修复政府监管机制的特征

1. 健全的流域生态环境法律政策体系

在世界各国的环境治理实践中，对流域生态修复监管治理是一个共同的理念和趋势。在依法治国的大前提下，只有通过对相应法律法规进行完善才能为流域生态安全可持续发展提供相应的制度基础。美国政府一直致力于立法保障的完善，逐步形成了较为完备的法律法规体系。美国密西西比河在流域生态

[①] 白音包力皋、许凤冉、高士林等：《日本琵琶湖水环境保护与修复进展》，载《中国防汛抗旱》2018年第12期。

[②] 李广兵：《跨行政区水污染治理法律问题研究》，武汉大学博士学位论文，2014年。

治理方面相关的法律法规数量繁多，通过对相关法律法规的制定，美国逐步形成了完整的水资源、水生态保护体系，为密西西比河的生态修复和环境治理提供了较为详尽的法律基础。在琵琶湖的生态修复治理过程中，日本政府针对流域整体进行了一般立法，针对琵琶湖治理进行了专门立法，且分别在国家、地方层面对琵琶湖进行立法，在相应法律文件中对中央及地方政府的监管责任进行了规定。莱茵河流域各国通过对生态治理和经济发展所制定的一系列的协定和计划，推动莱茵河流域治理不断细化和标准化，为莱茵河流域各国的可持续发展构建完备的法律基础。在流域生态修复治理的实践中各国政府都发挥着主导作用，都是由国家统一制定整体法律对中央政府及地方政府的监管职责进行配置，加强制度设计，制定相应的法律法规以确保政府监管职责有效实现。

2. 完备的流域生态修复协作机制

政府是流域生态修复法律制度执行的主体。流域生态系统管理方法强调生态系统各个组成部分之间的相互关联以及集成管理，政府之间的协调协作就显得非常重要。在流域内的各州或各国处理问题方式如果不一致，往往会导致治理效率低下，难以达到预期的效果。签署协同治理协议，建立务实的协作机制，对于流域生态修复治理工作具有十分重要的作用。

美国密西西比河流域的运行经验表明，完善的环境系统机构和运行机制对于加强中央及地方在流域生态环境保护工作中的监督管理是十分重要的。美国环境保护署（EPA）和相关政府部门以及流域各州，采取相应措施做了许多具有针对性的协同工作，并取得了一定的成效。并在密西西比河流域内成立了多个州际委员会，通过统一步调、沟通协作。在1996年美国环保局颁布的《流域保护方法框架》中指出，通过协调合作来治理密西西比河流域水污染。通过一致的标准和管理目标将当地政府联合起来对密西西比河流域进行共同管理。①在琵琶湖的治理过程中，日本政府的流域管理模式主要是以中央和地方

---

① 肖春蕾、郭艺璇、薛皓：《密西西比河流域监测、修复管理经验对我国流域生态保护修复的启示》，载《中国地质调查》2021年第6期。

各级政府之间进行沟通协作。除此以外，日本政府还设立了联络会议制度，通过各层级之间进行交叉协作，以此更好地协调各方的关系。莱茵河流域治理经验也表明，沿岸各国通过协同合作对流域生态修复上建立共同意识，各政府管理部门协同一致制定计划，从流域的整体利益出发，共同贯彻执行签署的各项公约和决策，通过协调一致，促进互相认同与合作。

3. 明晰的流域生态修复政府监管责任

流域治理是一个长期且复杂的活动，需要政府投入大量的资金和精力。而政府因为拥有丰富的政治资源，并可以为流域治理提供相应的资金。因此，在流域的生态治理过程中，政府理所应当的是流域治理的管理者，其监管责任也应当进行落实和追究。政府在对流域生态环境修复监管的过程中，不履行规定的责任和义务或者未完全正确履行法律所规定的责任都会导致政府失灵的现象产生。

在域外流域治理方面，美国政府在密西西比河流域的治理过程中颁布了《清洁水法》，分别在行政、刑事以及民事责任方面规定了违法者应当承担的责任，并且规定了相应的环境质量责任标准。在莱茵河的流域治理中，德国政府采取"市长问责制"，在德国境内的莱茵河流域的沿岸城市中，下游城市对上游城市进行监管，若发现上游城市有污染及生态修复不到位的行为，则流域下游的市长可以弹劾流域上游的市长，通过这样的监督管理，对相应政府的责任进行严格追究，使得莱茵河水污染得到有效治理。

4. 良好的流域生态修复公众参与机制

公众参与是域外流域生态环境治理的重要内容。在流域相关的环境立法方面，美国环境保护公益组织会将自己所发现的有关环境污染问题及对应的解决建议和方案性成果变为专业性提案，通过社会公众对法律提案的讨论以及参与立法听证会，使公众可以表达自己的利益诉求，从而推动环保法律形成。环保公益组织还可以通过公众参与制度对政府、相关法律的执行起到监督作用，专家学者、社会团体、环保公益组织以及公民个人都可以充分了解相关资料和信息，对有关项目表达自己的意见。莱茵河作为国际河流，在2000年欧盟颁布的《欧盟水框架指令》第14条中，通过对公众参与进行法律规定，使公众能够有效地参与到流域环境治理决策中，让公众成为决策者和监督者。对于日本琵琶湖流域的治理工作，政府不仅仅依靠自上而下交叉协作的执法监管方式加强对政府执法监管，与此同时也通过使社会公众积极参与生态环境治理举报的方式，对琵琶湖流域环境监管主体的履职情况进行监督，通过此种方式，有效推进琵琶湖的治理活动。

（三）对黄河流域生态修复政府监管机制之启示

1. 健全黄河流域生态保护法律体系

（1）推动整体系统立法理念。立法是流域生态系统健康发展的基础和保障。在黄河流域生态修复过程中，政府监管责任若要落到实处，则应当通过立法活动促进中央及地方政府积极履行流域生态修复监管责任，从而使制度具有稳定性和可预见性，更增加其权威性。域外国家为了实现生态修复目标，更好地实现环境保护，对中央立法层面法律制度进行规范设计的同时，在地方层面同样制定一系列配套法律法规予以辅助。为实现黄河流域生态修复目标，应当积极开展相应立法活动。黄河流域作为一个完整的生态系统，具有系统性、整体性的特点。并且由于黄河流域承载着包括生态治理和经济发展等多种目标，要求黄河流域相关法律要更加注重其体系性和整体性。因此，在黄河流域相关立法中，应当以《黄河保护法》为依据注重"山水林田湖草沙"一体化，在细化《黄河保护法》相关规定的基础上进行统筹化考虑和设计。

（2）完善政府监管法律机制。党的十八大以后，在深化"放管服"改革中，政府的监管职能不断的加深。但是，在现有的法律法规中涉及政府监管的内容较少，相关研究较为薄弱。[①]建立健全相关法律制度，明确政府在黄河流

---

① 王俊豪、胡飞、冉洁：《中国特色政府监管立法导向与法律制度体系》，载《浙江社会科学》2021年第1期。

域生态修复治理中的监管责任，才能使政府在生态监管治理过程中做到有法可依。由于环境单行法的频繁修改，导致环境监管的概念和规范体制存在冲突和矛盾的现象，难以形成完整的法律体系。政府监管的相关法律建设缺乏整体性视角，因此，只有将这些内容以法律的形式予以规定，并纳入黄河流域相关生态保护法律制度中，才能真正对黄河流域政府监管法律机制加以完善。

2. 强化黄河流域协同监管执法机制

（1）加强流域修复协同治理。在密西西比河的流域生态修复治理过程中，密西西比河流域委员会模式对其上游的生态修复治理起到了重要作用。[①]在黄河流域生态修复的实践过程中，由于上中下游各地的生态修复治理手段不同，且各行政区域部门之间往往做不到有效的沟通协作，导致黄河流域生态修复治理难度大。在法律许可范畴内，相关政府部门通过协同联合执法，以此增强流域修复法律制度在实施时的有效性。对于黄河流域生态修复治理而言，通过优化和严格执行有关流域生态修复环境治理相关的法律制度和政策规划，是落实流域生态治理的基本法律保障。

（2）协调中央、地方统一监管。构建科学高效的环境监管机制，对中央及地方政府的环境监管职责进行协调，发挥地方政府的常规性环境监管机制功能的同时，对地方政府履行流域环境治理的职责进行干预和督促。因此，我们有必要进一步明确政府监管和执法的权力，推动流域生态修复政府监管的有效运行。实现中央政府和地方政府治理的协调一致。由于中央政府会通过集权来强化权威，会在一定程度上打击地方各级政府在行使环境管理权的主动性。为此，在黄河流域生态修复治理时，中央政府环境监管应当与地方政府监管相辅相成，实现流域修复政府监管长效机制。

3. 加强流域修复政府监管问责机制

（1）政府监管责任法律制度化。对于黄河流域生态修复而言，政府监管

[①] 肖春蕾、郭艺璇、薛皓：《密西西比河流域监测、修复管理经验对我国流域生态保护修复的启示》，载《中国地质调查》2021年第6期。

责任追究是相关政府法律制度建设的重要环节之一，问责追究制度对于政府监管法律机制建设而言十分重要，相应问责制度的不完善甚至会对黄河流域生态环境及经济生活造成严重的危机。现在生态责任问责追究被逐渐重视，《中共中央　国务院关于加快推进生态文明建设的意见》中规定了生态保护的责任要求，明晰了生态环境责任的追究机制，通过法律政策文件对相应生态问责工作力度以及环境治理决策方面都做出了系列要求，对执行不力和造成严重后果的行为都将依法进行责任追究。①因此，政府监管责任应当通过法律法规的形式系统化，使其发挥实际效用。

（2）加大政府监管问责力度。对相关政府及其职能部门的环境损害责任实行相应的长期的责任追究机制。对于黄河流域生态修复治理，政府一定要着重于长期公共利益的发展，积极履行生态责任。运用相应法律制度，在相应政府环保监管职责履行不到位的时候，明确追究责任的形式和方法。在必要的情况下，利用行政问责和刑事处罚的双重方式，对相关责任人的责任进行问责追究，使政府监管真正落到实处，以此提高对黄河流域生态环境治理的效果。②

4. 提高流域生态修复公众参与意识

通过对域外流域生态修复政府监管情况进行分析，我们不难发现，若要真正使得政府监管职责落实到位，则应当完善相应的环境监管公众参与机制。为保持黄河流域生态修复治理良好运行，提高黄河流域生态修复过程中社会的参与度十分重要。黄河流域的生态修复治理和沿岸地区居民的日常生产和生活息息相关，社会公众对于黄河流域的污染情况更有切身的体会，并且由于黄河流域的水质污染等情况有可能会对社会公众的健康情况造成影响。因此，对相应公众监管法律制度进行完善，提高公众对于流域生态修复政府监管的认识，

---

① 柴茂：《洞庭湖区生态的政府治理机制建设研究》，湘潭大学博士学位论文，2016年。

② 李媛媛、郑恩：《元治理视阈下中央环保督察制度的省思与完善》，载《治理研究》2022年第1期。

不仅可以保护社会公众所应享有的权利，同时也是流域生态环境保护和修复的内在需要。①

　　黄河流域的水环境污染是一个逐渐量变的过程，公众往往在短期内不会因为黄河流域生态污染而受到影响，而一般来说，利益主体只会对对自己产生影响的社会事务关心。为提高社会公众的参与意识，可以扩大社会公众的法律参与方式。在确保政府和社会公众以平等的方式进行协调沟通的同时，加大公众对政府监管的问责，确保黄河流域生态修复及政府监管活动的良性运行。故而，借鉴域外流域的治理手段，可以通过电话举报、组织听证等多种方式鼓励公众参与。通过对公众参与监管等法律制度的完善，以多种法律途径积极督促相应政府履行监管义务。

四、健全黄河流域生态修复政府监管机制之对策

（一）加强黄河流域生态修复政府监管立法

1. 完善流域生态修复政府监管法律机制

　　党的十八届三中全会通过的《中共中央关于全面深化改革若干重大问题的决定》指出，运用法治思维及法治方式来处理和解决在环境治理实践过程中的问题对我国环境治理而言十分重要。②法律制度建设是黄河流域生态修复治理的基本内容，也是中国特色社会主义事业建设的重要方面。建立健全黄河流域生态修复政府监管相关法律制度，以及在黄河流域生态修复过程中对政府相应的具体监管责任做出具有针对性、可操作性的制度安排，对于黄河流域生态修复治理而言十分重要。

　　为了落实黄河流域生态修复政府监管责任，首先应当进一步完善法律法

---

　　① 余亮：《中国公众参与对环境治理的影响——基于不同类型环境污染的视角》，载《技术经济》2019年第3期。

　　② 吕忠梅：《用法治思维和法治方式促进生态文明体制改革》，载《中国生态文明》2018年第6期。

规，提高流域生态修复治理的法律水平。在有关环境立法方面，我国往往以单独的环境要素作为立法依据。观察我国现有环境法律法规不难发现，我国环境法缺乏顶层设计以及宏观调控，各个环境单行法之间协调性不足。随着《黄河保护法》的出台，黄河流域作为一个完整的生态系统，整体性治理制度设计有了很大改进，但仍需及时出台相关细则以提升其可操作性。除此以外，现阶段我国尚没有针对流域修复监管专门的立法。有关环境领域的立法呈现体系零散的特点，缺乏整体性、系统性的环境监管基本法。现有法律体系在有关生态保护修复内容上仍然存在差异和冲突，不利于黄河流域生态修复政府监管责任的有效落实。[①]因此，通过加强立法，对有关流域生态环境法律规范中生态修复及监管问责制度进一步细化，方能更好地推进黄河流域生态修复的治理进程，为黄河流域监管责任的落实提供相应的法律制度保障。

2. 规范黄河流域生态损害评估认定标准

在具体实践中，黄河流域生态修复过程中存在诸多条件限制和现实困境。黄河流域生态系统涉及众多环境要素，各个要素之间往往相互影响、相互制约。对黄河流域进行生态修复，追根溯源是要做好对流域生态环境损害事实的认定，然而流域生态损害却是一个逐步量变积累的过程，只有在超过流域生态系统自净能力的情况下才会被发现。因此，我们应当从黄河流域整体生态系统中的损害事实进行法律评估认定，[②]且流域具有较大的流动性、不确定性，使得一旦在某一河段出现污染，都会对黄河流域生态系统的整体修复造成损害。不同的环境评估机构对于流域环境是否需要进行生态修复，会有不同的结论，但如果仅凭个人的主观性或者个别机构的主观臆断来认定流域生态环境是否已达损害标准，而没有相应的法律法规进行评估决定，没有完整的规范性文件和标准来约束和制衡，只会使黄河流域生态环境受到更大的损害。黄河流域

---

① 张君明：《黄河流域水生态保护与修复法律机制研究》，载《人民论坛·学术前沿》2022年第2期。

② 蔡运龙：《生态修复必须跳出"改造自然"的老路》，载《环境与生活》2021年第8期。

生态是一个完整的系统，为避免因主观臆断产生的不利因素，需要一个更加健全的法律制度来保障生态的平衡。

在2020年发布的《生态环境损害鉴定评估技术指南总纲和关键环节第1部分：总纲》中，对生态环境损害相关概念进行了相应的阐述，但对于流域生态修复的目标、范围等相关内容仍存在法律概念界定模糊和不明晰的现象，为更好地对流域生态环境损害进行认定，需要制定相应的法律法规统一规范流域生态损害认定的标准和界限。现阶段，为了方便对流域生态环境损害事实进行认定和评估，一般由权威机构发布技术指南或者规定相应修复标准来对流域生态环境损害事实进行认定。但由于我国环境损害鉴定评估法律层级较低，规定的内容呈现碎片化，不能系统反映流域生态环境的损害程度，无法满足黄河流域生态修复治理需求。因此，通过统一制定相应法律法规，完善黄河流域生态修复相关的法律规范标准，建立健全黄河流域生态系统修复监测评估制度、对黄河流域生态修复过程中出现的包括区域污染、水土流失等一系列问题进行监督检查。除此以外，用更加规范、更加准确的法律制度对黄河流域生态损害情况进行监测评估，并结合实践中黄河流域生态环境损害的情况，将黄河流域生态修复政府监管责任落到实处，进而才能真正实现黄河流域生态修复的目的。

3. 强化流域生态修复政府监管制度衔接

我国流域生态环境修复治理领域的相关法律法规，在立法时部门化色彩较重，无法真正地使流域生态修复形成制度体系，无法形成治理合力。黄河流域的生态修复是需要在整个法律体系中综合分析考量的，要实现流域合理化管理，需要结合黄河流域的基本特征，制定出符合黄河流域实际的生态治理制度体系，并充分地融合在政府监管的制度建设中。在黄河流域的生态修复过程中，对环评制度和排污许可制度应当统一管理要求，规范衔接内容，从而实现对黄河流域的综合治理、合理管理和考评监督等各项职能。在对污染物的排放控制以及对环境管理的系统化要求时，应当形成衔接管理思路，使排污许可与环境执法活动相互衔接。将环境评价制度、排污许可制度以及黄河流域生态环境制度有机衔接，[①]以期实现黄河流域生态修复监管制度的主体责任落实，并为其提供相应系统化的法律保障。

政府在黄河流域的生态修复中承担着监督管理责任，各地方政府通过对黄河流域污染源进行监督管理和考核执法，对该行政区域内黄河流域的环境质量问题负责。因此，在相关法律制度的建设过程中，应当形成整体衔接思路。生态环境部门通过定期检测监管，将监测数据作为黄河流域生态修复的依据。因此，可以通过推动生态修复法律制度与环境评价制度的衔接融合，实现流域生态修复信息的同步化以及对流域修复监测数据的衔接。并对相关法律制度在实施过程中可能存在的情况进行充分考虑，以及通过对相关法律制度的完善和衔接，以期实现黄河流域生态保护和高质量发展的目标，为黄河流域生态修复政府监管责任提供相应法律制度保障。

（二）建立黄河流域生态修复省际监管协作体系

1. 健全流域生态修复政府协同监管法律机制

作为流域生态环境行政执法重要的行动指南，法律法规对于约束执法人员的相应执法行为及规范监管执法活动方面都具有十分重要的意义。《环境保护法》第20条对我国的环境监管联动机制作出了相应规定，对于跨区域的流域环境问题，应当建立联合协调机制。《黄河保护法》第105条规定："国务院有关部门、黄河流域县级以上地方人民政府及其有关部门、黄河流域管理机构及其所属管理机构、黄河流域生态环境监督管理机构应当加强黄河保护监督管理能力建设，提高科技化、信息化水平，建立执法协调机制，对跨行政区域、生态敏感区域以及重大违法案件，依法开展联合执法。"黄河流域流经9省区，由于之前的属地治理模式影响，导致各地方政府在黄河流域生态修复治理过程中出现各自为政、难以协调等问题。为解决黄河流域生态修复中的一系列

---

① 邹世英、杜蕴慧、柴西龙等：《排污许可制度改革进展及展望》，载《环境影响评价》2020年第2期。

环境问题，需要各省区之间加强沟通协作，强化政府联合监管执法机制，改善我国环境监管分割与黄河流域生态系统整体性之间的矛盾。黄河流域各地行政部门众多，且各个部门的工作内容往往存在交叉重叠的现象。因此，通过相关实施细则对黄河流域生态修复过程中政府监管执法责任进行准确的划分，这对于政府监管执法能力建设而言十分重要。①

虽然我国出台了《深化党和国家机构改革方案》《关于省以下环保机构监测监察执法垂直管理制度改革试点工作的指导意见》等相关文件，成立了统一的生态环境部门。但是实践操作中长效稳定的执法制度并没有真正建立起来，执法活动中的分散执法局面依旧存在。除此以外，在环境监管机构中，虽然名义上由生态环境部门统一执法，但是其他部门的管理权限和职能并未能完全转移，长效稳定的执法格局并未完全建立。因此，应当建立生态修复监管联动协作机制，加强"事前严防"，统一编制黄河流域生态保护修复规划；做到"事中严管"，建立流域生态修复监管成效评估机制；推进跨部门生态修复监管综合执法，建立重点生态问题共享和反馈机制。

在黄河流域生态修复中，应当加强政府协同监管法律机制的建设。黄河流域相关执法机构应当履行好监督管理职责，协调各省际流域之间的监管职责，通过法律法规促进流域管理和行政管理之间的合作，完善流域执法体制及其制度建设，遏制和纠正流域的违法及其违规行为，增强执法在黄河流域生态修复监管中的重要作用。目前，我国流域执法监管的法律法规还不健全，因此，现有的法律法规在落实流域监管执法方面还需加强，并且只有通过建立健全相应政府协同监管法律机制，才能从根本上使黄河流域生态修复目标实现。

2. 推进流域修复政府监察执法标准建设

对于黄河流域生态修复监察一体化建设的主要目的在于加强对环境监察机构的完善，对流域生态修复各政府监管机构的监管权配置进行优化，对流域

---

① 袁杰锋：《从长江采砂强监管展望流域水行政执法》，载《人民长江报》2020年10月3日，第5版。

各政府监管部门进行协调。通过统一法律法规的方式对现有有关监察方面零碎的制度进行整合，使得环境监察内部的人员在执法时有法可依，提高相关人员执法时的办事效率。

水利部分别于2014年和2015年印发《关于对长江水利委员会　黄河水利委员会纪检监察机构实行直接管理的试点方案》和《关于在淮河水利委员会等五个流域管理机构全面实施纪检监察机构直接管理的通知》，以此加强对流域管理机构监管职能的加强。在黄河流域的生态修复过程中，可以学习长江和淮河构建纪检监察机构的经验，制定相应法律政策，对于流域环境监察机构进一步完善，强化流域监察机构监管格局，加强内外协调沟通，推动流域监察机构常态化监督。

推进黄河流域生态修复政府监察执法标准建设，明确政府监管职责，理顺各管理机构监管权责，优化各环境管理机构之间对环境监管权的配置。《水污染防治法》第28条规定，相关人民政府应当建立重要流域水环境的联合保护协调机制，并对相应流域采取统一的规划监测防治措施。在对黄河流域生态保护修复执法方面，应当建立统一的流域监管执法标准，进而有效预防黄河流域环境污染问题。整合相关执法机构力量，通过监察执法标准化建设，提升执法工作人员的执法水平，并通过加大资金投入等方式，以期实现黄河流域生态修复高质量发展。

3. 打造流域修复执法专业化监管队伍

随着黄河流域生态修复和治理的不断深入，黄河流域政府执法工作中出现的问题逐渐凸显出来。现有黄河流域生态修复中，相关政府执法人员专业素养不高、专业知识缺乏的现象，仍然十分明显。2003年，国家环境保护总局出台了《关于加强全国环境保护系统人才队伍建设的若干意见》，对培养环保科技人才提出了一系列要求。基于黄河流域生态修复治理综合执法监管的特点，执法监管工作对执法人员的业务素质及专业能力等也提出了更高的要求，人才队伍是黄河流域高质量发展中的宝贵资源，也是黄河流域生态修复治理的重要保障。

通过重点加强环境保护系统各级干部和专业技术人才培养的制度建设，提高黄河流域生态修复的治理能力和水平。通过对相关人员进行业务培训、专业指导等措施，增强生态修复执法水平。对黄河流域生态修复治理而言，政府监管执法人员应当具备一定的法律素养，且具备相应的生态环境、水利建设等知识。在政府流域监管过程中，往往涉及多个方面的知识。因此，为了能够更有效地处理此类案件，需要我们的政府监管执法人员提升自身素质，通过打造专业化监管队伍，进一步加强黄河流域的生态修复和治理。

（三）完善黄河流域生态修复政府监管追责机制

1. 完善流域生态修复目标考核问责制度

通过建立流域生态修复目标考核制，可以对地方政府在流域生态修复监管的职责落实情况、执行情况等进行考核，并依此设定生态修复目标责任制的环境经济综合指标。将流域生态修复目标分解落实到各单位，使其形成环环相扣的目标体系。严格实施奖惩考核，将考核结果与政府主要领导人评奖评优挂钩，并将考核结果列入政府相关领导人的政绩考核中，真正实现各级人民政府对黄河流域生态环境质量负责。现阶段我国部分省市，将生态修复治理等指标纳入领导干部的考核目标。譬如，福建省印发的《沿海设区市海洋环保目标责任书（2011—2015）》，以及青岛市印发的《青岛市水环境目标责任及生态补偿考核办法》（2015），均对生态修复目标考核结果的使用以及对领导干部执行奖惩进行了规定，为生态修复政府监管提供了相应的规范样本，并对各级政府在改善环境质量上的权力及责任的设定提出明确要求。

其次，对政府监管问责的目的就是为了对政府在黄河流域生态修复监管过程中的一系列失范行为进行责任追究。《黄河保护法》第103条规定："国家实行黄河流域生态保护和高质量发展责任制和考核评价制度。上级人民政府应当对下级人民政府水资源、水土保持强制性约束控制指标落实情况等生态保护和高质量发展目标完成情况进行考核。"对于黄河流域的生态修复而言，其生态修复过程中往往会涉及多个省市区域，建立完善的跨行政区域流域生态修复目标责任联动的法律制度，以此解决黄河流域生态修复政府监管责任落实不统一的问题，通过对目标责任进行制度化、法律化，以实现对跨行政区域黄河流域生态修复监管责任的有效落实。流域生态修复标准不仅仅作为政府的环境行政工具，更是政府设定具有强制执行力的法律责任标准。通过对黄河流域生态修复设定目标管理，使政府向确定的方向去努力，并且政府通过将自己生态修复治理的行为结果与既定的目标进行对照，从而及时做出相应调整和修正。

2. 加大流域生态修复政府监管问责力度

2020年6月5日，最高人民法院发布《关于为黄河流域生态保护和高质量发展提供司法服务与保障的意见》（以下简称《意见》），《意见》要求，对黄河流域环境污染中发现的环境监管失职等现象要进行严厉打击。黄河流域生态修复监管是政府应尽的职责，对于相应政府不履行监管职责的行为或者怠于履行监管职责的行为，在我国《刑法》中，一般以"环境监管失职罪"进行追究。但是该条规定中指出政府相关责任人员必须"严重不履行职责"，并且使得"公私财产造成严重损失"的情况下才可以追究相关人员的刑事责任。但是，在黄河流域生态修复的实践中，政府往往是在"怠于履行职责"或者"未全面履行职责"的状态下进行的。因此，应当制定更详细的有关环境监管问责的法律法规，以增强法律的可操作性。

中共中央、国务院《关于加快推进生态文明建设的意见》提出，要建立健全对领导干部的环境责任追究，贯彻实施生态环保终身追责制度。因此，在黄河流域的生态修复治理中，通过法律法规详细规定政府监管失职的后果，并对其失职行为予以惩处，通过严格法律责任对政府及其工作人员流域生态修复监管工作予以规定。健全和制定相关程序法，使得黄河流域政府监管变得切实可行。科学划定生态环境"红线"，并积极制定相应的法律法规，为流域修复政府监管问责提供相应的法律依据。对于不能完成环境保护工作导致发生环境污染问题的，要层层落实责任。在黄河流域生态修复监管过程中，对违反相关法律的政府责任人，发现后必须进行严查。

3. 引入流域生态修复政府监管激励机制

为使黄河流域生态修复治理落实到位，我们不仅仅应当对相关政府监管进行惩戒处理，还应当引入激励机制以此充分调动政府监管的积极性。黄河流域生态修复相关政府监管责任落实不到位的原因之一，是相关法律的激励机制尚未建设完备。由于我国中央政府和地方政府的生态环境治理监管目标不同，中央主要负责对相应法律政策的实行进行总体规划，更强调对环境保护和经济发展的整体治理来实现黄河流域生态修复的目标；而对于地方政府而言，则通过对黄河流域对应区域的生态环境损害进行有效治理，以达到本地区相关的流域生态利益最大化。因此，在流域修复治理实践中，地方政府往往会出现重视相应地区的经济效益而忽视相应区域生态系统破坏情况。故而，运用法治手段引入激励机制，对相应区域政府通过生态修复措施使黄河流域生态环境改善实施奖励政策，对流域环境退化的区域不予奖励或者给予惩戒，提高政府监管的积极性，以此有效实现黄河流域的生态修复治理效果。在我国现存分税制的财政体制下，通过对相应地方政府采取相应的正向法律激励机制，以此达到地方政府监管责任落实的积极性、有效性。对于黄河流域生态修复政府监管而言，引入相应的法律激励机制，在一定程度上可以转变政府的传统行政模式，从之前的"消极行政"向"积极行政"转变。

另一方面，从经济社会治理角度来看，引入政府监管激励机制还可以为黄河流域生态修复提供相应的资金条件保障。由于黄河流域上中下游流域生态修复要求高、治理难度大，上游流域的环境污染往往会造成整个流域生态系统被破坏。黄河流域生态修复治理是一个需要在较高资金投入的条件下才能完成的领域，相应资金的保障是必须且重要的。《黄河保护法》第100条规定："国务院和黄河流域县级以上地方人民政府应当加大对黄河流域生态保护和高质量发展的财政投入。国务院和黄河流域省级人民政府按照中央与地方财政事权和支出责任划分原则，安排资金用于黄河流域生态保护和高质量发展。国家支持设立黄河流域生态保护和高质量发展基金，专项用于黄河流域生态保护与修复、资源能源节约集约利用、战略性新兴产业培育、黄河文化保护传承弘扬等。"黄河流域的生态修复是由于长期政府监管不到位造成严重后果而采取的措施，可以通过财政政策的引导激励功能，实现黄河流域生态环境的改善。目前，政府流域环境监管职责缺位的现象还在普遍发生，由于政绩考核的利益驱动，许多地方政府选择以牺牲流域环境利益为代价，来换取经济利益，使得黄河流域环境监管力度弱化，导致流域环境监管"失灵"的现象发生。政府部门作为补偿型生态修复义务主体，为实现黄河流域生态修复监管的科学性和有效性，加大流域生态政府治理的经费投入至关重要。因此，财政部可以联合生态环境部等出台相关规范性文件，通过建立奖惩分明的资金激励法律机制，切实有效推进流域生态修复治理目标。

（四）补强公众参与黄河流域生态修复监管机制

1. 提高公众参与流域生态修复监管意识

在黄河流域的生态修复实践中，黄河流域沿岸地区民众对于黄河流域环境污染所造成的危害以及对于流域生态修复治理等问题往往没有相应的监管意识，社会公众参与的积极性不高，社会公众对于生态修复政府监管责任落实等问题认识不足。针对此类问题，我们可以通过法律规制的手段使得政府主动保障公众参与，运用法律法规，在社会公众参与活动得不到相应法律制度保障时给予相关单位和责任人员以法律惩戒，对于不听取社会公众意见的单位和相关责任人员给予相应的法律处分，依据相应的法律法规来确保公众参与的实现。流域生态修复治理需要政府进行监管，也需要公众主体的积极参与。在黄河流域生态修复的过程中公众的参与具有十分重要的作用，因此，利用法律手段提高公众对流域生态保护的认识是非常有必要的。

社会公众作为黄河流域生态修复的利益关系主体，发表自身的意见及诉求是非常重要的，相较于行政机关对黄河流域生态修复职责的履行，公众往往具有更多的地缘优势，对相应政府的监管也可以更有效地进行。只有社会公众积极参与黄河流域的生态修复政府监管，对政府失灵等问题的出现才可以及时的应对。因此，通过提供相应的法律制度以此保障公众的社会参与，实现对黄河流域的生态环境治理，才能真正达到黄河流域生态修复的目标。除此以外，对公众进行流域生态环境教育活动以及科普相关生态环保知识，通过相应的法律制度保障以及强有力的法律监督措施，以提高公众对于黄河流域生态修复政府监管的意识。通过法律制度设计的方式明确政府对社会公众参与监管互动的重视和支持，以此激发公众对于流域生态环境保护的热情，保障黄河流域生态修复治理工作有效进行。

2. 细化流域生态修复公众参与权责分配

首先，从公众参与权利角度来看。我国作为民主法治国家，人民当家做主已经深入我们每个人的理念中。社会公众对于黄河流域的生态修复治理情况具有知情权、监管权。社会公众有权参与到黄河流域的生态修复治理过程中，对政府治理情况进行监管。并且政府在黄河流域的生态修复监管过程中，为推进流域生态修复民主化建设，也应当赋予人民群众更多权利和自由。政府还应当主动为社会公众的参与机制提供相应的制度设计，使黄河流域生态修复治理公众参与权制度化、科学化。健全黄河流域生态修复的听证制度，在黄河流域重大决策实施前，政府应举行听证会，维护公众流域监管权利，对社会公众提出的意见给予及时的反馈，通过及时的反馈和互动使得公众参与能够取得实效，这对社会公众的参与也有一定的激励作用。所以，政府应当主动为社会公众公开其监管责任落实情况，使公众及时准确的了解相关信息，实现政府与公众之间的协商共治。

其次，公众也应当积极承担其监管义务。黄河是中华民族的母亲河，公众应当主动去了解黄河流域生态修复及政府监管责任落实情况，为黄河流域生态保护和高质量发展奉献自己的力量。在黄河流域的生态修复过程中，政府监管只是其进行治理的一个过程，更重要的是我们社会公众在日常生活中对黄河流域生态环境的维护，公众不仅仅是利益相关者，更是环境监管者。因此，需要我们通过法律保障使得黄河流域生态修复中的公众参与的义务落到实处。黄河流域生态系统的持久稳定有序需要社会公众参与，为使流域环境公共利益最大化，需要制定相应法律制度让社会公众积极履行相应义务。依靠相应的法律程序，使公众参与的权利与责任得以细化，进而促进黄河流域生态修复目标的实现。

3. 构建流域生态修复数据共享监督平台

黄河流域流经多个省份，各区域的信息公开情况会对黄河流域的生态修复治理产生一定的影响。黄河流域涉及面广，其生态修复以及治理如果仅仅依靠政府监管难达到有效保护，只有社会公众参与和监督，才能事半功倍。

在黄河流域生态修复治理过程中，我们不难发现，公众对于相关信息权的意识缺乏，即使生态环境损害已经对自身利益造成了损害，社会公众也不知道该怎样通过对相关信息数据获取，进而监督黄河流域生态修复事项。因此，建设相应的信息化系统，完善信访、举报制度，实现黄河流域相关数据信息共享，进而使得黄河流域政府部门之间实现协同联动非常重要。并且通过对相关法律的建设和完善，对黄河流域政府监管的相关业务数据实现信息共享，使得政府监管更加有效率。构筑稳定持续合作的平台和机制，调动多方主体及其所掌握的社会资源，是推动黄河流域生态保护和高质量发展的重要内容。

信息公开和共享是公众参与的前提。因此，黄河流域生态修复的相关情况，应当向社会公众公开，以便公众了解黄河流域的生态环境治理现状。而且，为真正实现黄河流域生态修复目标，应当加强政府与公众之间的协调配合，通过丰富信息公开渠道，并将信息公开制度化、法律化，以便政府相关部门有效执行。在公众对黄河流域生态修复政府监管情况全方面了解的情况下，实现社会公众对于流域治理的积极参与，进而增强流域修复政府监管的有效性。

第五章　黄河流域微塑料污染防治机制

一、黄河流域微塑料污染及其防治的必要性

（一）微塑料污染的概念及危害

微塑料污染是个新兴的名词，国际上对微塑料污染防治还处于探索阶段，世界上大多数国家对微塑料污染问题处于忽视状态。近几年来，随着生态文明理念的发展，国际社会对微塑料污染认识不断深入，各国也逐渐开始关注并重视起微塑料污染问题。

1. 微塑料污染的定义

国际上普遍认为，微塑料是指直径小于5毫米的塑料碎片和颗粒，[①]而微塑料污染是指由这些微塑料物质对环境要素、生物体和人类所造成的破坏和侵害。

2. 微塑料污染的分类

微塑料污染的分类非常繁多，根据不同的划分方式有不同的分类，比较流行、社会共识度高的分类有以下几种。

第一种，根据微塑料产生的方式不同，可以将微塑料污染分为原生微塑料污染和次生微塑料污染。原生微塑料污染是指最初散落到环境中，产生之

---

① 李道季：《海洋微塑料污染状况及其应对措施建议》，载《环境科学研究》2019年第2期。

初的片段小于5毫米的塑料颗粒、碎片等对环境要素和生物体造成的污染和侵害；次生微塑料污染是指，在环境当中游走的那些体型大于5毫米的各种塑料制品经过自然、物理、化学作用而破碎、分裂、演变成体型小于5毫米的塑料片段，进而造成的对生态环境的污染。

第二种，根据微塑料存在区域的不同，可将微塑料污染分为陆地微塑料污染和海洋微塑料污染。陆地微塑料污染是指微塑料物质散落在大陆、陆地水体当中所造成的污染。陆地微塑料污染来源很多，比如，直接排放到陆地上的磨砂膏等去角质的洗护产品中的微塑料颗粒；农业生产中直接散落在土壤中的废旧塑料地膜碎片；工业生产中的塑料物质排放；道路交通中各种车辆轮胎磨损，掉落到陆地环境中的塑料磨损残渣和碎片；其他生活垃圾中直接排放到陆地上的塑料物质残渣、碎片等。海洋微塑料污染是指在海洋水体中的微塑料物质造成的污染。海洋微塑料污染来源主要包括两部分，一部分是在海上运输、航行当中船舶自身造成的微塑料污染，包括海上交通器上人员制造的生活塑料垃圾以及船舶直接排放到海洋当中的塑料废弃物，还包括航行当中船舶本身的损耗、船舶之间的磨损，以及海难等海上交通事故等所产生的塑料物质污染。还有一部分主要是指，来自陆地的微塑料污染物质在雨水冲刷、风力携带等自然作用下通过水循环系统散落、流窜到江河湖海当中，经年累月地经过水循环最终流窜、汇集到海洋当中，造成海洋中越演越烈的微塑料污染。

3. 微塑料污染的危害

微塑料污染之所以能造成危害主要有两方面原因。一是因为微塑料物质本身具有毒害性。塑料主要是一种以树脂为原材料而合成的高分子物质，具有难以被环境降解的属性。二是因为在生产当中塑料常常被添加其他化学物质一起使用，比如，各种色素、增白剂、荧光粉等化学物质，这使得塑料的有害性加剧。且塑料本身又极具附着性，极容易与周遭环境当中其他化学物质、有毒有害物质结合，发生化学反应，形成更严重更难治理的污染，造成致命性的危害。微塑料污染的危害很多，主要体现在以下几个方面。

第一，微塑料污染对植物造成的危害。一方面，不论是存在于土壤中的微塑料物质还是水域当中的塑料物质都会对植物生长造成严重的负面影响。微塑料颗粒极易附着在植物的根茎上，其中，纳米级的微塑料可以直接进入植物的根系和茎叶，影响植物光合作用，阻碍营养物质的吸收，抑制植物健康生长。另一方面，微塑料颗粒经年累月地在土壤和水体当中累积，降低了土壤肥力、加速了水体富营养化，阻碍植物之间的生物交流、影响植物正常生长规律，易造成植物变异、大面积植被死亡。

第二，微塑料污染对动物造成的危害。微塑料对动物的危害是使其慢性死亡，因为微塑料颗粒在动物体内无法消化，长期累积，造成动物各器官衰竭，直至生物体死亡。首先，水域当中的浮游生物、水生动物总是不可避免地接触到微塑料颗粒、碎片，大多数浮游生物会将微塑料颗粒当作食物吞食，微塑料颗粒附着在水生植物上更是增加了这种风险，其他较大型水生鱼类等动物也会误食塑料碎片。其次，微塑料掠夺、恶化了水生植物的生长环境，使得水生植物数量锐减，从而减少了水生动物的食物量，进而影响食物链中其他物种的种群数量。从生物链的角度来看，微塑料污染对动物的危害能够波及地球所有动物当中，例如，水中浮游动物吞食了水体当中的微塑料颗粒、碎片，以浮游动物为食的鱼类吞吃了体内含有微塑料的浮游动物，以水中鱼类为食的陆地鸟类等动物再次捕猎了鱼类，陆地鸟类再次被其他陆地猎食者食用……层层相传，微塑料可以通过食物链侵害到所有动物。

第三，微塑料污染对人体造成的危害。微塑料对人体的危害途径主要有三种，一是人体通过呼吸，吸入大气中的微塑料物质；二是人体的肌肤直接接触塑料物质，使其微塑料颗粒黏附、黏着在人体皮肤表面；三是人类通过饮食摄入微塑料颗粒，比如，饮料、饮用水、奶茶等饮品当中含有的微塑料颗粒，塑料包装食品中的微塑料颗粒，食用了体内含有微塑料颗粒的牛、羊、鱼、虾等肉制品。[①]据医学研究，进入人体中的微塑料在人体内脏、血管当中累积，

[①] 吴冠桦、李春雷、张孟涵：《食品中微塑料污染现状及防治对策》，载《食品与机械》2021年第9期。

拥堵血管，使得人体极易患心血管疾病，也会影响人体内脏功能，造成内脏功能性衰竭。

（二）黄河流域微塑料污染来源及现状

黄河绵延数千里，跨越我国9省区，流域面积广大，流经各地生态环境、社会经济条件迥异，使得微塑料污染来源多，污染面积广，具体情况复杂，污染现状不容乐观。

1. 黄河流域微塑料来源

水域微塑料污染来源主要有原生微塑料污染和次生微塑料污染两大类。经过对黄河流域微塑料污染的调查研究，发现黄河流域的微塑料污染来源也可大致划分为原生微塑料污染来源和次生微塑料污染来源。

（1）黄河流域微塑料原生污染来源。黄河是中国第二大河，两岸居民众多。随着现代经济的繁荣发展，新鲜的生活产品不计其数，黄河流域的原生微塑料污染来源也愈加繁多、复杂，主要的原生污染来源有以下三方面。

其一，是来自洗浴美容领域的原生微塑料颗粒污染。由于塑料微珠本身具有除垢清洁的功能，且塑料本身价格低廉，在代替天然植物类的皂荚、树脂等清洁产品添加剂时具有先天优势，于是塑料微珠被大量用在制造磨砂膏、洗面奶、洗发水、洗涤剂、洗衣粉等洗护产品中。黄河两岸的居民众多，通过地表径流、地下水等渠道，大多数洗护污水经过城市排污管道被直接或是间接排放到水域当中。当前黄河流域污水处理站的污水处理技术并不发达，即便是经过污水处理系统处理，也不能完全清除、过滤掉水体当中的微塑料颗粒。

其二，是衣物上的化纤物质等原生微塑料污染。现在的衣物很多并不是纯棉制品，大部分衣物属于化纤织物，即用天然的或人工合成的高分子塑料为原料制成纤维，再由此类纤维制成布料，裁剪成衣物等生活用品。现代的化学织物种类较多，这些化纤织物在使用时不可避免地磨损，出现掉纤维现象，这种现象尤其在洗涤这一环节中最为明显，这使得大量纤维散落到环境中，导致微塑料污染。

其三，是空气当中出现的原生微塑料碎片、颗粒污染。黄河流域空气当中的微塑料污染源80%以上都来源于道路交通，而土壤和水域等其他方面贡献的污染源只有不到20%，[①]车辆在行驶的过程中，轮胎与地面摩擦会产生大量塑料粉末，掉落大量轮胎碎屑，同时也会碾碎很多道路上的塑料制品，这些塑料粉末、掉落的塑料碎屑、被碾碎后的塑料碎片进一步演变成微塑料垃圾，通过大气运动，进入到空气之中。虽然水域早已经成了微塑料污染的重灾区，但借助风力运动，水域表面的微塑料颗粒也会进入空气之中，土壤中的塑料地膜碎片等微塑料也同理。空气当中的这些原生微塑料污染物再经由一系列的大气运动、沉降，回到地表，散落在陆地、水域中，或在风霜雨雪天气下通过地表径流再流窜、沉积到黄河水域当中，造成黄河流域微塑料污染（见表5-1）。

表5-1 黄河流域微塑料原生污染来源

来源	相关产品
洗浴美容领域	磨砂膏、洗面奶、洗发水、洗涤剂、洗衣粉等洗护产品
化纤类衣物领域	黏胶布、涤纶卡其、锦纶丝袜、腈纶毛线、丙纶地毯等
大气领域	道路交通中的轮胎碎屑、农用地膜塑料碎片等

（2）黄河流域微塑料次生污染来源。黄河流域生态环境保护工作本身就是一项大工程，涉及很多方面，其中需要特别重视的一项是在黄河干流及支流区域严重的垃圾倾倒问题，尤其是塑料垃圾。黄河及黄河支流塑料垃圾成灾，甚至在黄河流域一些地方随处可见的塑料垃圾已使河流变成垃圾通道。黄河流域的垃圾多为餐饮包装、生活家居、农业、工业、日化等方面的塑料垃圾，这些都是次生微塑料垃圾来源。次生微塑料主要是由大型的塑料垃圾在各种物理、生物、化学作用下分裂、破碎，致使体积减小，从而演化成微塑料颗粒、碎片。[②]黄河流域的次生微塑料污染源主要有四个。

---

① 王菊英、林新珍：《应对塑料及微塑料污染的海洋治理体系浅析》，载《太平洋学报》2018年第4期。

② Andrady A L. Microplastics in the marine environment[J]. *Marine Pollution Bulletin*, 2011, 62(8): 1596–1605.

其一，是来自于餐饮行业的餐饮塑料垃圾污染。餐饮行业塑料垃圾种类繁多，例如，一次性泡发塑料餐具、外卖盒、外卖包装袋、一次性塑料购物袋，以及超市食品外包装袋，装饮料、奶茶等饮品的塑料罐、塑料盒、塑料瓶。其中，除了饮品类的塑料罐、盒、瓶容易回收，回收率较高之外，其他这些餐饮塑料垃圾一般难以回收、回收率低，大部分被直接抛弃，暴露在环境当中，形成大面积的塑料垃圾污染。餐饮行业的塑料垃圾污染是我国白色污染的最大、最主要来源。据统计，仅2019年一年我国的快递就超过了600亿件，外卖餐盒超过百亿个。[①]黄河流域餐饮行业的塑料垃圾数量极其庞大，占据黄河流域次生微塑料污染来源的榜首。

其二，是居民生活当中的塑料家居污染。这主要包括废弃的生活家具、家电外壳、塑料家居装饰物等类型的塑料垃圾。

其三，是工业塑料废弃物。如工厂废弃塑料水管、管道设施、塑料集装箱、塑料雨棚、塑料布、工业生产加工的废弃塑料等。

其四，是农用塑料。我国每年农用塑料薄膜生产约300万吨，黄河流域各省主要为农业大省，农用塑料薄膜使用更加广泛。近年来随着农产品市场需求的不断扩大，农产品经济利润水涨船高，为了提高农产品产量和质量，黄河流域各省区在农业生产中大面积频繁使用塑料薄膜，使用后的塑料薄膜大都破损成碎片、条状或丝带状，易在土壤中停留，且在风力作用下随风流窜，难以回收（见表5-2）。

表5-2　黄河流域微塑料次生污染来源

来源	相关产品
餐饮行业	一次性泡发塑料餐具、外卖盒、外卖包装袋、一次性塑料购物袋、超市食品外包装袋、饮品塑料罐、塑料盒、塑料瓶等
生活家居	废弃的生活家具、家电外壳、塑料家居装饰物等

① 国家邮政局：《2019年全国快递量将超600亿件》，https://m.gmw.cn/baijia/2020-07/09/1301352554.html。

（续　表）

来源	相关产品
工业废弃物	工厂废弃塑料水管、管道设施、塑料集装箱、塑料雨棚、塑料布、工业生产加工类废弃塑料等
农业塑料	农用塑料地膜、农用肥料的编织袋、农田水管、温室大棚塑料薄膜等

2. 黄河流域微塑料污染现状

黄河流经9省区，全长5400多千米，支流众多，流域面积广，独特的流域自然条件导致黄河流域微塑料污染严重，与国内其他水域相比，黄河流域微塑料污染程度属于中上水平。通过对黄河流域整体调查，黄河流域干流沉积物中微塑料丰度为15—615n/kg，黄河流域上游乌兰苏海微塑料丰度为18.3n/kg；黄河流域的微塑料主要包括碎片类、发泡类、薄膜类和纤维类4种类型，其中碎片类所占的含量最高为43.35%；其次是发泡类塑料，约占34.08%；薄膜类和纤维类相对较少，两者之和为20.56%。总体而言，黄河流域下游沉积物中微塑料的平均丰度要远高于中、上游地区。[①]黄河不仅仅是中国的第二大河也是世界上排名靠前的大河之一，黄河流经33个城市，中上游流经的城市有22个。黄河流域中上游城市的经济发展水平较下游城市落后，中上游城市以农业、手工业、轻工业为主，人口众多、经济欠发达、科技水平落后的现实情况导致塑料垃圾来源和污染量远高于黄河下游地区。从整体来看，黄河流域的微塑料污染源主要来自中上游地区的城镇和村落，但就微塑料污染现状而言，黄河流域微塑料污染最为严重的区域则是黄河下游和黄河入海口，尤其是黄河入海口，它是整个黄河流域微塑料污染最严重的区域，环境潜在影响最大。一般来说，一个地区微塑料污染程度与污染来源呈正相关关系，污染来源越大微塑料污染程度就越高，但考虑到微塑料污染富集的特点，我们不能一概而论。虽然黄河流域下游地区微塑料污染源较中上游地区小，但由于微塑料污染具有累积、赋

---

① 龚喜龙、张道勇、潘响亮：《黄河沉积物微塑料污染和表征》，载《干旱区研究》2020年第3期。

存的特点，中上游的微塑料经地表水流运动、迁移到下游地区，在下游地区、黄河入海口堆积，导致黄河流域下游地区微塑料污染程度远高于中上游地区（见表5-3至表5-5）。

表5-3　黄河流域微塑料平均丰度[①]（单位：n/kg）

名称	黄河上游地区	黄河中游地区	黄河下游地区
平均丰度	43.57 ± 34.492	54.29 ± 69.97	73.75 ± 306.28

表5-4　黄河沉积物中微塑料类型占比（单位：%）

	碎片类	发泡类	薄膜类	纤维类
含量占比	43.35	34.08	20.56	
主要成分	氧化聚乙烯	聚苯乙烯、聚乙烯	聚丙烯	聚苯乙烯、聚乙烯

表5-5　黄河流域与其他水域微塑料丰度对比[②]

研究区域	微塑料粒径大小 /mm	水体沉积物中微塑料丰度 / (n/kg)	表层水中微塑料丰度 / (n/kg)
黄河流域	< 5	15 — 615	380 — 582
长江河口地区	0.05 — 5	10 — 143	231 — 10900
长江中下游地区	0.05 — 5	5 — 160	$1.95 \times 10^5 — 9.00 \times 10^5$
三峡水库	< 5	25 — 300	$3.41 \times 10^6 — 1.36 \times 10^7$
太湖	0.005 — 5	11 — 234.6	$1.00 \times 10^4 — 6.80 \times 10^6$
洞庭湖	0.07 — 4	180 — 693	$6.80 \times 10^2 — 4.31 \times 10^3$

结合以上表格数据，总体来看，黄河流域微塑料污染现状存在以下特点：第一，黄河流域较其他水域相比微塑料污染程度属于中上水平；第二，黄河流域微塑料污染中微塑料类型丰富，且毒害性强；第三，黄河流域中上游地

---

① 龚喜龙、张道勇、潘响亮：《黄河沉积物微塑料污染和表征》，载《干旱区研究》2020年第3期。

② 李天翠、黄小龙、吴辰熙：《长江流域水体微塑料污染现状及防控措施》，载《长江科学院院报》2021年第6期。

区微塑料污染来源大于下游地区，洗涤类废水和污水厂排放占中上游微塑料污染源的大部分；第四，黄河流域中上游地区微塑料污染量不稳定，受季节、年度经济状况影响，具有不稳定性；第五，黄河流域下游地区微塑料污染源小，但污染程度最高；第六，下游地区由于受中上游污染物的富集作用影响，导致下游地区污染类型丰富，形态丰富，丰度和微塑料赋存现状较上游地区稳定。

3. 黄河流域微塑料污染防治现状

黄河流域微塑料污染防治现状总体不佳。国际上微塑料污染概念最早是在2014年提出，我国在最近几年才开始关注微塑料污染问题，对其认识不全面、不深刻，尚处于摸索认识、探索治理阶段，且都是基于化工类实验调查和理论研究，实际可操作性低，治理经验缺乏。有鉴于此，黄河流域微塑料污染治理现状并不理想。

就黄河流域源头地区而言，青海省较为重视黄河源头的微塑料污染防治，在治理方面主要采取的措施有"禁塑令""禁游令""生态管护公益员+服务"模式、大力宣传低碳环保的生产生活方式等。在2018年，我国三江源国家公园在黄河源头地区发布了"禁游令"，禁止游客观光旅游，此举减少了青海地区塑料垃圾的产生，同时减少了青海等黄河源头的微塑料污染来源。除此之外，早在2016年我国在青海省试点设立了我国第一个国家公园，并设置了生态管护公益岗位，力求在三江源地区探索建立起全新的科学有效的生态保护体制。在2019年，青海省发布了"禁塑令"，禁止商店、超市、农贸市场等销售、提供、使用塑料购物袋，倡导并鼓励广大经营者、消费者使用布袋、布包等代替塑料袋，大力鼓励居民减少、拒绝对塑料袋等塑料制品的使用，倡导居民尽量选择低碳、节约、绿色环保的生产生活方式。[①]到2020年8月，青海省玛多县推行生态管护员制度，全面实现了园区共建共治共享的基层社会治理模式，使牧民群众积极参与到黄河源头塑料污染防治活动当中来。就目前来看，

---

① 张雷：《青海：黄河源头发布"禁塑令"向"白色污染"宣战》，http://news.cnr.cn/native/city/20200803/t20200803_525190574.shtml。

虽然青海省已经开始重视黄河源头微塑料污染防治，并发布了一些规定，采取了一些措施，但是这些规定和措施缺乏法律保障，在实际操作中效果微弱，并没有实现黄河源头地区微塑料污染防治的目的（见表5-6）。

表5-6　黄河流域青海段微塑料污染防治措施

时间	采取措施	目的
2016 年	设立国家公园，并设置了生态管护公益岗位	在三江源地区探索建立起全新的科学有效的生态保护体制。
2018 年	"禁游令"	禁止游客观光旅游，此举减少了青海地区塑料垃圾的产生。
2019 年	"禁塑令"	减少塑料垃圾污染源，形成绿色环保的生产生活方式。
2020 年	设置生态管护员	提高民众参与度，形成共建共治共享的基层社会治理模式。

就黄河流域中上游地区而言，从流域采取的防治措施来看，依据生态环境部办公厅等11部委办公厅发布的《关于开展2020年塑料污染治理部委联合专项行动的通知》（环办固体函〔2020〕604号），四川省针对微塑料污染防治发布了《关于开展2020年塑料污染治理联合专项行动的通知》等通知，并在生态环境厅带领下会同省发展改革委等14个省直部门采取省级现场核实、市州自行核实相结合的方式，联合开展了塑料污染防治专项行动，在资阳、南充、成都、绵阳、泸州等地随机选取大、中、小型企业共计约100个，现场核实生产企业、销售企业、使用者和重点场所落实禁止、限制部分塑料制品生产、销售、使用等政策情况，以及废弃塑料回收、清运、处理等情况。[①]甘肃省和内蒙古自治区、宁夏回族自治区、陕西省都是以制定《进一步加强塑料污染治理的实施方案》等实施细则的方式对塑料污染加以规治，如内蒙古颁布了《内蒙古自治区关于加强塑料污染治理工作实施方案》，实施细则以三个时间段的方式开始塑料污染治理工作。[②]这四个省区积极响应国家发展改革委、生态环境

---

① 范立江：《四川省14部门开展塑料污染治理专项行动》，https://www.sc.gov.cn/10462/10464/10465/10574/2021/1/6/d3accbf88033497abbbc17e1107e2b6c.shtml，2021-1-6。

② 胡梦莹：《塑料污染治理内蒙古有这些措施》，http://hhhtszgh.gov.cn/c/2020-10-16/500763.shtml。

部《关于进一步加强塑料治理的意见》与《"十四五"塑料污染治理行动方案》要求，实施从2020—2025年的分步方式攻克塑料污染，并将违反"限塑令"的行为列入了失信名单，以此督促民众行为。陕西省还推出了《陕西省加快推进快递包装绿色转型实施方案》等措施，进一步整治快递行业塑料包装污染问题。山西省则是在2020年11月20日启动了塑料治理专项行动，以此助力黄河流域微塑料污染防治工作。2021年7月29日，山西省人大常委会通过了《山西省禁止不可降解一次性塑料制品规定》，使"禁塑令"成为法律。从黄河流域中上游微塑料防治效果来看，黄河流域中上游地区对流域塑料垃圾的防治意识在逐步提高，初步认识到塑料垃圾污染对流域造成的潜在威胁和生态危害，也开始采取了一些初级的防治措施，取得了一定的成绩，如流域"白色垃圾"减少、塑料回收率上升、居民有了初步的绿色环保意识等，流域微塑料垃圾也有了一定程度的减少。但是，目前中上游地区的防治关注点主要集中在次生微塑料的源头，即大型塑料垃圾这一块，而对于流域微塑料污染防治关注度低，居民对流域内微塑料污染的认识并不高，流域微塑料富集，黄河流域中上游地区微塑料污染防治的效果并不明显（见表5-7）。

表5-7　黄河流域中上游地区微塑料污染防治规范性文件①

时间	省份	规范性文件
2020 年	四川省	《关于开展 2020 年塑料污染治理联合专项行动的通知》
2020 年	甘肃省、陕西省、宁夏回族自治区	《进一步加强塑料污染治理的实施方案》
2020 年	内蒙古自治区	《内蒙古自治区关于加强塑料污染治理工作实施方案》
2021 年	陕西省	《陕西省加快推进快递包装绿色转型实施方案》
2021 年	山西省	《山西省禁止不可降解一次性塑料制品规定》《关于加快推进塑料污染治理行动方案》

① 赵春晓：《政策速览：各省市协同作战，塑料污染治理政策大汇总》，https://www.sohu.com/a/416532624_825950。

就黄河流域下游地区而言，从流域微塑料污染防治措施来看，河南省在2020年推出了《河南省相关塑料制品禁限管理细化标准》，同年6月发布了《加快白色污染治理，促进美丽河南建设行动方案》，8月发布了《关于扎实推进塑料污染治理工作的通知》，9月印发了《推广使用生物基可降解制品加快塑料污染治理实施方案》；2021年3月，印发了《2021年塑料污染治理工作要点》。2020年9月，河南省发布了《河南省塑料污染治理专项执法检查工作方案》，通过2020年8—10月份的各地自查和11—12月份的省级执法检查两个阶段，禁止生产、销售相关塑料制品，加强对塑料生产、销售、使用的监督检查，依法查处生产销售厚度小于0.025毫米的超薄塑料购物袋、厚度小于0.01毫米的聚乙烯农用地膜，并完成《禁限管理细化标准》的九类塑料制品生产销售使用情况调查，坚持"禁限结合+以禁促省"原则，推动禁塑、限塑管控政策顺利开展。① 山东省在2020年5月发布了《山东省进一步加强塑料污染治理实施方案》，采取了类似黄河流域中上游省份实行的"三个阶段"治理模式，有序推进塑料垃圾污染防治。在2021年2月和4月，山东省烟台市政协分别提出《强化塑料污染管控，筑牢生态安全防线》《关于加强海岸带微塑料污染治理，建设"美丽烟台"的建议》等关于微塑料污染治理的提案。总之，黄河流域下游地区对微塑料污染防治的觉醒程度高于中上游地区，对微塑料污染的认识程度和治理措施也均高于中上游地区，因此，黄河流域下游微塑料污染防治成效整体略高于中上游地区。但黄河流域下游地区是微塑料污染的富集地，治理难度远高于中上游地区，目前采取的初级的治理措施和方法大都停留在理论、制度层面，实际可操作性不强，缺乏严格的法律规治和法律保障（见表5-8）。

---

① 刘高雅：《分期禁用一次性塑料制品！河南出台方案，加快白色污染治理》，https://news.dahe.cn/2020/06-03/660988.html。

表5-8　黄河流域下游地区微塑料污染防治规范性文件

时间	省份	规范性文件
2020—2021 年	河南省	《河南省相关塑料制品禁限管理细化标准》 《加快白色污染治理，促进美丽河南建设行动方案》 《关于扎实推进塑料污染治理工作的通知》 《推广使用生物基可降解制品加快塑料污染治理实施方案》 《2021 年塑料污染治理工作要点》 《禁限管理细化标准》 《河南省塑料污染治理专项执法检查工作方案》
2020—2021 年	山东省	《山东省进一步加强塑料污染治理实施方案》 《强化塑料污染管控，筑牢生态安全防线》 《关于加强海岸带微塑料污染防治，建设"美丽烟台"的建议》

（三）黄河流域微塑料污染防治的必要性

"黄河宁，则天下平"。作为我国重要生态屏障的黄河流域对我国的经济发展、居民安居乐业有着举足轻重的影响，防治黄河流域微塑料污染势在必行。

1. 黄河流域微塑料污染严重

微塑料污染对黄河流域的危害是一种"温水煮青蛙"式的慢性伤害，且目前污染状况严重，防治污染迫在眉睫。黄河流域面积广大，约有75.2万平方千米，人口众多，流域9省区2019年底常住总人口42180.15万人，占全国的30.1%。[1]广阔的流域面积使得微塑料污染范围大、污染程度高，庞大的人口数量使得流域微塑料的污染源和污染量惊人。微塑料具有毒害性，大量的微塑料含有很多化学添加剂，其可以向水域散发有毒物质，破坏、污染水域的水质，影响动植物生长环境。且微塑料疏水性弱，具有吸附其他化学成分、有机物、重金属和微生物的功能，使其毒性加剧、污染性更强。黄河流域长期受到微塑料富集影响，且环境自身难以净化微塑料污染，只能依靠外力途径净化，

---

① 大数据A观察：《从大数据看黄河流域常住人口、国土以及经济高质量发展如何分布？》，https://baijiahao.baidu.com/s?id=1688466532807598893。

目前黄河流域对微塑料污染防治的外力手段明显缺乏，甚至处于忽视、放任的状态，随着经济发展、人口增加、人类消费需求的增长，黄河流域微塑料污染呈上升趋势。

黄河流域微塑料污染的严重性不可低估。目前黄河流域微塑料污染有以下特点：一是污染面积广，波及人口基数大；二是污染领域广，涉及动物、植物、人类等生物圈的各个领域；三是对流域整体的高质量发展影响深度大，虽然目前微塑料毒理效应不明确，但微塑料污染的迁移、累积造成的生态环境效应后果难以估量；四是污染潜在风险大，纳米级的微塑料可以穿透生物组织，进入循环系统，很难从机体排除。大量医学临床试验发现在人体肺部、肝脏等器官内有塑料微珠存在，甚至是在新生儿的脐带胎盘内都有发现塑料微珠的身影。可见，黄河流域微塑料污染严重且危害性强。

2. 利于黄河流域生态保护和高质量发展

随着19世纪60年代以来塑料这种人工合成物质的诞生，人们不断加快着追求经济利益高速发展的脚步，毫无节制地使用塑料制品，使得黄河流域塑料污染日益加剧、生态环境不断恶化，对黄河流域的动植物生存环境及人类自身健康造成了严重威胁。黄河流域的生态具有脆弱性，加上日益严峻的微塑料污染，加剧了黄河流域生态环境的恶化，黄河土著鱼类数量锐减，两岸植被和自然景观受到不同程度的毁坏，流域内地质灾害、居民健康问题、急性生态环境事件频发。有鉴于此，黄河流域生态治理的理念在近几年内被不断提出。

2006年，《西部大开发"十一五"规划》提出黄河流域生态治理的理念，并明确在甘肃省甘南黄河重要水源补给区的制度性任务安排，提出"开发与节约并重、开发与保护相结合"的经济、环境、社会三效合一的发展模式；2012年，《西部大开发"十二五"规划》强调开展刘家峡等库区生态综合治理，加强甘南黄河重要水源补给区生态建设，树立绿色、循环发展理念，坚决遏制流域生态恶化趋势；2013年，在"一带一路"倡议下，我国西北地区生态环境的治理事项被再次提上日程；2017年，《西部大开发"十三五"规划》提出了"生态安全"一词，并将其上升到国家安全的高度，力求建立黄河中上游重点生态保护区；2018年，"生态文明"写进宪法，国家从宪法的高度来重视生态安全，着力实现生态文明；2019年，在我国区域协调国家级战略中纳入了"黄河流域生态保护和高质量发展"这一重大战略；2019年9月18日，我国开展了"黄河流域生态保护和高质量发展"座谈会，习近平总书记在此次座谈会上结合黄河流域的生态保护与高质量发展的具体实际发表了重要讲话，此次会议从不同层面呈现了黄河流域生态文明建设和高质量发展的重大意义。[①]显然，开展对黄河流域微塑料污染防治法律机制的研究，有利于实现黄河流域生态保护和高质量发展（见表5-9）。

表5-9　黄河流域生态治理理念政策性文件

时间	政策性文件	治理理念
2006 年	《西部大开发"十一五"规划》	提出黄河流域生态治理的理念
2012 年	《西部大开发"十二五"规划》	库区生态综合治理、水源补给区生态建设、绿色循环发展理念
2013 年	"一带一路"倡议	西北地区生态环境的治理事项被再次提上日程
2019 年	——	我国区域协调国家级战略纳入了"黄河流域生态保护和高质量发展"战略
2019 年	——	党中央举行"黄河流域生态保护和高质量发展"座谈会

3. 响应微塑料污染防治的时代要求

塑料成灾已是国际公认的现状。我们目前对于塑料的使用量已经达到半个世纪前的二十倍之多，未来几十年内，世界市场对塑料的生产、使用需求量还将持续增加。自从20世纪60年代在美国某海滩发现塑料袋以来，塑料污染问题便逐步进入了国际视线。近年来，国际社会不断加深对塑料污染的认识，进

---

① 习近平：《在黄河流域生态保护和高质量发展座谈会上的讲话》，载《中国水利》2019年第20期。

而对塑料微珠等微塑料污染的关注度也在逐步上升，各国开始在各种力量交互作用下寻求微塑料污染防治共识，国际治理微塑料污染的行动力度不断加强，防治微塑料污染的国际思路和模式日渐清晰和丰富。从20世纪90年代开始，就有国家根据自身国情制定、颁布了防治微塑料污染的法律法规，例如，限塑令、禁塑令、征收塑料税等。联合国环境大会也从2014年开始关注并重视微塑料污染问题，号召和倡议全球应对海洋微塑料污染问题。在众多国际峰会、国际多边会议上也专门列出了应对塑料、微塑料污染方面的议题和议案，在生态环境保护领域，国际社会高度重视微塑料污染已成为不容忽视的国际形势。鉴于此，在国内淡水领域重视研究微塑料污染也是时代所趋，黄河流域作为我国重要的生态、经济发展带，从法学角度研究防治其流域内日益严重的微塑料污染问题是顺应时代发展的必然要求。

2020年9月，中央全面深化改革委员会第十次会议审议通过了《关于进一步加强塑料污染治理的意见》。近两年来，国家九部门又联合发布了《关于扎实推进塑料污染治理工作的通知》等，这些意见政策的出台标志着我国加入了世界塑料污染治理的集体行动，开启了国内治理塑料、微塑料污染的新篇章。随着党中央对于黄河流域生态保护和高质量发展战略的提出，黄河流域各省区以习近平生态文明思想为指导，全面贯彻党中央、国务院关于加快塑料污染治理的决策部署，逐步重视流域微塑料污染问题。响应国家号召，黄河流域微塑料污染防治法律研究理应提上日程，这对我国乃至世界防治流域微塑料污染都具有重要意义。

二、黄河流域微塑料污染防治机制之不足

发现问题是解决问题和改善局面的前提。目前，黄河流域微塑料污染防治还处于初级阶段，防治措施欠缺，法律机制不完善。黄河流域微塑料污染防治法律机制存在很多问题，主要体现在微塑料污染防治法律监管机制不完善、微塑料污染防治中企业责任不明确、微塑料污染防治协作机制及社会治理机制不健全几个方面。

（一）微塑料污染防治法律监管机制不完善

1. 微塑料未被法律纳入有毒有害类物质的范畴

黄河流域人口基数大，微塑料排放数量惊人。我国对黄河流域微塑料污染问题关注度不高，尚未颁布相关立法管控或法律限制政策，添加了塑料微球的洗护产品依旧在黄河流域广泛使用。这些洗护产品当中的塑料微珠被排放到环境当中，最终通过城市的污水管道、水网等进入污水处理厂，由于目前黄河流域各地的污水处理工艺还比较落后，以目前污水处理厂使用的污水处理设备还无法有效过滤、拦截、去除水中的塑料微珠、塑料碎屑等微塑料物质，这些微塑料随着污泥或处理达标后的水再次进入环境中，加剧了黄河流域的微塑料污染。

我国对微塑料污染并没有专门立法，针对实际生活中遇到的塑料、微塑料污染问题和纠纷主要是运用《固体废物污染环境防治法》的规定去管控。《固体废物污染环境防治法》是我国防治有毒有害物质的主要法律，我国2020年4月29日修订的《固体废物污染环境防治法》从第三章到第六章规定了所管控污染的范围是工业固体废物、生活垃圾、建筑垃圾和农业固体废物等以及危险废物；依照此法律的规定，生态环境部在2020年11月5日的部务会议上审议并通过了《国家危险废物名录》，规定从2021年1月1日起正式实施该名录。[①]微塑料具有有毒有害属性，但无论是我国的《固体废物污染环境防治法》还是《国家危险废物名录》，并没有将微塑料这种污染物纳入有毒有害物质的范畴，使得黄河流域对于微塑料污染防治无具体法律可依，无法实现真正意义上对微塑料污染的治理。

2. 缺乏微塑料污染防治专业化部门和治理体系

一方面，目前在微塑料污染治理领域，虽然我国印发了《"十四五"塑料污染治理行动方案》等指导性法律文件，但并没有明确的法律法规规定设立

---

① 温维刚：《海洋微塑料问题的国际法规制研究》，外交学院硕士学位论文，2019年。

一个专项部门去统一管控、治理此类污染。①在针对国内水域保护上,有近几年通过的《长江保护法》,该法对长江流域的污染治理及生态保护和绿色发展提供了一套较为全面的法律保障体系。《黄河保护法》也有较为详细的规定,但对微塑料污染防治并无明确规定。而且,我国还没有针对黄河流域微塑料污染防治的专项立法。另一方面,目前黄河流域各地区对微塑料的污染防治基本都在各省区带领下进行初步探索,处于一种各自为战的状态,流域各省区缺乏专门防治微塑料污染的专业化部门,更未建立专业化的法律管控机制,使得黄河流域微塑料污染防治停留在表面,无法深入推进,不能从根本上解决黄河流域微塑料污染问题。

3. 缺乏对水上运输和渔业产生塑料垃圾的有效监管

黄河是我国重要的水上交通渠道,水上运输业发达,同时拥有丰富的渔业资源,发达的运输业和渔业带动经济发展的同时,也加剧了黄河流域的微塑料污染问题。河道运输不可避免地产生大量的塑料垃圾,渔业操作中亦会产生大量的废弃渔网、鱼线等渔业塑料垃圾,船舶在水域行驶、摩擦、碰撞产生的碎屑、颗粒等微塑料污染,直接随着水流运动进入河渠,污染源遍布整个流域。自2018年起,黄河流域严格把控渔业生产,流域各地区都成立了黄河流域禁渔期专项执法活动小组,实行全流域禁渔期制度,这在保护渔业资源的同时也一定程度上减少了流域内渔业塑料垃圾的产生,消减了流域微塑料污染源。但这一正面影响是间接的、有限的,黄河流域并没有针对渔业生产运营产生的微塑料污染进行专项防治和执法监管,禁渔期制度带来的正面影响不足以抵消渔业生产产生的微塑料污染,仅凭单一的禁渔期制度远不足以对抗渔业生产产生的微塑料污染。近几年随着空运、陆运的成本下降,运输效能的提高,黄河流域水上运输业有所缩减,但其造成的微塑料污染依旧是值得关注的,黄河流域的水上运输安全分险防控体系较为薄弱,其关注点是危险物质、有毒有害物

---

① 李道季:《海洋微塑料污染状况及其应对措施建议》,载《环境科学研究》2019年第2期。

质的倾倒和排放问题，虽然在固体垃圾污染防治上也相应地涉及塑料垃圾问题，但关注力度和监管力度不足，缺少对微塑料垃圾污染的专项执法，对微塑料污染未建立有效监管机制。

4. 大气监管中缺乏对微塑料污染成分的观察和管控

微塑料污染问题是当今时代最紧迫的环境问题之一，微塑料循环可以渗透到生物圈的各个部分，对生态系统形成威胁。目前，国内对微塑料污染问题的认识和研究还处于初级阶段，人们还没有意识到微塑料对整个生态系统的巨大危害性，往往忽视对微塑料循环过程中的污染防治，尤其是大气部分的微塑料循环。我国对于大气污染监管的法律主要有《大气污染防治法》，它规定了能源污染、工业污染、机动车船污染、扬尘污染、农业和其他污染等污染的防治，[1]但未具体涉及微塑料污染，包括与微塑料污染联系最紧密的机动车船、扬尘污染两部分也未涉及微塑料污染物质的监管和防治。当前，国内针对大气当中微塑料污染并未采取实质性的措施，现行的大气污染监管中也未涉及对大气中微塑料成分的观察和管控，黄河流域也是如此。虽然黄河流域尚有一些检测大气微塑料污染的监测机构，但这种监测大都是一些科研所基于理论性的科学试验监测，以学术研究为主，尚未用于实际生活和流域大气污染监管，流域大气监管中缺少对微塑料污染的观察和管控机制。大气运动是微塑料污染普遍的重要原因之一，目前黄河流域的大气污染监测、监管以及大气污染损害评估制度中缺少对微塑料成分的考察和管控，制度的缺失造成了对微塑料循环这一重大环境污染问题的放纵，这对防治微塑料污染造成了负面影响。

5. 原生塑料储存和次生微塑料预防监管体系不完善

根据2019年6月中国循环经济协会论坛上的报道，全球大约有90亿吨塑料产品但回收率只有9%左右，[2]黄河流域的塑料回收率更低。必须在塑料废弃物

---

[1] 李涛：《论大气污染防治法的社会实施路径》，载《研究生法学》2016年第5期。

[2] 王毅、孟小燕、程多威：《关于固体废物污染环境防治法修改的研究思考》，载《中国环境管理》2019年第6期。

管理方式上做出改变，否则将会有更多的塑料垃圾进入生态环境。次生微塑料的诞生源是大型的塑料垃圾，即原生塑料。黄河流域的原生塑料垃圾处理方式主要有两种，一是填埋，填埋只是短暂性处理塑料垃圾的方式，不但无法消解塑料垃圾，通过掩埋，储藏在土壤中的塑料垃圾在各种物理挤压、化学反应的作用下反而会分解出更多的微塑料，也更加剧了流域微塑料污染；二是焚烧，焚烧手段也并不能完全消灭微塑料，况且黄河流域对塑料垃圾的无害化处理技术不高，焚烧产生的大量气体中除了含有有毒有害气体之外亦含有大量微塑料粒子成分，随着气流运动扩散到整个流域当中，仍会对流域造成微塑料污染。根据实际调查，黄河流域对微塑料垃圾监管较为松散，依旧使用这种传统的原生塑料垃圾储存式的处理方式，缺乏对大型塑料垃圾群二次演变后形成的微塑料污染的防控监管，监管力度不足、措施不到位。与此同时，黄河流域塑料制品终端回收体系不全面，循环转换利用率不高，一半以上的塑料回收品被搁置、堆积，依旧是次生微塑料的诞生源头，从预防层面上看，目前黄河流域对次生微塑料的预防与监管体系不完善。

（二）企业微塑料污染防治机制之不足

1. 企业微塑料污染信息公开度不够

早在2008年，环境保护部就已经颁布了《环境信息公开办法（试行）》，但是在实际政策执行中，绝大多数企业在污染信息公开方面的积极性都普遍不高，黄河流域的企业亦是。首先，黄河流域的企业整体上具有科技水平低、污染高的特点，流域各地区虽实行企业污染公示制度，但大多企业都是"做做样子"，企业公开的污染信息不足，总体的企业污染透明度不高，达不到公众所需水平，无法实现公众对企业污染有效监督的目的。其次，黄河流域各省区企业污染公示透明度标准不一，流域企业环境信息披露的平均程度低，在不同省份、地区、行业、企业之间呈现差异化的特征和发展趋势。除此之外，黄河流域企业在污染信息公开方面表现出极低的主动性，黄河流域的知名大企业尚且需要依靠外部监督才能定期披露环境污染信息，中小企业公开污染信息的主动性更低。黄河流域的塑料加工厂、造纸厂、化工厂等重污染行业、上市公司的环境风险普遍偏高，但企业的污染信息公示力度、绿色透明度和环境风险评估都比较低，政府监督力度不足，企业实际造成的微塑料污染方面的信息总量与社会公众对其污染信息的掌控量不对称，政府必须采取切实可行的措施加以应对。

2. 产业政策对微塑料污染防治的导向性不强

2020年11月，国家发展和改革委员会审议通过的《西部地区鼓励类产业名录》于2021年3月正式施行，产业名录当中有关生产代塑型材料企业的名录很少。黄河流域产业政策中，政府实行的鼓励政策执行力不强，以名义上的鼓励较多，例如，列入鼓励类产业名录、给予环保企业称号等，实质性的扶持较少。目前，黄河流域对塑料回收企业与代塑材料生产企业等绿色企业的专项资金扶持不足，优惠减免税政策较少，且优惠政策普及的企业领域和范围小，普及面不够。黄河流域在提倡绿色发展的口号下，依旧存在普遍性以经济收益为先的传统观念，政府施行的产业政策导向性不强，尚未形成流域企业向微塑料防治、减塑及限塑类绿色方向发展的态势。

3. 产业自治中缺乏对微塑料污染的管控机制

随着21世纪以来国家稳定、市场化经济繁荣发展的趋势，国家为企业发展提供了更大的空间，国家政策逐步放宽，企业自治文化盛行。但就目前黄河流域企业的自治来看，涉及制造业、运输业、渔业等行业的企业内部自治制度并不完善，对有关微塑料污染的监管和控制还处于初级阶段，水平较低，大部分企业并没有建立相应的微塑料污染企业管控机制。例如，一方面，污水处理厂在处理污水当中并没将微塑料成分考量进去，污水处理标准未建立对污水中微塑料成分的管控机制；[①]另一方面，虽然已经达到了相应地区和国家的排污标准，但经过处理的污水中依旧含有数量庞大的塑料微珠，这些微塑料物质被

---

① 陈鲲：《废塑料洗涤水污染及处理研究进展》，载《塑料科技》2015年第6期。

合法地直接排放到生态环境当中，给生态环境造成了极大负面影响。

4. 未建立企业社会责任意识考量和奖罚机制

强化企业社会责任意识，利于企业从内部出发制定企业发展计划、目标、原则时考虑自身所承担的企业社会责任，如企业的社会环保责任。一般来说，企业社会责任意识的强弱与该企业所在地区的经济状况成正比，一个地区的经济越发达，相应的企业社会责任意识就越强；经济越落后，相应的企业社会责任意识就越弱。通过分析"2019年中国企业社会责任500优榜单"名录，可以看出，在入围榜单中，东南沿海地区的企业与北京地区的企业占的比重最大，而西部与黄河流域的企业比重很小。[①]黄河流域区域经济发达程度不高、经济基础薄弱、经济实力不强，使得流域内企业的社会责任意识薄弱、水平较低。再加上黄河流域环保类企业数量较少，政府疏于引导。黄河流域政府对企业的社会责任考核工作缺乏，相应的奖励和惩处机制缺失，导致的现状是，政府在流域企业的经济发展中未建立起对流域内企业的社会责任意识考量机制，黄河流域缺乏对社会责任意识较高的企业的奖励机制，也缺乏对社会责任意识表现较低的企业的批评惩处机制。

（三）微塑料污染防治协作机制不健全

1. 冲击岸与沉积岸缺乏协作治理机制

黄河流域横跨我国三大阶梯，流经千沟万壑的黄土高原，泥沙含量巨大，百折千回的河道，自西向东的地势落差，造成水流对冲击岸的长期自然冲刷和侵蚀，一般的塑料垃圾和微塑料颗粒很难在冲击岸堆积，这使得黄河冲击岸此岸的微塑料污染量小，微塑料污染危害小、风险低，政府的微塑料污染治理工作任务轻、压力小，所要耗费的人力、物力、财力开销较少。而与此相对的彼岸，即沉积岸，则随着水流速度减缓而更宜滞留大量的塑料物质及微塑料颗粒，这使得沉积岸的微塑料污染危机大、微塑料污染治理工作任务重、

---

① 陈世寅：《产业转移污染的法律应对》，载《中国政法大学学报》2020年第2期。

压力大，所需的治理费用也相应更高。由于这种特殊的自然情况和各自的利益衡量，实际生活中冲击岸并不愿意分担更多治理微塑料污染的责任，冲击岸和沉积岸大都采取各自为营的治理模式，往往很难达成共同治理的合作共识，分区管辖的地区更是缺乏有效的良性互助，即便是表面上已经达成了部分共同治理、协作互助的合作协议，但在实际操作和政策落实中依旧以我为主、各自为营，从流域整体来看，流域的综合治理效果依旧很不理想。

2. 欠缺一体化的省际协作治理机制

由于黄河流域独特的流域特点，一是跨行政区多；二是流域各地区面临的微塑料污染问题具有各自的特殊性和复杂性，因此，单独依靠各个行政区的地方性法规、行政规章等较为分散的法律制度和规定，很难从流域整体上把控全局，消减微塑料污染，也难以有效调节各省份的资源与力量，不能发挥出流域整体影响局部地区的大局效应。[1]从国内其他流域治理以及国外对微塑料污染防治的实践经验来看，许多地区从全流域统一治理的思路出发，通过采用流域整体立法的法律措施，实现并验证了以整个流域为单元，全流域"一步棋"的整体性治理路线的优越性。

虽然黄河流域上、中、下游的微塑料污染状况各不相同，防治的侧重点也有差别，但由于微塑料这种污染物质在环境中具有极强的迁移、流窜性，随着河流运动易在下游地区富集，上、中游治理不善，必将增加下游的治理难度和强度，因此，解决流域生态环境问题最有力的方案也必须是从整个流域出发。目前的情况是，黄河流域中上游地区主要是以政府领导从塑料制品终端即回收端处理为主，微塑料源头治理措施不多、力度不大；而黄河流域下游地区则多以规范、限制塑料源头制品为主，治理微塑料污染力度较大，科学水平略高于上游。可见，黄河流域各省区所采取的微塑料治理标准不一，各省区分裂式治理，无全局意识，这种态势不利于从根本上解决黄河流域微塑料污染问

---

① 幸红：《政府在跨界水污染纠纷处理中协同治理机制探析》，载《广西民族大学学报》（哲学社会科学版）2014年第2期。

题，难以实现流域微塑料污染防治目标。

3. 塑料废弃物分类、回收、再利用体系不完善

由于微塑料难降解的特性，加强对塑料废弃物的分类、回收、再利用体系就显得尤为重要。我国在《关于进一步加强塑料污染治理的实施办法》中，强调了塑料废弃物回收、循环利用的重要性，并要求各地规范实施塑料废弃物终端处置，做好分类工作，加强回收、清理效率，提高各种塑料废弃物品的回收率。①黄河流域各地区对塑料废弃物的"终端处理"也基本是按照我国现有的规定和思路进行，相较国内南方地区的发达城市，黄河流域的塑料垃圾回收率较低，对于塑料垃圾的回收执行力还基本处于口号层面。黄河流域各地区经济实力有限，沿河各城市对塑料废弃物的分类工作重视度不够，分类原则不统一，没有强制执行的手段和惩罚处理措施。虽然政府有意建设环保设施，但黄河流域各地的塑料废弃物回收、再利用基础设施和设备依旧不足，塑料废弃物回收企业和塑料循环再生产企业不足，研发塑料循环技术的企业、社会组织较少，科学技术落后。整体来看，目前黄河流域地区在塑料制品的终端处理环节未形成良好的分类、回收、利用、再生产"一条龙"体系，因此，无法有效减少塑料废弃物的产生量，不能有效拦截塑料废弃物进入生态环境，使得次生微塑料的源头隐患依旧存在并呈现持续增长趋势，如此态势下，很难根治黄河流域的微塑料污染问题。

4. 欠缺对研发替塑材料企业的扶持及奖励机制

从生产源头限制塑料、微塑料的产生，是防治微塑料污染不可忽视的路径，如研发替塑型材料。替塑型材料中具有代表性的是可降解塑料，主要包括生物降解塑料、光降解塑料、光和生物降解塑料、水降解塑料等。②就目前市

---

① 宁清同、胡晓舒：《我国农村生活垃圾污染防治法律制度探讨》，载《社会科学战线》2011年第8期。

② 杨越、陈玲、薛澜：《寻找全球问题的中国方案：海洋塑料垃圾及微塑料污染治理体系的问题与对策》，载《中国人口·资源与环境》2020年第10期。

场状况而言，可降解塑料制品的市场竞争力并不强，可降解塑料产品因为原材料（玉米等农作物）和技术手段原因，成本远高于塑料制品，因此定价也就高于塑料产品。为了提高可降解产品的市场竞争力，黄河流域各地必须大力扶持此类企业发展。黄河流域9省区普遍经济实力薄弱、制造业科技水平不高，企业难以独自研发、制造可降解塑料等替塑型材料。黄河流域的研发部门大都是科研机构，虽有不少可使用的科研成果，但基本都未投入实际生产，究其原因主要是企业、制造商鉴于对成本收益的考量，而政府在政策支持和资金扶持、奖励回馈等方面支持力度不够，欠缺对研发替塑型材料企业的扶持及奖励机制，导致企业在研发替塑材料方面积极性不高，造成黄河流域研发替塑材料的企业较少的现状。

三、国外微塑料污染防治机制之经验

目前，国外在淡水流域微塑料污染防治方面已经采取了法律措施，也相应地取得了较好的成绩，实现了对微塑料污染的部分治理，值得我们借鉴和学习。英国、美国、日本等国家颁布了微塑料污染防治的法律法规，推行科学规范的防治政策，例如，英国的《英国塑料公约》、美国的"无微珠水域法案"、日本的"3R"处理法等。

（一）英国微塑料污染防治机制之经验

1. 英国在洗护用品领域实行的"禁塑令"

针对微塑料污染，英国政府采取了一系列污染防治措施，最行之有效的举措是"禁塑令"，即以法律形式明文禁止国内微塑料的生产制造、销售。自2018年1月起，英国政府禁止生产者、制造商在个人洗护产品中添加塑料微珠的"禁塑令"开始生效。英国政府规定，从2018年6月起，全面性地禁止市场上销售含有塑料微珠的牙膏、洁面乳、洗发水、沐浴露、磨砂膏等个人洗护用品和睫毛膏、眼影、防晒霜、BB霜等彩妆美妆产品。英国各地区也相应地颁布了法规，以法律形式从微塑料污染源头出发，硬性切断塑料微珠的产生。例如，在2018年5月10日，英国的北爱尔兰地区颁布了《环境保护（塑料微珠）（北爱尔兰）法规2018》〔The Environmental Protection（Microbeads）（Northern Ireland）Regulations 2018〕，该法规明令禁止个人洗护产品的生产者和制造商将直径小于5毫米的微塑料颗粒或微珠作为洗护产品的添加成分而生产、添加到洗护产品中，并在此基础上同步禁止销售商、零售部门，在市场上销售含有直径小于5毫米塑料微珠的个人洗护产品、彩妆产品。[①]（见表5-10）

表5-10　英国微塑料污染防治行政法规

时间	地点	法令法规	内容
2018年1月	英国	"禁塑令"	禁止生产者、制造商在个人洗护产品中添加塑料微珠
2018年6月	英国	"禁塑令"	全面禁止市场上销售含有塑料微珠的牙膏、洁面乳、洗发水、沐浴露、磨砂膏等个人洗护用品和睫毛膏、眼影、防晒霜、BB霜等彩妆美妆产品
2018年5月	英国北爱尔兰地区	《环境保护（塑料微珠）（北爱尔兰）法规2018》	禁止个人洗护产品的生产者和制造商将微塑料颗粒或微珠作为洗护产品的添加成分添加到洗护产品中，禁止销售商、零售部门在市场上销售含有直径小于5毫米的塑料微珠的个人洗护产品、彩妆产品

2. 公约式"避免、替代、设计、投资"治理原则

防治微塑料污染是一项任务量巨大的持久战，需要综合政府、民众、社会组织、公益部门等一切力量才能实现防治目标。英国政府统筹各方力量防治微塑料污染，在2018年4月，联合多个组织发起了《英国塑料公约》，该公约主要以英国政府为首，并联合了非政府组织（NGO）与英国塑料生产、制

---

① 吴冠桦、李春雷、张孟涵：《食品中微塑料污染现状及防治对策》，载《食品与机械》2021年第9期。

造、销售、使用整个价值链中的所有企业，一同分门别类采取相应措施防治塑料垃圾污染，旨在从源头上实现塑料的减量使用与循环使用，遏制微塑料污染源，创造塑料制品领域的绿色循环经济。《英国塑料公约》签署的组织数量庞大，众多知名品牌都是其公约成员，这些成员组织的主要生产经营范围基本上涉及了塑料产品的整个供应链，包括塑料产品的包装设计端、生产端、使用端、回收利用端等，涉及的数量和范围大概占英国消费塑料包装总量的三分之二之多。[①]虽然该公约诞生至今只有短短四年时间，但该公约对防治微塑料污染、保护生态环境发挥着长期的良好效应，也为公约的各成员组织提供了新的经济发展机会。

《英国塑料公约》提出了一种"避免、替代、设计、投资"的新思路和治理原则来应对塑料、微塑料污染问题。"避免"原则是针对那些完全可以不使用、不必要使用或可以避免使用塑料的产品，力求从生产源头杜绝生产此类产品，达到淘汰此类产品的最终目的；"替代"原则是针对那些可以循环回收利用或者是可以被其他材料替代生产的塑料产品，用植物类、可降解类等替塑材料替代塑料原料，加工制造市场需求产品，从源头减少塑料产品诞生数量；"设计"原则主要是在研发设计端对塑料的类型、产品的设计和加工制造方式进行开创性研发和选择，实现塑料产品的可回收性；"投资"原则主要是针对回收利用端，投资建设回收塑料废品、塑料丢弃物的基础场地和收集设施等高端处理设备，实现塑料垃圾的回收处理和循环利用的收尾工作。这种应对塑料污染治理的思路及其循序渐进的解决方案更易于推进，且成效显著。根据对《英国塑料公约》的研究报告显示，截至2020年12月，英国已淘汰一次性塑料餐具、一次性塑料盘和碗、塑料吸管、塑料搅拌器、带有塑料棒的棉签、PVC包装、可分解类塑料的降解物等八类塑料产品，计划到2025年实现对瓶盖、塑料饮料瓶等其他19种塑料产品的淘汰。[②]到目前为止，此公约在整治塑料垃圾

---

① 陈昊：《中英两国共同行动应对海洋塑料污染》，载《环境》2019年第2期。

② 王光镇、丁问微、刘鸿志：《英国塑料污染防治对策与英国塑料公约的进展》，载《世界环境》2020年第4期。

污染领域无疑是成功的，不仅减少了英国塑料垃圾的数量，实现了英国塑料循环经济，也间接地减少英国国内次生微塑料污染源，在治理微塑料污染领域也在发挥着重要的作用。

（二）美国微塑料污染防治机制之经验

1. 美国"塑料税"减少了次生微塑料污染

美国对一次性塑料袋的使用量也很大，仅2014年一年粗略估计在美国使用一次性塑料袋的数量达到了1034.65亿个。[①]一次性塑料袋是次生微塑料污染的重要来源。一次性塑料袋具有使用方便、承重效应好、价格低廉等优点，近百年来被大力推广和使用，但与此同时，其也具有易污染、难回收、难降解的特点，大量被丢弃的一次性塑料袋对环境造成严重负荷，其破碎、演变成微塑料后对生态环境的损害更是难以估量。美国很早认识到这一问题，并在21世纪初期就针对此污染采取了"禁塑、限塑令"和征收"塑料税"的法律措施。美国芝加哥采取了向消费者征收塑料袋使用税的法律措施，法律规定在消费者使用塑料袋时每个征收0.07美元的塑料袋使用税，所收税款部分归销售商，部分上缴政府用作治理塑料污染、生态环境保护等方面的基金。美国旧金山在2007年开始禁止超市、店铺等场所销售使用一次性塑料袋，对纸质袋的使用也征收使用费，以督促公民使用布袋、布包，提倡绿色购物方式，其他地区也纷纷响应。通过10年左右的努力，截至2017年9月，已有将近300个地方政府发布了类似的禁令、规定。美国征收"塑料税"在环保领域具有开创性的意义，它提高了公民对塑料垃圾的认识，增强了公民的环保意识，也一定程度上减少了塑料袋垃圾的数量。但此举措也具有一些不足，美国"塑料税"只是在塑料行业的塑料袋售卖领域实施，其他领域并未规定；与经济发展水平相比"塑料税"相对较低，征收力度并不大，很难发挥出降低民众使用欲的目的，因此减少塑料袋垃圾、降低微塑料污染的效果不太理想。虽然销售端减少塑料袋的使用并不

---

① 朱晖：《论美国海洋环境执法对我国的启示》，载《法学杂志》2017年第1期。

是防治微塑料污染的长久之策，美国的"塑料税"只是微塑料污染防治领域的初步探索，但不可否认的是，美国立法征收塑料袋使用税有助于减少次生微塑料污染，对于防治微塑料污染仍具有借鉴意义。

2. "无微珠水域法案"切断原生微塑料污染源

美国也较早地在微塑料污染防治方面采取了有效的法律措施，例如，美国的"无微珠水域法案"。2015年，美国联邦议会通过了《无微珠水法》。美国的《无微珠水法》规定，从2017年7月1日起，禁止国内生产人为刻意添加固体塑料微珠的洗护产品；自2018年7月1日起，不得进口其他国家含有固体塑料微珠的洗护产品，不得生产含有固体塑料微珠的美妆类药妆产品，也禁止并严厉打击各州之间交易贩卖含有固体塑料微珠的个人洗护产品的行为；并从2019年7月1日起全面禁止销售美妆产品中含有固体塑料微珠的药妆产品。[①]从2014年左右开始，美国各大州相继都颁布并实施了无塑料微珠法案，虽然各州实行的塑料微珠法案各有不同，具体的治理措施和方式略有差异，但基本理念和目标都是以立法形式严格禁止塑料微珠的产生、流通（见表5-11）。

表5-11　美国《无微珠水法》阶段性措施

执行时间	内容
2017 年 7 月 1 日	禁止国内生产人为刻意添加固体塑料微珠的洗护产品
2018 年 7 月 1 日	禁止进口其他国家含有固体塑料微珠的洗护产品，不得生产含有固体塑料微珠的美妆类药妆产品，禁止并严厉打击各州之间交易贩卖含有固体塑料微珠的个人洗护产品的行为
2019 年 7 月 1 日	全面禁止销售美妆产品中含有固体塑料微珠的药妆产品

美国"无微珠水域法案"的实施是对微塑料污染发出的对战号角，该法案在微塑料污染防治方面可实施性、可操作性强，执法成本较低。美国将此类

----

① 王欢欢、朱先定：《微塑料污染防治法律问题研究》，载《中国地质大学学报》（社会科学版）2020年第1期。

法案纳入《联邦食品、药物与化妆品法》，提高了民众对此法案的关注度，得到人们的重视和认同，这有利于其法案实施推行。①此类法案切断了美国国内部分原生微塑料的产生供应链和源头，在解决微塑料的污染问题上也取得了一定的成效，并在国际社会得到了一定的认同，为其他国家在微塑料污染防治方面提供了可供参考的路径和方式。但美国对微塑料污染防治采取的立法管控主要集中在个人护理产品和美妆产品中塑料微珠添加剂领域，而这一部分的塑料微珠污染在总体的微塑料污染中所占比例并不高；其次，一半以上的微塑料污染主要还是集中在次生微塑料污染方面，个人洗护产品和美妆产品中塑料微珠污染并不是原生微塑料污染主要来源，占原生微塑料污染比例最高的是生活洗浴污水，例如，洗涤衣物的污水，但针对次生微塑料污染美国立法举措较少。

（三）日本微塑料污染防治机制之经验

1. 日本塑料废弃物"3R"处理法

日本一直以来都是环保领域的先行者，在微塑料防治方面也不例外。例如，日本的"3R"处理法。在微塑料污染愈演愈烈的当下，日本充分利用以往在塑料废弃物污染治理领域的实践经验，积极探索防治微塑料污染的措施和科学技术，不断推出防治微塑料污染方面的创新成果，从软法和硬法两种途径出发探索防治微塑料污染的法律制度、标准，且在探索微塑料污染防治技术、积累防治经验的同时，研发塑料微珠的污水处理设施设备，为微塑料污染防治等环境问题的解决提供了借鉴经验。

日本的"3R"处理法具体是指在"Reduce、Reuse、Recycle"这三个原则下的处理塑料垃圾的方法，即减少原则、回收原则、循环再利用原则。减少原则下实行的措施主要有，对塑料购物袋实行义务化收费政策，提出国内零售店、超市购物使用塑料袋需常态化收费；国家鼓励并支持国内生产厂家、制造

---

① 鲁晶晶：《美国联邦海洋垃圾污染防治立法及其借鉴》，载《环境保护》2019年第9期。

商生产制造以植物为原料的绿色生物原料，以此减少塑料的使用量，并加大力度扩大此类绿色生物原料的使用范围；推进水域、海洋漂浮类塑料垃圾的顺畅处理；控制海岸次生微塑料的产生，严格把控海岸大型漂浮类塑料垃圾堆积，防止其转换成微塑料垃圾。在回收原则和循环利用原则下，日本近几年来修订了相关法律，增加了对海洋微塑料污染的关注与治理，开展了大量的活动。如，在2018年6月修订了《海岸漂浮物处理推进法》，将"从保护海洋环境的观念出发"的生态治理目的增加到《海岸漂浮物处理推进法》中，并联合地方政府和社会组织发动减塑公益活动，在社会上鼓励民众减少使用塑料袋，效果显著。[1]除此之外，规定相关企业有义务控制塑料的使用和微塑料的排放。在"3R"处理原则的指导下，日本政府高度重视并加快研究针对微塑料污染的防治政策与治理措施，利用现有技术和研究成果在陆源和海域附近采取不同对策来防治微塑料污染。同时，推进国际合作，大力加强在微塑料污染防治方面与他国开展合作。

2. 海洋塑料垃圾对策行动计划减少塑料污染源

日本在2019年5月的阁僚会议上特别商议了有关减少塑料垃圾污染和海洋塑料污染的事项，并制订了相关减少陆源塑料垃圾的《海洋塑料垃圾对策行动计划》，正式通过了"塑料资源循环战略"和"海岸漂抵垃圾对策与方针"，以此削减国内塑料垃圾的排放量，从源头上减少微塑料污染。《海洋塑料垃圾对策行动计划》内容涵盖八个方面，具体如下：（1）通过建立废弃物处理制度，进行彻底的塑料垃圾回收和合理处理；（2）杜绝乱扔和非法投放，防止向海洋的非有意塑料垃圾流出；（3）将乱扔和非法投放的垃圾回收；（4）将流入海洋的塑料垃圾回收；（5）替代塑料材料的开发及转换等创新研发；（6）为促进上述各项措施实施，加强相关方的相互配合和合作；（7）为促进发展中国家塑料、微塑料污染防治开展国际合作；（8）掌握实际状况及

---

① 李玫、王丙辉：《中日韩关于海洋垃圾处理的国际纠纷问题研究》，载《社会科学》2012年第6期。

汇集科学成果等。①同时，为了科学有效地开展上述八项工作，日本政府还设定了五个指标，全方位检测微塑料污染、监督微塑料污染防治措施的实行。由环境省、外务省、经济产业省等主要部门分责监测并监督国内垃圾处理量、陆源垃圾回收量、海洋垃圾回收量、可降解型塑料替代材料的使用量、国际合作下处理的垃圾量这五项指标。通过《海洋垃圾对策行动计划》的开展，日本在对战塑料垃圾的"抗塑战"中取得了令人欣喜的成果，尤其是在塑料包装、塑料袋领域，日本塑料排放量削减了85.8%，循环利用率达到27.8%，热回收率达58.0%，这个治理成果远高于2018年全世界塑料容器包装物的有效利用率（14%—28%）。②在此行动计划的推动下，各种类型的废弃塑料垃圾也得到有效的循环利用，真正实现了微塑料的初步防治，向实现微塑料污染防治目标迈进了一大步（见表5-12）。

表5-12　日本塑料垃圾防治成效③（单位：%）

国家	塑料排放量削减率	循环利用率	热回收率	2018年全世界塑料容器包装物有效利用率
日本	85.8	27.8	58.0	14 ~ 28

（四）对黄河流域微塑料污染防治机制之启示

国外对微塑料污染防治采取了众多措施，有共性也有差异，且都取得了一定的成效。通过对英国、美国、日本这三个在微塑料污染防治方面比较成功的国家的研究分析，总结出几点经验可供黄河流域参考。

1. 立法重视流域微塑料污染防治

微塑料专门立法是国外在微塑料污染防治上采取的成功举措之一，如美

---

① 染野宪治：《日本的海洋塑料污染对策》，载《世界环境》2019年第6期。

② 韦兴平：《"限塑减塑"专栏：日本的海洋塑料污染对策》，https://www.sohu.com/a/415134067_383718，2020-8-27。

③ 韦兴平：《"限塑减塑"专栏：日本的海洋塑料污染对策》，https://www.sohu.com/a/415134067_383718，2020-8-27。

国的《无微珠水法》、英国在洗护用品领域实行的"禁塑令"。首先，微塑料专门立法使水域微塑料污染防治工作有法可依，归结到一点就是依法治污、依法治水，日本、美国、英国等国对微塑料污染防治提供了足够的立法支撑和法律保障，使得一切水事活动都能严格依法进行，以此保证流域管理机构的权威性，使得防治工作有序高效开展。黄河流域对于微塑料污染防治的研究还处于起步阶段，且对微塑料污染防治的研究主要集中在材料、化工等领域，法律制度层面研究缺乏，存在法律空白，缺乏体系化的法律规制。国外立法重视流域微塑料污染，为黄河流域微塑料污染防治提供了参考方向。我国应当运用法律的强制措施，从立法角度高度重视流域微塑料污染，以法律为导向，加强专门性立法，依法治水，加快微塑料污染防治的专项立法。

2. 法律监管机制健全

日本、英国等国家建立了较强的微塑料污染法律监管机制。虽然目前的科学研究无法完全评估出微塑料对生态环境造成的危害程度和影响范围，但微塑料对动植物和生态环境的毒害性得到了全世界的公认和重视。国外在微塑料污染防治上充分发挥政府职权，保证环境监管权，成立专门的微塑料污染治理机构，建立科学的污染评估体系，并拥有强有力的法律监管机制。我国黄河流域可综合考量流域的实际情况，从整治流域当下面临的水上运输业和渔业塑料垃圾泛滥、大气监管缺乏、流域两岸塑料垃圾监管力度不足等问题出发，借鉴国外在微塑料污染防治领域采取的法律监管手段，以法律为指引，设立微塑料污染监管机构，建立科学合理的微塑料污染防治法律监管机制，进而达到防治黄河流域微塑料污染的目的。例如，在黄河流域的大气监管中加入对微塑料污染成分的观察和管控，完善黄河流域两岸的原生塑料储存和次生微塑料预防监管体系，形成对黄河流域水上运输和渔业产生塑料垃圾的有效监管。

3. 建立健全企业防治机制

企业是微塑料污染防治中不可或缺的一环。首先，国外在防治微塑料污染问题上重视企业的微塑料污染防治责任，强调企业的社会责任，建立了相应的法律监管、惩戒与激励机制。例如，在生态环境信息公示制度中，依法执行企业微塑料污染信息公示制度，严格把控企业的微塑料污染状况，重视对企业微塑料污染透明度的监管，以法律、政策形式建立了严格的企业微塑料污染惩戒机制，同时加强对企业社会责任的教育引导。其次，在法律监管机制下，建立了企业奖励机制，鼓励社会企业的科技创新。例如，日本在《海洋塑料垃圾对策行动计划》里实行鼓励企业替代塑料材料的研发及创新，提供优惠政策。目前，我国黄河流域尚不存在特殊的处理微塑料的方法，没有专门拦截、去除微塑料的除污技术和设备，也缺乏研发微塑料治理工艺的企业和组织。长期以来，黄河流域对微塑料的处理方法是以塑料、固体垃圾的处理方式对待，以焚烧为主，掩埋为辅，这两种传统的垃圾处理方式并不能有效去除微塑料，使得微塑料依旧停留在环境当中。黄河流域的企业污水处理技术也较为传统和落后，无法有效去除污水中的微塑料。我国可借鉴国外从企业责任角度入手，建立对企业微塑料污染的法律监管机制和惩戒与激励机制，不仅能保障环境监管权，提高执行力，达到高效防治的目的；而且采用政府激励手段引导黄河流域企业积极研发污水中微塑料去除工艺和设备，惩戒企业排污中的不法行为，鼓励相关污水处理厂对水域微塑料进行实时监测，研发先进的微塑料处理工艺，可提高黄河流域企业排污中微塑料的拦截去除率。

4. 多元化的协作治理机制

除此之外，日本、英国、美国等国家采用协作治理理念，在协作治理机制的基础上，实施了多元化的治理举措，成功实现了微塑料污染的有效防治。虽各国实行的举措各异，但都具有很强的实践操作性。例如，日本的塑料废弃物"3R"处理法，英国在《英国塑料公约》中提出的"避免、替代、设计、投资"新思路和治理原则，以及联合签署国际条约类协作文件。国外多元化的协作机制引入了协作治理理念，强调国际协作，针对微塑料污染防治，成立国际专门的微塑料污染防治组织，注重科学，加强各国微塑料污染防治的专业法规指导和交流，重视合作治理。[①]国外在微塑料防治中采用多元化的协作治理机制，根据各自国内和流域的特点，整合流域资源，在政府带领下组织多方力量加入微塑料污染防治队伍，组织科研部门和社会、企业加强合作，深入对流域微塑料的污染监测和防治研究，加强研发替塑材料，并鼓励企业结合市场需求，将替塑研发成果应用到企业的生产制造中来，减少微塑料的产生源。国外在预防微塑料污染的同时，加强微塑料污染治理，在防治水域微塑料污染中，注重流域整体治理观，建立协作治理机制，调动各方力量加强协作，采取多元化的防治措施，并对防治措施进行反复推敲实践，提高防治效果。除此之外，国外重视环境资源可持续发展理念的教育，重视对微塑料污染防治的宣传，多途径提高公众环保意识，制定了严格有效的塑料污染惩戒、追责制度，逐步提高了民众对微塑料污染的认识和对微塑料污染防治的自觉性。[②]

四、完善黄河流域微塑料污染防治机制之对策

（一）健全黄河流域微塑料污染防治法律监管机制

1. 立法并将微塑料纳入有毒有害物质的范畴

黄河流域微塑料污染是被忽视的环境问题，可考虑从国家层面进行立法约束。以目前黄河流域污水处理厂的污水处理设备和工艺无法有效过滤和截留微塑料，长此以往微塑料在水域中不断富集，势必对环境产生巨大的恶性影响。黄河流域微塑料污染问题愈演愈烈，究其原因，在于无论是上中游地区的污染防治还是下游入海口的污染防治，多以软法性的指导文件和措施为主，缺乏实体法律的强行管控。法律的优势在于它的强制力和明确性，也在于它的系统性和有序性。在流域微塑料污染治理方面，以颁布法律的方式进行规制的成

---

① 张相君、魏寒冰：《海洋微塑料污染的国际法和国内法协同规制路径》，载《中国海商法研究》2021年第2期。

② 罗俊杰：《环境安全公众监督法律机制的反思与重构》，载《东方法学》2019年第6期。

功案例不在少数，如在国外，有美国的《无微珠水法》、阿根廷的《塑料容器法》等。目前来看，部分国家颁布有关微塑料的法律法规，使得治理效果显著。我国在针对黄河流域微塑料污染防治问题上，也可以借鉴国外流域立法措施和经验，通过立法，制定并颁布类似《微塑料污染防治法》《黄河流域微塑料污染防治法》等法律，建立黄河流域微塑料污染防治的专项法律制度。

首先，法律法规具有强行力，在防治微塑料污染问题上具有其他治理措施无法代替的效用。而且，相关立法可以督促、引导企业重视微塑料污染防治问题，促进企业结构优化，有助于黄河流域企业形成绿色发展的先进理念。因此，解决黄河流域微塑料污染问题应首先从国家立法层面出发，推动黄河流域相关微塑料污染法律、法规的诞生。通过立法，以国家颁布微塑料立法的方式提高社会、民众对微塑料污染的认识；严法重惩，督促消减流域塑料垃圾，打破目前微塑料污染防治无具体法律可依、难以实现真正意义上有效防治的境况。再者，微塑料具有很强的毒性效应，微塑料按其化学组成可分为聚乙烯、聚氯乙烯、聚丙烯、聚苯乙烯和聚酰胺等，这些各种类型的微塑料化合物虽然本身不具有致命性，但其在自然迁移、转化过程中会释放大量有机单体和多种有毒的添加剂（增塑剂、抗菌剂、阻燃剂等），例如，双酚A和邻苯二甲酸盐等。[1]已有科学研究显示，微塑料携带和释放的这些有毒物质会对动植物造成慢性扼杀，会造成生物内分泌功能失调，损害生物遗传基因，引起生物畸形病变，阻碍动植物生长和繁殖，甚至导致动植物大面积死亡。因此，可考虑从立法层面将微塑料纳入法律所管控的有毒有害物质的范畴中去，以方便管制此类危险物质。

2. 设立微塑料污染监管机构

有关微塑料污染防治的指导文件显示，关于微塑料污染防治的权属划分，国家发展和改革委员会负责统筹，行使主要的权力，承担主要责任；国家生态环境部主要负责拟订相关规则和标准；国家市场监督管理总局则主要负责

---

① 程芳、姜启英、阚丽萍等：《微塑料污染防治的建构研究》，载《核安全》2020年第6期。

微塑料污染相关行政处罚；各省份的生态环境部门按照各自不同的内设机构负责管理。这些权属划分都属国家宏观层面上的划分，执行力和普及率有限，且我国不同区域实际情况和微塑料污染防治的侧重点不同，应因地制宜，具体区域具体对待。黄河流域应根据其经济实力弱、人口基数大、污染面广、流域上下游污染源联系紧密等特点，设定专门的流域监管和防治机构，设立专门针对微塑料污染的黄河流域微塑料污染防治委员会（或治理小组），以及黄河流域生态环境监督管理局下设专门的黄河流域微塑料污染治理监管委员会（或监管小组），监督执法。[①]从建立针对性、专业化的执法和监管机构两个方向出发，开展黄河流域微塑料污染专项整治工作，进行专业化治理。同时，对黄河流域上中下游地区进行治污技术的培训，改进和提高防治微塑料污染的技术水平；加大监管力度，实行针对性监管，紧抓违禁塑料制品的源头管理，避免限塑、治污的法律法规只停留于文件层面的现象；加强宣传教育，鼓励民众监督，打造黄河流域常态化的微塑料污染防治机制。

3. 大气监管中加入对微塑料污染成分的观察及管控

塑料亦是化石燃料的产物，大气运动使黄河流域微塑料污染形成一种全流域移动模式。在物理、机械能作用下，环境中的微塑料扩散到大气中，再经大气运动扩散到其他陆地、河流、湖泊、海洋等各个领域。在黄河流域大气中微塑料污染主要有两个来源，一是道路运输，黄河流域大气中80%以上的微塑料物质来自道路车辆行驶活动；二是土壤灰尘，土壤当中的微塑料经强风作用流窜到大气当中。[②]防治黄河流域微塑料污染，大气微塑料污染防治是不可忽视的一个重要方面，目前黄河流域对大气中的微塑料污染重视度不够，监管措施匮乏。政府应加强对大气监管的执法力度，建立法律监管机制，通过立法，在大气监管中加入对微塑料污染成分的观察和管控，定期检测空气颗粒沉降，

---

① 罗俊杰：《环境安全公众监督法律机制的反思与重构》，载《东方法学》2019年第6期。

② 王佳佳、赵娜娜、李金惠：《中国海洋微塑料污染现状与防治建议》，载《中国环境科学》2019年第7期。

建立大气微塑料污染数据库，全面掌控流域大气内微塑料污染的整体状况，进一步控制微塑料污染全流域移动模式，消减大气运动对微塑料扩散产生的负面影响。

4. 建立对水上运输和渔业塑料垃圾的有效监管

加强对水上运输业和渔业产生塑料垃圾的管控，也是治理黄河流域微塑料污染的重要举措。目前，黄河流域对水上运输业和渔业的监管力度不够，措施不健全，未能建立有效监管机制。针对此，黄河流域相关部门必须建立有效的监管机制。对于水上运输业，开展水上客运、货运运输安全治理，建立黄河干线客运运输中塑料垃圾物安全专项监管。严禁旅游、滚装、渡运等水上运输企业非法排放塑料垃圾、污水废料等行为，严格落实水上运输业安全运营制度，加强对塑料垃圾的安全管理；对船员开展微塑料污染教育，开展船舶工作人员微塑料污染防治技术培训，严格管控船舶的维修和保养工作，减少微塑料垃圾产生。①对于黄河流域的渔业，开展渔业作业专项监管，从源头扼制渔业微塑料垃圾的产生。在渔业工作集中地区，清理微塑料污染隐患，加强对渔业作业的整治和监管，严格打击乱丢、乱弃渔业工具和垃圾的行为，防止渔船碰撞、自沉等渔业事故，对渔业全程作业中具有潜在微塑料污染风险的渔业作业进行排查整改、执法查处、督察督办，全方位多角度把控微塑料污染源，严格执法，贯彻渔业生产全过程，形成对水上运输和渔业产生塑料垃圾的有效监管。

5. 完善原生塑料储存和次生微塑料预防监管体系

黄河流域未建立完善的原生塑料储存和次生微塑料预防监管体系，需建立相应的预防和法律监管体系。从预防微塑料污染角度出发，对于原生塑料储存以回收处理代替焚烧处理和掩埋处理；对于次生微塑料建立污染预防制度，运用法律政策促使企业内部建立原生塑料储存预防的企业管理制度。提前建立

---

① 白洋、刘变叶：《加强我国船源污染防治法律制度的对策研究》，载《河南工程学院学报》（社会科学版）2010年第4期。

社会公共领域原生塑料垃圾存储点的污染预防紧急措施，防范紧急微塑料污染事件。不断提高次生微塑料污染预防的科学技术水平，利用高科技延缓、阻止次生微塑料污染源的产生，强化次生微塑料污染防范意识，建立健全原生塑料存储和次生微塑料污染预防体系。从法律监管角度出发，在政府监管部门带领下，流域各监管部门严格执行塑料垃圾回收厂、处理厂等原生塑料储存地的法律监管制度，加强对原生塑料储存地的监管，规范其存储方式，排查塑料污染潜在风险，防止大型的原生塑料垃圾破裂、碎化，排查并消除原生塑料储存地物理、化学反应风险，阻断原生塑料垃圾演变成微塑料污染。与此同时，加大对次生微塑料预防工作的法律监督力度，政府监管部门对污染预防部门定期测评，评估执法工作效率，打击行政机关内部的隐瞒包庇、虚假执法等违法乱纪现象，建立健全原生塑料存储和次生微塑料预防监管体系。

（二）强化黄河流域微塑料污染防治之企业责任

1. 提高企业微塑料污染信息透明度

环境信息公示制度能够保障公民知情权、监督权，民众参与监督，对企业有更强的约束力，促使其更加自觉地做好环保工作，自觉遵守法律，承担起保护环境的企业社会责任，以防环境污染，保护生态环境。[①]黄河流域虽也实行环境信息公示制度，但总体执行能力低，企业透明度低，在企业公示单中基本未涉及有关微塑料类污染的信息。为了根治黄河流域微塑料污染问题，从政府角度来说，黄河流域地方政府必须提高企业污染信息的透明度，将微塑料污染这一项的考察增加到企业污染信息公示制度中，增加对企业微塑料污染的考察力度，把握各地区企业在微塑料污染这一块的基本信息和发展趋势。从法律规制角度来说，在上述实践的基础上，制定强制性的环境披露制度，用严格的法律法规督促企业提高污染信息透明度，可针对不同的企业类型，建立详细

---

① 彭磊：《英国环境信息公开法律对我国立法的启示》，载《中国地质大学学报》（社会科学版）2013年第S1期。

的环保数据库与企业污染信息透明度达标过渡期制度，划分时间段，逐步提高企业微塑料污染信息透明度，以此缓和企业排斥心理，协调好防治流域微塑料污染工作与流域经济发展的关系，两者并驾齐驱，以求双向发展，实现共赢局面。从行政监管角度来看，需加强黄河流域监管部门的行政执法力度，制定权责分明的法律法规，设立定期的考察和工作汇报制度，提高监管部门的工作效率和积极性。最后也需鼓励、倡导公众监督，设立环保志愿者监控岗位，发挥公众监督的力量，使企业时刻受到来自政府、民众、社会各界人士的监督，以此提高企业微塑料污染信息透明度。

2. 产业政策中加大对微塑料污染防治的导向力度

政府实施的产业政策很大程度上会对企业的发展方向形成一种指引。黄河流域各省区应在产业政策中增加有利于黄河流域微塑料污染防治方面的导向政策，在工商企业、经济领域提倡并践行发展绿色经济、无塑料污染经济，提供绿色金融指引，构建绿色金融市场。黄河流域各省区可在支持和鼓励发展绿色经济的基础上，施行对流域内防治微塑料污染的企业绿色投资融资等激励机制。政府可设立补贴用以防治微塑料污染企业的专项拨款，还可实行针对塑料回收企业、代塑材料研发企业等绿色环保类企业的再贷款优惠政策。针对使用代塑材料的绿色产业，加大财政贴息、补贴，督促黄河流域企业增加在环保研发和改进生产工艺方面的资金投入，在企业开展绿色生产、置备环保设施、办理环保手续、能源清洁化、排污交易、购买第三方服务、处置塑料废物、修复治理、环保税费保险等各方面投入相应的政府资金，提供财政支持；[①]建立企业创建初期的绿色信贷服务项目，支持、引导企业发展无微塑料污染的绿色经济。

3. 建立微塑料污染行业管控机制

黄河流域企业有着良好的自治环境。近几年来，黄河流域政府愈加放宽

---

① 陈世寅：《产业转移污染的法律应对》，载《中国政法大学学报》2020年第2期。

了流域企业的自治范围和自治程度，致使流域企业的自治范围更大，灵活性更高，这就要求各企业的自觉性更高、自治力更强。目前，微塑料污染问题在黄河流域企业中的重视程度不高，流域内的大部分企业在产业自治中并未建立起对微塑料污染的相关管控机制，这部分的空缺必然会使流域微塑料污染问题难以得到根治。为此，黄河流域各企业必须在产业自治环境中建立对微塑料污染的监督、管理机制。在企业自治法规中予以明确，可考量流域实际情况，建立科学的企业微塑料污染管控标准，督促企业在自治的同时重视微塑料污染治理。黄河流域各地在鼓励企业自治的大环境下，要建立起系统的企业微塑料污染管控机制。

4. 强化企业社会责任意识

黄河流域各地方政府在治理微塑料污染工作中，必须坚持国家战略，根据市场导向，确立面向企业的惩戒和激励机制。同时强化企业的社会责任意识，尤其是企业的环保责任意识。加强对黄河流域企业的教育，注重企业微塑料污染治理的社会环保责任的引导。目前，黄河流域的民营企业队伍总体上社会环保责任意识较弱，在微塑料污染防治方面存在一些须高度重视和亟待解决的问题。例如，黄河流域民营企业内部构成复杂、素质参差不齐，少数企业中还存在着"做做样子"、应付检查、遮掩污染、隐瞒不报、虚假披露企业排污信息等现象和不法行为，更有甚者对黄河流域的微塑料污染防控政策、法律法规、国家经济制度和发展道路存在模糊、错误的认识，因此，黄河流域各省区需加强对流域内民营企业的教育、引导，建立更为严格的批评、惩戒制度，对微塑料污染防治和微塑料污染信息披露不达标或表现较差的企业予以公示批评，严重者予以罚款等行政处罚，以批评惩戒制度引导企业提高对微塑料污染的防治意识，强化黄河流域内企业的社会责任感。在批评惩戒制度基础上加强企业社会责任意识教育，可定期开展企业社会责任意识宣讲活动。

在强化黄河流域企业针对微塑料污染防治企业责任意识方面，首先，要加强对流域企业的中国特色社会主义道路和中国特色社会主义理论体系教育，坚定绿色经济信念，鼓励和引导他们争做中国特色社会主义优秀绿色事业的建设者、执行者、延续者、发展者。[①]其次，对流域企业加强党和国家关于非公有制经济发展的一系列方针、政策方面的教育，积极引导他们开展无塑料生产、研发代塑材料、微塑料防治等环保活动，认清国家方针政策和时代发展需求，自觉承担起防治微塑料污染的企业环保责任和社会责任。

（三）健全微塑料污染协作治理机制

1. 强化冲击岸与沉积岸协作治理机制

从黄河流域微塑料污染治理的整体目标出发，黄河流域冲击岸不能固守"以我为主"的治理模式，应更加积极地承担起更多的微塑料污染防治责任，去帮助沉积岸、协助沉积岸进行治理，加强冲击岸和沉积岸之间的良性互动和交流，构建冲击岸与沉积岸"双管齐下"的合作治理机制和模式，共同抵御流域微塑料污染。九曲黄河的一大特色是拥有很多冲击岸和沉积岸，我们可以利用这一流域自然特点打造具有鲜明特色化的黄河流域微塑料污染防治机制。在实际操作中，黄河流域冲击岸此岸可以利用黄河的水流、水势优势，设置塑料、微塑料垃圾拦截、过滤装置，在冲击岸此岸拦截大部分的微塑料污染物，从而减少微塑料污染物质继续流窜，减少滞留在沉积岸的微塑料数量，减轻沉积岸的微塑料防治压力。与此同时，沉积岸继续加强治理，利用黄河流域众多沉积岸的天然优势，设置更细密的微塑料拦截设施和监测设施，进一步拦截从冲击岸流窜下来的微塑料"漏网之鱼"。除此之外，建立考核制度，定期考察、监督两岸的协作治理情况，并在考核制度中加入党政考核，明确党政责任，促进两岸的协作治理，保障两岸协作治理成效。通过冲击岸与沉积岸双管齐下，才能实现对黄河流域微塑料污染的彻底防控和全面治理。

2. 构建流域省际协同治理机制

通过构建黄河流域微塑料污染防治省际协同机制，使黄河流域省际协同

---

① 吕忠梅：《生态文明建设的法治思考》，载《法学杂志》2014年第5期。

合作、同心同步，才能有效防治黄河流域微塑料污染，实现黄河流域微塑料污染防治目标。具体的详细治理措施可以从执法、信息互通、环境司法裁判执行、财政支持、协作治理等方面着手。在执法方面，调动上中游地区和下游地区力量，协调全流域合作，实行一个标准的执法力度；在信息互通上，共建共享黄河流域各地区的微塑料污染现状、污染数据、危机分析报告；在环境司法裁判执行方面，全流域协助式执法，以此实现快速执法、落实司法判决；在经济支持方面，可以建立全流域的微塑料污染治理专项资金，按比例和经济发展条件进行融资，实现整个流域互助式资金周转；在协作治理方面，加大下游治理技术较发达省份和地区对中上游落后省份和地区的协作支持，实现上、中、下游合作调查，摸底查清整个流域入河排污口的微塑料污染情况，协助进行溯源调查，查清污染源，规治排污单位，惩戒污染者，使污染者承担应有的责任。

除了以上举措外，黄河流域上、中、下游在微塑料污染防治问题上，首先，要形成全流域"一盘棋""一幅图"模式，打破上、中、下游各自为营式的防治模式，加强中上游与下游地区的磋商合作，协调全流域污染执法，构建上中游地区与下游地区协同治理机制，打破上、中、下游壁垒，消除行政设限，推进流域区域联动和司法行政等政令通行，实现协同合作治理黄河流域微塑料污染，建立流域一体化联动式互助发展和治理机制。其次，在建立黄河流域上中游地区与下游地区协同治理机制的大方针下，再实行具体的协同合作治理微塑料污染政策，以促使防治目标的实现。黄河流域的微塑料污染防治亦需从整合资源、协同各省区培养联动机制着手，从政府协作、领导班子建设、社会参与、司法协作等四个层面出发，加强具体实践联系，逐渐建立起流域一体化联动式治理的新模式。

在政府协作方面，加强执法协作，各省区政府、人民法院之间建立定期会议制度，共享黄河流域微塑料污染类案件信息，落实黄河流域微塑料污染的司法判决和有效执法等关键性事项，定期评估，落实执行情况，及时解决突发性环境事件和黄河流域在微塑料污染防治中遇到的重难点问题，并进一步加强执法协作，提高执法效率。[①]在领导班子建设方面，建立同一个领导班子管理下的各省区具体领导小组，并在全流域进行按批次定期综合培训，积极开展黄河流域微塑料污染的立法、执法、司法一体化培训活动，提升流域相关人员环境执法能力，提升法官公正、有效司法的水平和素质。在社会参与领域，加强对全流域司法、执法领域的监督，提高社会监督意识水平，通过信息网络平台、法院网站、微信公众号等现代网络媒介，公布黄河流域各地区微塑料污染防治工作的执法和司法情况，为全流域公众社会参与和监督提供便利，进而推动黄河流域微塑料污染防治工作顺利进行。

在司法方面，完善黄河流域微塑料污染防治联动司法机制。统筹各省区建立跨地域集中管辖制度的基础上，完善黄河流域微塑料污染联动司法机制，建立黄河流域微塑料污染案件巡回审判制度，依法成立巡回法庭，以定期巡回监督与不定期考察监督相结合的方式，集中审理流域微塑料污染案件。构建联动司法机制，避免流域惩戒力度不一的差异，形成全流域协同治理模式下的流域微塑料污染防治法律保障轴线，并打造流域微塑料污染防治的精品案例。流域内法院实行案件上网公开制度，做到以案释法，实现在全流域微塑料污染防治的法治宣传目的。同时，创新司法模式，建立黄河流域微塑料污染司法修复制度，以使污染者承担治理污染、修复环境的实质性修复责任为主，最大程度挽回对环境的污染和破坏，实现最快速的修复。[②]环境资源法庭（审判庭）可与当地政府执法小组共同协商，在黄河流域微塑料污染地区选择切实可行的区域，建立专门的微塑料污染修复工作场所，成立专项修复监督小组，定期考察污染者对流域塑料和微塑料垃圾清理、微塑料过滤设备更新、工业废水中微塑料净化、农用废弃地膜清除情况，定期评估考核，合格者减免处罚，不合格者继续承担修复责任，对履行责任不积极、不作为的责任人实行惩罚，增加新的

---

① 幸红：《政府在跨界水污染纠纷处理中协同治理机制探析》，载《广西民族大学学报》（哲学社会科学版）2014年第2期。

② 才惠莲：《流域生态修复责任法律思考》，载《中国地质大学学报》（社会科学版）2019年第4期。

修复责任，而且可强制执行。[①]

3. 完善塑料废弃物的分类、回收、再利用体系

为了改善目前黄河流域混乱的塑料制品终端处理机制，必须建立黄河流域塑料废弃物法律监管机制，完善塑料废弃物终端处理系统，形成黄河流域的塑料废弃物分类、回收、再利用"一条龙"管理体系。在废弃物分类阶段，联合流域9省区制定全流域统一的垃圾分类标准和目录，针对目前市场上存在的所有塑料制品进行具体分类、划分，建立塑料废弃物的垃圾分类目录。在塑料废弃物回收阶段，一方面，动用财政和公益基金建设覆盖全流域的基础回收设施和设备，在黄河流域各省区增加技术化水平较高的智能回收公益设施，如在城市商业区、居民住宅区、大学城等快递外卖类塑料废弃物集中区域，投放设置一些特定的智能回收塑料废弃物的终端设备，用来回收快递包装塑料袋、外卖餐盒等，增加各行政区划内的塑料废弃物回收途径。另一方面，提高塑料废弃物回收价格，鼓励民众收集塑料垃圾、参与回收环节，提高民众参与回收塑料废弃物的动力和积极性。在塑料废弃物再利用阶段，采取资金支持和税收减免等优惠政策，鼓励企业研发塑料废弃物处理工艺，引导社会创立塑料废弃物再生产企业，将回收的塑料废弃物转化为生产资料或企业能源，提高塑料废弃物的循环利用转化效率，建立企业统一的环保监管与循环生产规范。从以上三个方面，严格监管，紧抓塑料废弃物分类、回收、再利用三个阶段，遏制微塑料污染的来源，完善塑料废弃物的分类、回收、再利用体系，实行"一条龙"的管理体系，促进绿色循环型企业的发展，在塑料垃圾终端处理中减少微塑料污染的转化比例，提高已有塑料废弃物的回收利用率。

4. 加大对研发替塑材料企业的扶持及奖励机制

一般替塑材料制品的生产成本要远高于塑料制品的生产成本，因此，替

[①] 吴一冉：《损害担责原则在土壤污染中的司法适用——以常外"毒地"案为分析样本》，载《甘肃政法大学学报》2020年第2期。

塑材料制品的市场需求不高，这对替塑材料制品生产企业以及研发替塑材料的企业形成了消极影响，打击了替塑材料企业与研发替塑材料企业的积极性，使黄河流域发展替塑材料的绿色企业面临市场需求不高、经济利润小的不利局面。而且，黄河流域企业在创新升级上本身就面临很多困难，例如，存在资金短缺、投入不足、政府补贴难以跟进等问题。黄河流域各地可考虑采用非市场手段激励研发和生产替塑材料的企业发展，一方面，对替塑材料制品生产、研发企业提供政府资金支持，提供税收减免、产品补贴等优惠政策，鼓励此类替塑产品的研发和生产，增加替塑企业市场份额。同时，引导企业停止生产添加微塑料的洗护、美容产品，鼓励洗护产品、化妆品制造企业不断优化升级，寻找天然可降解类、易降解类植物磨砂颗粒代替塑料微珠，比如，燕麦、玉米、海盐、杏仁或核桃壳等天然物质。另一方面，建立奖励机制，对研发替塑材料的领头企业予以政府奖励，扶持并鼓励企业开展绿色生产、建设运行环保设施、办理环保手续，支持企业使用清洁能源、清洁化生产，实行微塑料排污交易，在企业购买第三方服务、处理塑料废物、修复微塑料污染、环保税费、保险业务等企业环保投入中增加政府资金投入，正向引导流域企业朝替塑材料生产制造等业务方向发展，从源头减少微塑料污染源，逐渐形成黄河流域发展绿色经济的态势。

第六章　黄河流域生态保护司法协调机制

一、黄河流域生态保护司法协调之现状

（一）黄河流域生态保护司法协调机制界定

1. 黄河流域生态保护司法协调机制的概念

协调机制是协商与调和的耦合，它是指在整个系统内部，各个子系统在平等的基础上相互协商、相互配合，并不断优化系统内部结构，最终取得整体效果的机制。协调机制要求所有参与主体坚持相同的理念，具备共同的治理目标，以高效应对公共事务。在各主体相互博弈的过程中，提出切实可行的治理措施，以达到共同的治理目标。

司法协调机制，是指通过强化各地司法机关之间的联系，将各个环节的合作流程加以细化，从而进行更好地协作。各地司法机关就协调过程中出现的重大疑难复杂的法律适用问题进行协商解决，进而积极推进司法协调机制的一体化建设。

黄河流域生态保护司法协调机制，是指在整个黄河流域内，通过加强流域内各地区法院、检察院在立案、审判、执行等方面的协调对接，对于流域内的重大复杂疑难法律适用问题，由各地司法机关共同协商解决。黄河流域司法协调机制的建立与完善，还可以促进流域内各司法机关在司法程序等方面的协作，从而加快形成常态化的司法协调机制。

2. 黄河流域生态保护司法协调机制的特点

与以往根据各省实际建立的司法保护机制不同，黄河流域生态保护司法协调机制从整体保护主义和全流域的实际出发，符合黄河流域实际的司法协调模式具有以下特点。

第一，司法协调机制的主体具有多元性。黄河流域司法协调机制的建立和完善，就是要摒弃以各省区为主的传统治理模式，而着眼于整个流域，实现黄河流域司法机关之间的协调。以黄河流域内司法机关为主体的司法协调机制，相互协商、相互合作，形成了黄河流域生态保护的法治生命线。但是，黄河流域司法协调机制的运行并不意味着各司法机关之间形成相互控制或相互依附的关系，而是强调各个司法机关在立案、审判、执行等各个环节的沟通与协商，强调各主体在平等参与基础上的协作互助，从而提高审判的质量和效率，实现可持续发展。

第二，司法协调机制具有复杂性。这是由黄河流域本身的生态环境特征决定的。与其他流域不同，黄河流域水资源分配不平衡，严重缺水导致生物多样性减少、沿河植被减少等一系列生态环境问题。[①]这些流域生态环境问题可能危及黄河流域生态环境，也可能涉及黄河流域上下游、左右岸、干支流等区域。但就现行以行政区划为基础的司法管辖体制而言，流域内的司法机关无法充分发挥司法效能，难以把握黄河流域整体生态环境问题。在此基础上，要看到当前黄河流域内各司法机关的短板，需解决司法机关之间存在的问题和矛盾，确保司法在流域生态环境中发挥有效的作用。[②]

第三，司法协调机制具有专业性。目前，黄河流域生态环境的治理具有"碎片化"特征。黄河流域流经9省区，目前按行政区划来确定司法管辖体制。一方面，可以充分发挥流域内各司法机关的能动性；但另一方面，也可能

---

① 赵勇、何凡、何国华等：《全域视角下黄河断流再审视与现状缺水识别》，载《人民黄河》2020年第4期。

② 李景豹：《论黄河流域生态环境的司法协同治理》，载《青海社会科学》2020年第6期。

会与黄河流域的整体保护原则产生一定的冲突，从而增加流域内生态环境问题的解决难度。因此，黄河流域司法协调机制的建立和完善可以有效弥补这一短板，从而助推黄河流域高质量发展。在黄河流域司法协调机制建立和运行的过程中，各司法机关应当在生态环境案件的管辖、立案、审判和责任认定等专业环节相互协商、相互配合，并建立目标考核和责任追究机制、个案沟通机制等相关配套保障机制，打破地方保护主义，有效发挥司法效能，更好统筹黄河流域生态环境的协同治理。

（二）黄河流域生态保护司法协调的理论基础

1. 协同治理理论

协同治理理论是由德国物理学家哈肯提出的，与此同时，他还对该理论作出了一些解释，并提出了"合作科学"的相关概念。他认为，在任何系统中，都有很多子系统在相互影响、相互作用。在对立统一的过程中，各个子系统会逐渐形成有序的状态。罗西瑙认为，关于协同治理的主体问题，我们不应该仅仅着眼于政府层面，同时也要将其他主体涵盖进去。这样才会使得不同的主体拥有更多的权力，以便于更好地促进协同治理。俞可平提出，协同治理需要多个主体进行合作，在相互合作的过程中也会出现冲突和矛盾。从另一个角度来说，它也会推动整个系统的发展。[①]

协同治理是多个主体在平等基础上相互合作的过程。各个主体要始终保持一致的价值理念，采取有效措施，并根据外部环境及时调整。法律意义上的协同，主张诉讼关系中的各个主体要充分发挥主观能动性，促使司法活动全面推进。本质上讲，法律意义上的协同强调不同主体以不同方式进行互动，形成司法合力，同时这也符合司法协调机制的内在要求。目前，协同治理理论在与司法活动的互动中逐渐成熟，逐渐成为调整各类司法主体的利器。实践中的司

---

① 俞可平：《论国家治理现代化》，北京：社会科学文献出版社2014年版，第24—31页。

法活动类型多样，解决纠纷的方式也多种多样，不同的诉讼案件涉及的主体也不同。在此情况下，不同主体在不同司法活动中需要交流与协作，因此需要司法协调机制来平衡。

黄河流域生态保护司法协调机制的原理在于促进流域内审判权和检察权的协调，促进流域司法协调机制的有效运行，提升司法在流域生态环境治理中的作用和水平。黄河流域整体生态环境的改善，并非依赖流域内各司法机关职权的简单相加，而是依凭各主体职能的不断优化和整合。黄河流域司法协调机制运行的过程，是各司法机关相互合作的过程，也是相关体制机制、队伍建设等不同要素相互作用的过程。因此，黄河流域生态保护司法协调机制是一个以司法机关为中心，多主体共同参与的互动机制，其根本目的在于形成高效稳定的司法协调机制。司法协调机制的形成和顺利运行，有利于提高黄河流域内生态环境案件的审判效率，进而实现对黄河流域的整体保护。

2. 跨域治理理论

学界对"跨域治理"理论中的"域"有两种不同的解释，进而有两种不同的分类。第一，侧重从自然层面理解"域"，强调自然空间内各政府之间的合作。第二，侧重从主体层面理解"域"，强调政府、企业和公民各主体之间的合作。

第一，自然层面"域"的解读。在自然层面，对"域"的解释主要从空间的角度入手，重点强调跨域治理的基础是有两个甚至更多的地区。[1]有学者认为，由于自然要素的流动性，生态环境问题不能仅靠某个区域的地方政府来解决。也有学者提出，要建立跨区域合作组织，落实行政管辖权的让渡等对策。

第二，主体层面"域"的解读。主体层面对"域"的解读，强调政府、企业和公民等多主体参与治理。但是，由于实践中生态环境问题的复杂性，以

---

[1] 武俊伟、孙柏瑛：《我国跨域治理研究：生成逻辑、机制及路径》，载《行政论坛》2019年第1期。

及各主体的参与意识薄弱和信任的缺失，难以有效推进生态环境跨域治理。因此，杨振娇等人提出，应当从制度层面加强公众参与，提高公众参与度。丁煌等认为应当构建多主体合作的伙伴关系，共同参与跨域生态环境治理。

跨域治理理论本身具有鲜明的特点。第一，主体具有多元性。虽然政府在跨域治理中扮演着十分重要的角色，但这并不意味着只有政府这一个主体。社会组织、公民等主体的作用也将直接影响跨域治理的效果。第二，主体间具有互动性。与传统的以政府为单一主体的治理模式不同，跨域治理更注重各主体之间的协商与合作。第三，治理模式具有多样性。如上所述，跨域治理可以根据不同情况从地理层面和主体层面两方面着手，来选择合适的治理模式。第四，目标具有长远性。在跨域治理过程中，我们不仅注重治理模式的选择，更要注重治理效率和治理价值的提升，以确保跨域治理的质效。

3. 绿色司法理念

绿色司法是以绿色原则为理念，以环境资源审判专门化为核心的司法机制。[①]绿色司法是指在司法活动中贯彻"绿色原则"，绿色司法理念来源于各地实践，即各基层法院对环境资源审判实践的探索。我国历来高度重视绿色司法理念，早在2006年，我国就在10个省区开展了绿色GDP考核试点工作，同时也积累了丰富的实践经验。

绿色司法理念具有丰富的价值内涵，为黄河流域司法协调机制的建立和运行提供了基本的价值理念。绿色司法理念既强调绿色原则，也强调司法规律，即在黄河流域生态治理的过程中，必须深入理解和把握绿色司法规律。正确的流域治理理念是黄河流域可持续发展的前提，因此，司法机关在助力经济发展的同时，要尊重自然规律，既要兼顾当地经济发展，又要兼顾当地的资源承载力。因此，要以绿色GDP为导向，将节能减排等内容纳入各级领导干部的绩效考核指标，不断完善考核评估机制。一方面，可以有效改变黄河流域内各

---

① 周珂：《以能动司法与环境正义理念推进绿色司法》，载《人民法治》2018年第1期。

司法机关的政绩观，提高生态环境案件的办案质量；另一方面，也可以促使各司法机关改变审判理念，有效缓解黄河流域发展与保护的矛盾，最大限度地实现司法公正。

（三）黄河流域生态保护司法协调法制及案例分析

1. 黄河流域生态保护司法协调之法律依据

由于黄河流域地跨9省区，黄河流域生态环境问题的分散性与黄河流域生态环境的整体性之间的矛盾是流域治理面临的主要矛盾。但是，在黄河流域司法协调机制运行的过程中还有很多问题需要解决。9省区司法机关之间要实现高效协作，必须将司法协调机制置于顶层设计之下，形成完整的规范体系，推动黄河流域司法协调机制高效运行。

在国外流域治理中流传着一句法谚："一个流域一部法律"，[①]这充分显示出流域立法的重要性。因此，保障黄河流域生态保护司法协调机制的顺利推进，坚实的法律保障是基础。与此同时，我国极其重视黄河流域生态环境的治理和保护工作，并出台了很多具有建设性的指导意见。习近平总书记也多次对黄河流域生态环境的治理和保护作出重要批示。这些规范性文件和国家领导人的讲话精神，在黄河流域生态保护和高质量发展过程中，都应该得到贯彻和执行。

《黄河保护法》从整体出发，针对黄河流域存在的一系列问题，为推动黄河流域高质量发展做出系统性、整体性的制度安排。例如，针对黄河流域司法协调机制存在的问题，《黄河保护法》第105条规定："国家加强黄河流域司法保障建设，组织开展黄河流域司法协作，推进行政执法机关与司法机关协同配合，鼓励有关单位为黄河流域生态环境保护提供法律服务。"但目前，黄河流域司法协调机制的运行仍存在不少问题，需要将《黄河保护法》中关于司

---

① 李景豹：《论黄河流域生态环境的司法协同治理》，载《青海社会科学》2020年第6期。

法保护机制的规定和实际情况相结合，不断完善司法协调机制，形成黄河流域生态保护和高质量发展的合力。

在探索建立和完善黄河流域生态保护司法协调机制的过程中，为充分发挥黄河流域9省区司法机关的积极性，加强司法合作，最高人民法院和最高人民检察院积极颁行了一系列"意见"和"框架协议"，为黄河流域生态保护司法协调机制的建立健全提供了制度基础。2020年6月5日，最高人民法院发布了《关于为黄河流域生态保护和高质量发展提供司法服务与保障的意见》和黄河流域生态环境司法保护十起典型案例。2020年9月18日，黄河流域环境资源审判工作推进会在山东召开，并签署了《黄河流域9省区高级人民法院环境资源审判协作框架协议》。2021年2月8日，最高人民法院与推动黄河流域生态保护和高质量发展领导小组办公室联合签署了《关于建立推动黄河流域生态保护和高质量发展司法合作协同机制的合作框架协议》。2021年11月25日，最高人民法院发布了《服务保障黄河流域生态保护和高质量发展工作推进会会议纪要》和黄河流域生态环境司法保护十起典型案例。2022年1月25日，最高人民检察院发布了《检察机关服务保障黄河流域生态保护和高质量发展典型案例》和《关于充分发挥检察职能服务保障黄河流域生态保护和高质量发展的意见》。[①]这一系列规范性文件的出台，不仅可以进一步加强黄河流域内各司法机关之间的合作，而且也可以加快形成黄河流域生态环境保护的约束机制。

与此同时，黄河流域9省区的司法机关也相继跟进。山东、甘肃、山西、陕西、宁夏等省区的高级人民法院联合当地河务局、检察院等部门，共同制定了《关于建立黄河流域生态保护与高质量发展服务保障机制的意见》《关于服务保障黄河流域生态保护和高质量发展加强协作的意见》《关于加强协作推动陕西省黄河流域生态环境保护的意见》《开展黄河流域甘肃段生态环境保护联合专项行动实施方案》以及《宁夏回族自治区自然资源保护行政执法与刑事司法衔接工作办法（试行）》，并组织召开首届黄河流域甘肃段生态环境司法保

---

① 孙佑海：《黄河流域生态环境违法行为司法应对之道》，载《环境保护》2020年第1期。

护协作论坛，通过联合流域内各省区司法机关的力量，形成黄河流域生态环境保护的合力。内蒙古自治区高级人民法院、甘肃省高级人民法院立足实际，制定了《内蒙古自治区高级人民法院关于为黄河流域生态保护和高质量发展提供司法服务与保障的意见》《关于为黄河流域（甘肃段）生态保护提供高质量司法服务和保障的意见》，并发布了相关司法保护典型案例以及环境资源审判白皮书，对黄河流域生态环境的治理和保护形成了一定的约束。河南省高级人民法院发布了《关于实行省内黄河流域环境资源案件集中管辖的规定》，并与省检察院、省公安厅联合签署了《关于实行省内黄河流域环境资源刑事案件集中管辖的规定》，以便于生态环境案件的审理。

除此之外，在黄河流域的上游地区，青海省果洛藏族自治州、四川省阿坝藏族羌族自治州与甘肃省甘南藏族自治州的中级人民法院联合签署了《黄河上游川甘青水源涵养区生态环境资源保护司法协作框架协议》，以便于加强各法院之间的沟通和交流，同时也是为了统一流域内生态环境案件的裁量标准。在中游地区，陕西省首个黄河流域生态环境司法保护基地在石川河阎良段揭牌，开启黄河流域生态环境司法保护"行政执法＋检察监督＋司法审判"综合治理模式。在下游地区，河南濮阳中院、河北邯郸中院与山东济宁、聊城、菏泽中院签署"三省五市"环境资源案件审判协作框架协议，并建立常态化的司法协调工作机制，以携手推进黄河中下游的生态环境治理和保护。①

2. 黄河流域生态保护司法协调之案例分析

（1）李晓玲采矿权转让案。本案发生在黄河流域上游的甘肃省甘南州，是司法协作协调保护黄河流域生态环境的典型案例。甘肃是我国西部生态安全屏障，生态地位极为重要。同时，甘肃的生态环境又极其脆弱，荒漠化、水土流失严重，因而生态环境保护任务艰巨而繁重。为着力解决西北地区的生态环境问题，经最高人民法院批准，在兰州设立了环境资源法庭。兰州环境资源

---

① 秦天宝：《我国流域环境司法保护的转型与重构》，载《东方法学》2021年第2期。

法庭承担着西北地区环境司法领域开展专门化审判体制机制改革创新的重要使命。自成立以来，兰州环境资源法庭不断探索建立案件线索移送机制，将流域生态环境案件中发现的重要线索进行深入挖掘，并将其移交检察机关或相关行政机关进行处理，从而加快形成司法和执法的联动机制。联动机制的建立，有利于形成生态环境保护司法执法合力，对提升生态环境治理质效、加强全省环境治理能力建设和完善黄河流域生态环境治理体系具有积极的实践意义。

本案案情：杨国录与马有有签订了《证件转让协议》，他们约定将安顺采石厂所有的采矿经营许可证（已到期）等证件转让给马有有。一个月后，马有有又与李晓玲签订了《采石厂证件使用权转让协议》，将安顺采石厂所有的上述采矿经营许可证等证件转让给李晓玲。转让后，李晓玲就开始了投产经营。上述两份转让协议签订后，合同签订双方均未向矿产资源主管部门提交申请，且尚未办理报批手续。因此，该矿点在经营数年后被政府强制关停。李晓玲起诉请求解除其与马有有所签订的《采石厂证件使用权转让协议》，并请求马有有返还其转让费96万元。

甘肃矿区人民法院经过审理认为，采矿权转让合同必须依法批准才能生效。马有有与杨国录所签订的采矿权转让合同尚未报经矿产资源主管部门批准，因而马有有亦未取得安顺采石厂的采矿权。马有有在未取得采矿许可证的情况下与李晓玲签订了采矿权转让合同，并将矿产资源交给李晓玲勘探开采，该转让协议无效。因此，判决马有有将96万元的转让费返还给李晓玲。

本案中的非法采矿行为发生在黄河流域上游的甘肃甘南地区，该地区主要是河流的水源地，生物多样性丰富。非法采矿很容易对当地的生态环境造成严重破坏。本案判决后，为全面加强生态环境保护工作，甘肃矿区法院依法向有关矿产资源主管部门发出司法建议，要求对本案中的非法采矿行为进行调查处理。同时，将涉及生态环境破坏的相关线索移送给有关检察机关依法处置，从而实现司法与执法的有效对接，形成生态环境保护司法执法合力。

在李晓玲与马有有、杨国录采矿权转让合同纠纷一案当中，马有有在未取得采矿经营许可证的情况下，与李晓玲签订转让协议，将矿产资源交给李晓玲开采，该协议无效。①李晓玲非法采矿的行为已经对当地的生态环境造成了严重破坏，而根据相关法律规定，对于生态环境和资源保护领域的违法行为，检察机关有权提起环境民事公益诉讼和环境行政公益诉讼。本案作出生效判决后，甘肃矿区法院在依法向矿产资源主管部门发出司法建议的同时，也及时出具了《案件线索移送函》，将该案件相关线索移送给有关检察机关依法处理。针对当前生态环境保护工作中司法执法信息沟通不畅、生态环境保护效果不佳等情况，甘肃矿区法院探索了案件线索移送机制，建立了环境资源司法执法联动机制，形成了生态环境保护的司法执法合力。

（2）豫翔公司养殖设施拆除案。本案发生在黄河流域中游的河南省灵宝市，系人民法院支持地方政府加强黄河湿地保护的典型案例。

本案案情：灵宝豫翔水产养殖有限公司（以下简称豫翔公司）在其水域滩涂养殖证核准面积之外，又自行扩建了100余亩用来建设鱼塘。其所建鱼塘及附属设施位于河南省黄河湿地国家级自然保护区核心区或缓冲区内。养殖证到期后，灵宝市大王镇人民政府（以下简称大王镇政府）向豫翔公司发出整改通知，之后又向豫翔公司送达拆除通知。三门峡市城乡一体化示范区农业农村工作办公室（系三门峡市城乡一体化示范区管理委员会的内设机构，以下简称农业农村工作办公室）也是两次向豫翔公司下发责令停止黄河湿地违法行为的通知，并限期自行拆除其位于黄河湿地、河道范围内的违法建筑物、构筑物和其他设施。豫翔公司对该通知未提起行政复议或者行政诉讼。2019年5月26日，三门峡市陕州区人民检察院向农业农村办公室发出检察建议，建议对豫翔公司的违法行为予以查处，保护黄河湿地安全。2019年5月29日，在农业农村办公室工作人员在场、豫翔公司同意的情况下，大王镇政府委托有关人员对鱼塘进行疏通，并清理建筑垃圾，恢复湿地。此后，豫翔公司提起行政诉讼，请求确认三门峡市城乡一体化示范区管理委员会及大王镇政府于2019年5月强制拆除豫翔公司养殖设施等财产的行为违法。

---

① 甘肃矿区人民法院：《甘肃矿区人民法院环境资源审判——2019年集中管辖法院环境司法保护情况报告》，澎湃新闻·澎湃号·政务，2020年6月6日。

河南省三门峡市中级人民法院判决驳回豫翔公司的诉讼请求后，豫翔公司不服提起上诉。河南省高级人民法院二审认为，豫翔公司在河南省黄河湿地国家级自然保护区核心区、缓冲区内建设鱼塘及其附属设施的行为，违反了我国《自然保护区条例》第32条以及《河南省湿地保护条例》第25条的规定，该鱼塘及其附属设施应予拆除。在责令整改、实施拆除行为的过程中，农业农村办公室、大王镇政府已经履行了相关告知义务，保护其程序权利，并充分考虑豫翔公司的实际情况，最大限度地减少豫翔公司的损失，所实施的拆除行为合法。遂判决驳回上诉，维持原判。

河南省黄河湿地国家级自然保护区横跨三门峡、洛阳、焦作三市和济源产城融合示范区，面积达680平方千米，是黄河八个重要湿地之一，对该区域的生态环境具有重要的支撑作用。但长期以来，黄河湿地内仍存在乱占、乱建等违法行为，对黄河湿地的生态环境造成了严重破坏，需要依法进行整治。本案的执法和诉讼过程，反映出了行政机关、检察机关和审判机关能够充分发挥作用，协同配合的趋势。针对黄河湿地内乱占、乱采、乱堆、乱建等现象打出了有力的组合拳，并取得了良好的法律效果和社会效果，为黄河流域生态环境保护提供了有力的司法保障。①

（3）北洛河污染案。本案发生在黄河流域中游的陕西省富县，是"两法衔接"保护黄河流域生态环境的典型案例。

本案案情：北洛河是黄河的二级支流，是陕西境内最长的河流。2018年9月8日，中石化华北油气分公司延能联合作业部（以下简称"延能联合"）雇佣胜利油田富邦实业有限公司50167钻井队（以下简称"钻井队"）负责富平探2#工程的钻井项目。2019年4月，钻井队负责人董某某以每车7000元的价格将天然气钻井废液交由周某某处理。5月22日、26日、27日凌晨，周某某等4人驾驶油罐车分三次将6车（约70吨）天然气钻井废液运至富县茶坊镇杨家湾村过水桥，并排入北洛河，导致北洛河的富县、洛川等四段水体出现严重污染，

① 参见《最高人民法院发布黄河流域生态环境司法保护典型案例》，https://m.gmw.cn/baijia/2021-11/25/1302693788.html。

黄河流域的生态环境受到了严重的威胁。

陕西省富县人民检察院干警发现北洛河污染线索后立即层报陕西省人民检察院。考虑到本案系跨县流域水污染，办理难度较大，因此，陕西省人民检察院启动一体化办案机制，指导延安市人民检察院成立了专项调查组，由富县人民检察院负责督促行政机关以加强监管，由延安市人民检察院负责督促生态环境损害赔偿磋商程序的启动。2019年5月29日，三级检察机关与公安机关、生态环境部门联合召开会议推进案件的办理。①

6月14日，富县人民检察院向延安市生态环境局富县分局（以下简称"富县分局"）发出检察建议，督促其针对违法倾倒天然气钻井废液造成北洛河水污染的问题，依法履行监管职责。富县分局收到检察建议后立即展开了全面调查，并向延能联合下发《责令停产整顿决定书》，要求其停止生产，制定整改方案并加以实施。6月24日，富县分局对延能联合做出行政处罚，要求其限期整改环境违法行为，并处罚款100万元。7月23日，延能联合对井场设备进行拆解。7月31日，井场场地平整、泥浆池固化等整改工作全部完成。此外，富县分局还对辖区内油气钻井企业进行了全面排查，完善了钻井废液排放的风险评估、隐患排查、事故预警、应急处置等工作机制，加强了行业重点区域污染防治。污染事件发生后，北洛河沿线各县政府采取截污、引蓄、吸附等措施进行应急处置和修复，直至水质全部达标，相关费用已达372.23万元。专案组研判后认为，相关修复费用应由违法企业承担，因此，延安市人民检察院于7月23日建议延安市政府对违法企业延能联合启动生态环境损害赔偿磋商程序。经磋商，延能联合应当承担本案相关应急处置、环境损害评估、生态环境损害等费用共计462.73万元，履行企业对环境损害的生态修复责任。2020年1月15日，董某某、周某某等5人被以污染环境罪依法追究刑事责任。

陕西地处黄河流域的中游，传统能源化工企业大多沿河分布，存在严重的水污染隐患。本案中，陕西省检察机关针对跨县流域的水污染问题，充分发

① 参见《最高人民检察院发布检察机关服务保障黄河流域生态保护和高质量发展典型案例》，http://www.ah.jcy.gov.cn/jwgk/fgsd/202204/t20220407_3616682.shtml。

挥一体化办案优势。由省院统一指挥、明确案件的办理方向；市院现场指导、整合办案资源；县院积极推进、做实做细调查取证工作，上下联动以形成工作合力，提升办案质效。在督促行政机关对违法企业进行监管的同时，推动政府与违法企业进行生态环境损害赔偿磋商，从而达到了对北洛河水污染问题整治和修复的双重效果。

二、黄河流域生态保护司法协调机制之不足

（一）黄河流域生态保护司法协调的法律不健全

1. 黄河流域生态保护司法协调立法还需加强

黄河流域生态保护司法协调机制的顺利运行，离不开完善的立法建设。《黄河保护法》颁布之前，黄河流域司法协调机制运行的制度基础多为指导性或原则性的"意见"和"框架协议"，或分散在其他类型的法律规范中，或分散在某一地区的法律文件中。因此，黄河流域生态保护司法协调机制缺乏明确具体的法律依据，导致实践中存在一系列问题。虽然这些"意见"和"框架协议"对黄河流域生态保护司法协调机制作出了专门规定，对黄河流域生态保护司法协调机制的建立和完善起到了一定的作用，但多以提倡性的内容为主，可操作性不强，导致黄河流域司法协调机制缺乏明确的方向指引。

为使黄河流域生态保护司法协调机制具有统一的裁量标准，《黄河保护法》第105条规定："国家加强黄河流域司法保障建设，组织开展黄河流域司法协作，推进行政执法机关与司法机关协同配合，鼓励有关单位为黄河流域生态环境保护提供法律服务。"尽管黄河流域内的法院和检察院也在积极探索全流域的司法协调方式，但以行政区划为基础的划分标准已成为传统，这明显阻碍了黄河流域生态保护司法协调机制的运行。此外，全流域生态环境司法协调所涉及的机制和机构没有明确规定，将导致黄河流域司法协调机制无法取得实质性进展。

2. 黄河流域生态保护司法协调机制尚不成熟

第一，黄河流域司法协调机制落实不到位。与黄河流域司法协调机制相关的"意见"和"框架协议"，基本都是在相关论坛以及研讨会上签署的，具有很强的宣示意义，但在很多地区还没有转化为处理生态环境案件的法律法规，所以这些"意见"和"框架协议"并没有真正发挥其作用。①造成这个局面的原因有以下几种。首先，黄河流域司法协调机制缺乏专门的实施机构。大部分协议本身对司法协调机制的规定比较模糊，再加上缺乏专门的实施机构，与司法协调协议相关的措施就难以有效落实。其次，黄河流域司法协调协议的内容较为空洞。许多协议的内容集中在环境犯罪和生态环境损害赔偿纠纷，有的侧重于司法机关的调查结果和司法建设的实践经验，但很少提及司法协调本身。最后，黄河流域生态保护司法协调的保障机制相对欠缺。目前，黄河流域生态保护司法协调机制仅依赖于各司法机关的自愿协商，缺乏制度性的监督和保障机制。此外，流域内各司法机关尚未将司法协调纳入绩效考核当中，因而缺乏约束力。

第二，集中管辖的协调机制不健全。目前，黄河流域生态保护司法协调主要以流域内的法院和检察院自主协商为主。在环境公益诉讼案件中，由于案件类型复杂多样，为避免受到传统行政区划管辖的制约，大多采取集中管辖方式。但是，我国现行的《民事诉讼法》和《刑事诉讼法》并没有明确规定跨区域生态环境案件的集中管辖制度，只在《行政诉讼法》中对集中管辖制度做了明确规定，而且主要是以指定管辖的方式来确定跨区域案件的管辖。因此，在黄河流域跨区域生态环境案件中，该规定为黄河流域环境行政案件提供了法律依据，但也只能通过指定管辖的方式，指定的流程也较为固定。

合法合理的管辖机制，是黄河流域生态保护司法协调机制顺利运行的基

---

① 沈彦俊：《黄河流域生态环境保护与水资源可持续利用》，载《民主与科学》2018年第6期。

础。①由于黄河流域流经9省区，司法协调机制是有效解决流域生态环境案件的必由之路。当然，合理的管辖机制也会为生态环境案件的解决提供刚性约束。但是，目前来看，司法协调机制还没有明确的管辖规定。因此，为有效处理黄河流域生态环境案件，需要突破现有的关于生态环境案件的管辖规定，建立专门的管辖制度。因此，要努力完善黄河流域的集中管辖机制，该项举措体现了我国司法管辖制度的重大变革，同时也体现了流域内各司法机关对生态环境保护力度的进一步加强。

黄河流域流经9省区，各地区的经济发展水平存在很大的差别；同时，黄河流域各省区人大及设区的市人大都有权制定有关环境保护的地方性法规，可能会导致各地区环境保护的标准也存在很大的差别。在实践中，执法和司法会受到环境保护标准的影响，不同的环境保护标准反过来又会影响黄河流域生态保护司法协调机制的运行。显然，黄河流域生态保护司法协调机制的建立与完善，还需要统一的环境案件裁量标准。黄河流域生态环境相关标准，应当由生态环境部和黄河流域9省区人民政府协商制定，以利于黄河流域生态环境的协调处理。

第三，黄河流域司法协调机制的创新力度不足。黄河流域生态保护司法协调机制较为形式化，而且司法协调机制的配套机制也相对落后，因而无法有效处理黄河流域生态环境案件。与其他流域不同，黄河流域有其特殊性和复杂性，黄河流域司法协调机制的运行目的就是针对该特殊性和复杂性。但目前，黄河流域司法协调机制在生态环境案件特殊性方面的针对性并不强，对于司法专门化和司法协调之间的矛盾尚未有解决的办法。而且，在环境公益诉讼和生态环境损害赔偿纠纷中，黄河流域司法协调机制尚未在"公益性"和"科学性"之间做出衡量标准，将间接影响生态环境案件的裁决效率。而且，生态补偿和异地修复等问题也需要流域司法协调机制发挥其应有的作用，以确保生态效益的实现。

---

① 丁煌、叶汉雄：《论跨域治理多元主体间伙伴关系的构建》，载《南京社会科学》2013年第1期。

第四，信息共享机制有待完善。目前，虽然黄河流域各司法机关已经探索建立了信息共享机制，但仍存在案件信息对接困难、信息共享平台不完善等一系列问题。具体反映在以下几个方面。首先，生态环境案件信息对接不畅。由于黄河流域司法机关与国家电子政务机关的合作机制尚未完善，法院、检察院对云计算和大数据的运用远不能满足当前黄河流域司法协调机制多方面的信息化需求。生态环境信息智能化、科学化与各司法机关之间融合的深度和广度还不够，无法实现黄河流域内案件信息的共享。此外，黄河流域是以行政区划为基础，对司法机关管辖的案件进行划分。因此，各地区的司法机关对本地区生态环境案件信息进行屏蔽，并人为设置案件信息壁垒，使生态环境案件信息缺乏整合，导致流域内生态环境案件信息的碎片化现象时有发生，进而影响生态环境案件的处理效率。[①]其次，生态环境案件信息使用效率低下。黄河流域内各司法机关均拥有大量的生态环境司法案件信息，但案件信息共享平台有待完善，案件信息应用系统并不健全，这就导致各司法机关对生态环境案件信息的整理和分析程度并不深，对流域内生态环境案件信息的使用效率并不高。最后，信息共享平台有待完善。目前，黄河流域内各司法机关正着力建设智慧法院，利用大数据平台查处流域生态环境案件相关信息。但司法机关之间尚未形成完善的案件信息共享机制，无法及时共享和处理跨域生态环境案件信息。信息共享平台的不完善，将导致黄河流域上游的生态环境案件无法及时通报下游，无法提前做好预防工作。因此，为大力推进黄河流域司法协调的进程，要扎实推进信息共享平台与黄河流域生态环境保护工作的深度融合，加快推进智慧法院建设，为黄河流域生态保护和高质量发展提供强有力的支撑。

3. 流域省际司法协调机制碎片化

我国的流域基本上是按行政区划划分的。因此，整个黄河流域也是基本处于某个行政区域管理的状态，这与黄河流域的整体性特征相矛盾，导致流

---

① 魏向前：《跨域协同治理：破解区域发展碎片化难题的有效路径》，载《天津行政学院学报》2016年第2期。

域内的司法协调机制呈现"碎片化"局面。这种碎片化特征体现在以下两个方面。

第一，司法协调机制机构设置的碎片化。由于黄河流域具有流动性、跨域性以及区域间经济社会发展的不平衡性等特征，仅靠某一地区的司法机关难以实现司法协调。因此，要求黄河流域内各司法机关在协同治理理念的指导下处理好司法机关之间的关系，为黄河流域生态保护和高质量发展保驾护航。黄河流域司法协调机制探索虽然有所改进，但仍存在协调主体单一、协调机制内容空洞等问题。一方面，黄河流域内各司法机关在生态环境案件的侦查、起诉、审判等各个环节中尚未形成制约，导致出现司法机关各自为政的局面和分割式的碎片化僵局；另一方面，黄河流域内各司法机关之间的协作力度不足，司法协调机制的建设仍需要各方共同努力。

第二，司法协调机制受碎片化目标困扰。黄河流域是一个有机的整体，整个流域上下游、左右岸作为一个整体，其根本目标在于致力于黄河流域生态环境治理，实现高质量发展。但是，黄河流域内每个地区的经济发展水平与当地政府的政绩息息相关，而这又会产生地方保护主义。地方政府则会更加注重经济效益，而忽视了黄河流域的整体生态效益，形成了目标追求机制的碎片化局面。这种碎片化局面将进一步导致各司法机关只关注本区域的生态环境问题，而忽视生态环境的整体性特征，从而导致跨区域合作的困境。黄河流域生态保护是一项长期工程，仅靠短期投入很难达到治理效果。再加上各地有时会减少对跨区域生态环境保护的投入，甚至采取忽视跨域生态环境问题的方式，进而导致发生更严重的后果。

（二）黄河流域生态保护司法协调机制运行不顺畅

1. 黄河流域司法协调的主动性不足

黄河流域的生态环境要素复杂多样，包括人与自然等多种多样的要素。黄河流域各地面对各要素的价值取向和思维方式不尽相同，导致流域内各司法机关之间缺乏较强的协调意识。此外，以行政区划为基础的传统管辖体制限制了黄河流域司法协调机制的运行与发展。再加上黄河流域内各司法机关的协调意识普遍淡薄，各司法机关认为，处理好本行政区域内的生态环境案件即可，与其他地区的司法机关进行合作会增加风险。

然而，协调治理的理念是存在冲突关系的伙伴之间达成平衡状态的前提和基础。只有在各司法机关之间形成统一的协调治理理念，才能建立起完善的黄河流域生态保护司法协调机制，否则就难以同其他地区的司法机关进行有效沟通，难以认同和参与其他地区的生态环境治理和保护，始终局限在本司法机关的利益束缚之中。而且黄河流域的生态环境问题可能涉及流域诸多省区，具有非排他性和非竞争性，条块分割的治理模式难以处理跨域的生态环境问题。黄河流域的整体性和外部性特征，使流域内的生态环境问题成为流域内各司法机关共同面对的问题，而黄河流域司法协调机制的运行可以促进各地区司法机关的协调联动，将外部性问题"内部化"。①

黄河流域司法协调机制顺利运行的前提是形成相对一致的目标，不仅是选择上的一致性，更体现为行为方式的一致性。目前，黄河流域9省区的高级人民法院相继建立了本区域的生态环境司法保护体系，黄河流域司法专门化迎来了新的征程。但是，现阶段的黄河流域生态保护司法协调机制仅局限于各行政区域内，缺乏统一的协调机制，特别是在省际生态环境案件的处理中，以行政区划为单位各行其是的情况更加明显。

目前，黄河流域的大部分生态环境案件仍在各省区的管辖范围之内。但不同省份在审理生态环境案件时的司法理念不同，在审判实践中对类似案件的处理结果也不相同。虽然各省区也在积极推进黄河流域省际司法协调机制建设，但受行政区划的限制，司法协调的力度十分有限，黄河流域生态环境整体性保护和系统性治理缺乏科学合理的保障机制。尤其是在处理黄河流域跨省区生态环境案件的过程中，各司法机关联动性不足、各自为政的情况更加突出。

---

① 孙芳城、蒋水全、尹长萍：《长江流域环境审计协同治理：一个理论框架》，载《财会月刊》2022年第3期。

因此，要突破黄河流域上中下游之间行政区划的界限，发挥流域内各司法机关的积极性，建立和完善流域内的联席会议制度。除此以外，针对黄河流域经济社会发展与流域生态保护、水污染防治、生态补偿和生态修复等问题进行全方位协作。

2. 黄河流域司法协调的协同性不足

尽管对黄河流域司法协调机制进行了一些有益的探索，但距离体系化和实质化的司法协调机制的建成仍有一段距离。

首先，集中管辖仍受制于传统的行政区划，司法机关仍无法协调区域和流域、全局与局部的关系。此外，黄河流域没有设置专门的司法机关，导致司法协调机制的协同性明显不足，无法高效处理黄河流域生态环境案件。其一，体现在属地管辖方面。由于黄河流域生态环境因素的特殊性，即生态环境违法行为与损害后果可能涉及不同的区域。因此，对同一个案件多个法院可能均具有管辖权，进而会出现或相互推诿或相互争抢的现象，影响生态环境案件审判的效率。其二，体现在级别管辖方面。当前，我国环境资源法庭（审判庭）的设置是不合理的。环境资源法庭（审判庭）大多设置在基层法院和中级法院，并且各级法院一般是以诉讼标的额来确定案件的级别管辖。但是，环境公益诉讼案件的诉讼请求与标的额的关系并不是很密切，因此，在级别管辖的设置上与环境公益诉讼不是很适应。

其次，黄河流域针对司法协调机制的规定多"浮"于纸质文件，例如最高人民法院、最高人民检察院发布的关于黄河流域跨域治理的"意见"以及9省区的高级人民法院签订的"框架协议"等，缺乏长期有效的执行和监督机制。此外，对于黄河流域内生态环境案件的线索移送、异地执行等问题，也没有做专门规定。

再次，与长江流域相比，黄河流域的经济发展水平相对落后，流域生态保护和经济发展的矛盾更为突出。因此，黄河流域内的生态环境案件频发，案件处理难度较大。这说明黄河流域司法协调机制的协同性仍然不足，区域间的司法实践存在较大差异，从而影响流域内司法工作的开展。

最后，由于黄河流域受行政区划的影响，流域内的生态环境信息无法高效共享，在流域生态环境污染案件中尤为明显，这不利于司法协调机制的良好运行。

3. 黄河流域环境责任方式的协同匮乏

黄河流域生态保护司法协调机制的建设仍处于萌发阶段，存在诸多不足，特别是黄河流域环境责任方式的协同较为匮乏，因而导致无法有效处理黄河流域内的生态环境案件。

第一，黄河流域内各司法机关之间缺乏有效衔接，导致纠纷解决机制僵化。黄河流域上下游的经济发展不平衡，导致流域生态环境案件频发且类型多样，包括民事案件、刑事案件和行政案件等。由于黄河流域地跨9省区，各司法机关在处理生态环境案件的过程中，会受到地方保护主义的影响，会以自身利益为重，进而影响流域内各司法机关的协调和配合。此外，没有明确规定跨域生态环境案件环境责任的协调机制，流域生态环境案件环境责任处理方式较为僵化。

第二，针对黄河流域生态环境案件缺少分类施策。由于黄河流域司法协调机制没有从黄河流域实际出发，缺乏因地制宜的因素，因而无法充分发挥司法职能。黄河流域横跨九个省区，上中下游具有不同的水文特征和人文特征。尤其是在黄土高原等生态脆弱地区，人民调解委员会的功能并没有得到充分的发挥，无法督促当事人独立解决纠纷，从而影响黄河流域司法协调机制功能的发挥。

第三，黄河流域的生态环境案件多发且类型多样，流域主体间利益呈多元化、复杂化的趋势。在司法活动中，诉讼请求复杂多样，流域生态环境问题无法通过诉讼程序真正得到解决。因此，要充分发挥仲裁机构等非诉讼机构的作用。

第四，黄河流域各司法机关之间尚未形成明确的职责分工。当前，尚未从全局的角度出发统筹经济发展和环境保护的关系，也没有根据流域内的经济发展状况和环境资源状况出台相应的跨域生态环境保护政策，从而实现黄河流域的整体保护。黄河流域司法机关应当在民事责任、刑事责任以及行政责任的基础上，注重同预防责任、生态修复责任等生态环境责任方式的结合，贯彻落实生态修复的理念，并从单一修复方式转向多种修复方式。

三、黄河流域生态保护司法协调机制的应然逻辑

（一）黄河流域生态保护司法协调机制的生成逻辑

1. 流域完整性之要求

黄河流域生态保护司法协调机制是指流域内的法院和检察院之间形成司法协调体制机制，共同解决流域内出现的跨域生态环境问题。建立和完善司法协调机制的原因如下。

第一，黄河流域是由多种生态环境要素构成的生态系统，流域的上中下游都具有极其重要的生态功能。黄河流域的上中下游和干支流的生态环境要素相互作用，共同构成了黄河流域的生态系统，具有明显的整体性。

第二，黄河流域横跨九个省区，因此，应当采用整体保护的方法去处理流域内的生态环境案件。传统的以行政区划为基础的划分标准对黄河流域的整体性特征作了割裂，但这并不意味着黄河流域的整体性特征在司法协调的过程中就可以被忽视。因此，司法协调机制的"碎片化"与黄河流域的"整体性"之间的矛盾较为突出，无法有效满足黄河流域生态保护司法协调的需要。

第三，黄河流域是一个涉及多种生态环境要素的自然系统，同时也是一个包括经济和人文等要素的系统，这就直接导致黄河流域的生态环境案件涉及的社会经济利益多元化。[1]在整个黄河流域内，个人利益、经济利益与社会利

---

① 任保平、张倩：《黄河流域高质量发展的战略设计及其支撑体系构建》，载《改革》2019年第10期。

益相互作用，导致黄河流域内各地区之间产生多种纠纷。因此，在黄河流域的治理方式上要统筹兼顾，对黄河流域进行全方位的保护并合理地开发和利用，进而加强生态文明建设。

2. 流域违法行为的特殊性和关联性

黄河流域因其独特的地理特征，再加上复杂的生态环境，因而治理难度较大、花费时间较长，在我国的流域治理中一直处于比较困难的地位。在整个黄河流域内，上游的污染物会随着流域逐步扩散到中下游，对中下游的生态环境造成严重破坏。近年来，最高人民法院和最高人民检察院每年都会发布黄河流域生态环境司法保护的典型案例。通过对这些典型案例的梳理和总结，可以看出，涉及黄河流域的生态环境案件类型大致为涉及动植物保护和历史遗址保护的刑事案件、由环境污染导致的环境侵权纠纷，包括私权纠纷以及公益诉讼权利纠纷，还有检察机关提起的关于环境公益诉讼纠纷。目前，黄河流域生态环境案件主要以各地区的法院处理为主，但是，为了更加高效地解决黄河流域的生态环境问题，推进黄河流域经济、社会、生态的和谐发展，应当将黄河流域生态保护司法协调机制落到实处。

黄河流域自身具有特殊的流域特征，这就导致流域内的生态环境案件往往会涉及多个地区。首先，由于黄河流域径流量较少，加之黄河流域经济社会发展已走上快车道，黄河流域的水资源矛盾更加突出。黄河流域上中游地区的水土流失现象较为严重，尤其是在黄土高原地区，这就使得中上游地区的生态环境变得十分脆弱，并致使下游河床升高，河道淤积严重。其次，受传统的以行政区划为划分标准的限制，加之对非法占用河道滩涂的行为屡禁不止，致使上中下游及左右岸针对防洪的管控措施比较艰难。由于黄河流域中游地区的水体污染比较严重，导致下游地区的农业、工业和生活用水的自我净化能力相对较低。最后，黄河流域的生态环境曾多次遭到严重破坏，导致流域内的生物多样性迅速减少。

3. 协同治理理论之推进

黄河流域生态保护司法协调机制的顺利运行离不开协同治理理论。司法意义上的协同治理理论，最初是为了适应《民事诉讼法》中的和谐司法需要，加强司法机关与其他机构之间的联系，不断交流互动，推动民事诉讼行为向更加平稳的方向靠近。我国历来强调司法独立，因而协同治理理论的运行仍然处于起始阶段。再加上不同的司法模式，致使司法机关之间无法形成良好的合力。黄河流域本身具有特殊的流域特征，再加上生态环境案件多发，因而流域内的司法机关应当相互合作，共同解决黄河流域的生态环境问题。黄河流域生态环境治理以协同治理理论为基础，既可以保证司法机关之间具有内在的协同驱动力，又可以保证以黄河流域的整体性为着力点，从而合理解决黄河流域的整体性与碎片化之间的矛盾。

黄河流域司法协调机制的顺利运行，可以提高流域内各司法机关处理生态环境案件的效率，也可以保证流域内各司法机关对生态环境案件的分类处理，对审判机关、检察机关、行政机关以及其他机关之间的功能进行很好的定位，以便于形成合力，共同应对黄河流域的生态环境问题。同时，也是为了从整体保护主义的角度出发，分析黄河流域司法协调机制当前存在的不足，从而更好地应对黄河流域的生态环境问题。

4. 环境司法专门化之进化

流域环境司法专门化是环境司法在流域内的具体体现。黄河流域的利益多元化、案件类型复杂化，为环境司法专门化形成了内在驱动力。[①]再加上我国传统的行政区划设置，各地司法机关和行政机关的分工一直遵循"分工负责，互相配合"的合作原则，环境司法专门化便显得顺理成章了。

首先，黄河流域生态保护司法协调机制是对流域内生态完整性的保护，将协同治理方式应用于黄河流域生态环境的治理，有助于从宏观上把握黄河流

---

① 秦天宝：《我国流域环境司法保护的转型与重构》，载《东方法学》2021年第2期。

域生态保护和高质量发展的基本规律。①

其次，面对黄河流域环境污染的流动性，需要从整体上把握黄河流域的流域特征。在黄河流域生态保护跨区域协作的初期，主要围绕《民事诉讼法》《刑事诉讼法》以及《行政诉讼法》的规定，且主要以各省区内市州司法机关为主进行协商与沟通。司法改革后，各地司法机关被赋予了更大的自主权，司法协调的范围也随着流域内生态环境案件类型的多样化而逐步扩大，且不再局限于三大诉讼法的协作范围，而是根据黄河流域的实际开展更为高效的司法协调工作。

最后，由于黄河流域本身具有跨域性和流动性，流域内的司法协调也逐渐从省内向省际扩展，省际协调的方向也逐渐从诉讼向非诉讼的领域扩展。黄河流域生态保护司法协调机制的运行有其理论依据，也可增强司法合作的力度，共同助力黄河流域生态保护和高质量发展战略的落地生根。

（二）黄河流域生态保护司法协调机制的实践功能

1. 促进流域环境法治的形成

流域法治是法治的一个重要组成部分，它是严格按照公正司法的要求形成的一个内在的强有力的流域法治体系。黄河流域地跨9省区，流域内经济社会发展水平参差不齐，国家只能提供宏观层面的基本制度和一般原则，而不能对黄河流域具体生态环境问题的处理提供细化的规定。这就使得流域内各地区在司法协调机制的建设方面拥有更多创新的空间。黄河流域面临的生态环境问题往往涉及多个区域，进而导致管辖、执行和异地修复困难重重。从这个意义上来讲，司法协调机制的顺利运行是有效解决黄河流域生态环境问题的前提条件。当前，我国法律制度中对送达的规定主要体现在委托送达层面，这与流域法治所需要的司法协调机制所达到的效果相差甚远，因而需要在司法协调机制

---

① 吴勇：《我国流域环境司法协作的意蕴、发展与机制完善》，载《湖南师范大学社会科学学报》2020年第2期。

的送达方面进行创新，推动黄河流域环境法治的发展。

建立健全黄河流域生态保护司法协调机制，有利于防范在协同推进流域治理的过程中出现的矛盾。黄河流域生态环境要素的关系十分复杂，不同主体的利益诉求多样化，再加上流域内各地区的经济发展水平不同，我国相关法律法规在处理黄河流域生态环境问题时具有天然的滞后性。这就要求黄河流域内各司法机关在处理生态环境案件时要坚持司法协调的理念，这样才能在整体保护主义的前提下，共同推动黄河流域司法协调机制的发展。

2. 促进流域环境协同治理

黄河流域的行政区域多元，生态环境具有整体性特征，流域内各地区的经济发展状况不同且相互影响。此外，不同地区生态环境的发展目标也不同，从而出现流域内资源利用和生态环境保护状况不一的现象，这也是黄河流域内生态环境问题多发的根本原因。从司法领域来看，法院和检察院也是以行政区划为基础设立的，各司法机关的人员交流、经费保障等方面与地方政府之间存在密切的联系，极易导致出现司法方面的地方保护主义。

传统流域司法的另一个缺点是部门主义。[1]黄河流域各区域的司法机关在生态环境案件的侦查、起诉、审判和执行等环节中的合作力度远远不够，彼此也没有形成相互制约的关系，致使各自的权力无法更好地发挥其作用。此外，传统意义上的行政机关与司法机关相互独立且较少业务往来，使得黄河流域司法协调机制在理论层面和实践层面无法形成合力。

综上所述，黄河流域内司法机关的地方保护主义与流域整体保护主义是相悖的，因此，只有建立健全黄河流域生态保护司法协调机制，不断克服传统地方保护主义的弱点，才能扭转当前黄河流域省际各自为政的局面，提高黄河流域生态环境保护的整体水平。

---

① 赵美欣：《整体性治理理论下跨区域生态治理研究》，载《云南农业大学学报》（社会科学版）2022年第2期。

3. 促进流域环境司法尺度的统一

受我国传统行政区划划分标准的影响，我国黄河流域司法机关的划分也出现了碎片化的局面。黄河流域的整体保护机制与碎片化的司法管理体制相矛盾，进而产生了许多司法治理难题。具体表现为以下几点。第一，黄河流域内不同的司法机关处理生态环境案件的理念不同，对案件处理规则的把握程度也不尽相同，这就很容易导致对同一个案件的处理可能会出现不同的结果。此外，生态环境案件的裁量尺度也会大相径庭，甚至相同的案件会出现互相矛盾的结论。第二，黄河流域各司法机关在处理生态环境案件时，受行政区划的限制，难以对流域内的生态环境问题进行整体考量。第三，黄河流域内各区域会因为考虑本地区的经济社会效益和生态环境利益，对于其他地区的司法管辖权进行争夺或相互推诿。第四，由于流域内各司法机关工作人员的专业水平差异较大，导致流域内生态环境案件的处理结果出现了较大的差异。

因此，要实现黄河流域的整体治理与保护，需要不断完善司法协调机制，缓解流域内司法机关之间的紧张关系，以确保生态环境案件裁量尺度的统一，实现环境司法救济的统一。

4. 促进流域环境司法专门化的发展

黄河流域环境司法专门化的发展趋势是必然的。理论上讲，黄河流域生态环境的整体性特征和生态环境问题的延伸性特征，对黄河流域的治理提出了"专门化"的要求。从实践层面来看，黄河流域环境司法专门化是目前存在的为克服流域内地方保护主义的迫切需求。我国目前流域环境司法专门化的做法是在各地成立环境资源法庭（审判庭），实行对流域内生态环境案件的集中管辖。以行政区划为基础的司法管辖制度，导致环境司法专门化出现了以下问题。第一，黄河流域跨行政区域的司法管辖以集中管辖为主，但这也是一种临时性的制度安排，存在许多不确定性。第二，黄河流域内各司法机关之间还没有理顺其关系。在黄河流域内，只是建立了环境资源的审判机构，并没有设立相对应的公安机关和检察机关，造成流域内司法机构设置不合理的现象。第三，环境司法专门化程度不高，能同时办理环境刑事案件、环境民事案件、环境行政案件的法官人才极缺，在面对具体案件时，能不能妥当及时处理仍然是个挑战。

因此，真正意义上的流域环境司法专门化的实现，更需要对司法协调机制加以完善，以形成黄河流域生态环境保护的合力。

（三）黄河流域生态保护司法协调机制的逻辑转型

1. 从跨区划司法管辖转向全流域司法管辖

黄河流域生态保护司法协调机制实行司法专门化，当前的流域环境司法专门化在机构设置和司法管辖方面实行集中管辖，在一定程度上避免了地方保护主义。目前，即使少数法院以生态环境保护为目的设立了专门的环境资源法庭，但也只不过是在管辖方面将不同区域的生态环境案件集中到一个区域，仍属于管辖范围内的微调。因此，要实现黄河流域司法协调机制的高效运行，需要打破原有的行政区划限制，按照整体保护主义原则调整现行司法协调机制，建立更加完善的司法协调机制。

2. 从司法协作转向司法协同

协作是指统一安排多个部分的工作，共同完成多项任务，注重量的变化；而协同强调各个子系统之间的优化与协作，以达到"1+1＞2"的效果，侧重于质的变化。[①]面对黄河流域复杂的生态环境问题，黄河流域司法协调机制的平稳运行要求充分发挥司法能动性，在司法机关之间形成良好的协调机制。但是，目前这种司法协调机制还只是针对某些生态环境案件。为实现整个黄河流域各个子系统之间的协调联动，应当在整体保护主义的指导下，实现各生态环境要素之间的协调，增强司法协同的效果。

---

① 胡建华、钟刚华：《模式调适与机制创新：我国跨区域水污染协同治理研究》，载《湖北行政学院学报》2019年第1期。

3. 从静态司法转向动态回应型司法

根据流域环境司法专门化的发展要求，黄河流域的生态要素和社会经济要素都应当形成动态的、专门化的发展过程。因此，在黄河流域司法协调的过程中，应当根据流域内各个子系统的变化，对相关方式和方法作及时的调整，并加强监督和评估，从而构建动态回应型司法。

四、完善黄河流域生态保护司法协调机制之对策

（一）完善黄河流域生态保护司法协调立法

1. 以习近平生态法治理论为指导

黄河流域生态保护司法协调立法的完善，离不开习近平生态法治理论的指导。习近平生态法治理论将生态环境提高到国家战略的地位，成为我国未来寻求可持续发展道路的重要思想，也为国际生态文明发展提供了理论支撑。面对日益严重的生态环境问题，人类社会的思想张力不断地付诸实践，从第一代人权"公民和政治权利"到第四代人权"和谐权"的跨越，也带动着我们对"美好生活"内容最本质的思考。所谓和谐，不仅要求生产力与生产关系协调发展，更要求人类与生态环境有机共存，在不影响人类社会发展的同时保证生态系统平衡运行。习近平生态法治理论源于生态保护实践，又指导生态保护实践，"实践—理论—实践"的二次飞跃是其力量源泉。

习近平生态法治理论是我国生态法治建设的指导思想，也是黄河流域生态环境司法协调立法的指导思想，多元联动是其落在实处的关键。习近平生态法治理论是以依法治国为蓝本的治理体系，需要结合复杂的生态体系、本土的生态特征、渐进的生态状况，兼顾单元与系统、局部与整体、现在与未来的生态法治维度。

科学立法是立法者颁布"善法"的关键，运用科学的方法行使立法权是生态法治切实有效推行的基础。首先，应将生态思维融入黄河流域生态保护

和高质量发展立法环节，用绿色发展眼光审视相关法律，使绿色发展理念与之融会贯通。2021年生效的《民法典》将绿色原则纳入民法基本原则当中，使绿色发展理念贯穿整个民法脉络，显系重大进步。其次，应更加重视生态环境立法。虽然生态文明已被写入宪法，但对环境权的保障尚未实现，环境权确权与救济路径仍是未来生态环境立法的着力点。[①]最后，生态思维模式与黄河流域立法工作应当相辅相成、相互交融，不应孤立强调生态思维对立法工作的重要性，也不应片面关注黄河流域生态环境立法现状而忽视生态思维的价值，否则黄河流域生态环境法治只能停留在社会治理的表面，难以深入流域生态环境保护之关键所在。

2. 实现从独立保护到协调治理的理念转型

黄河流域流经九个省区，涉及的主体和生态环境案件类型复杂多样，涉及的法律关系也极为复杂。因此，要坚持整体保护主义，立足于黄河流域的整体性和系统性特征，构建运行良好的司法协调机制。

从理念转型的角度出发，要加强黄河流域的司法队伍建设。[②]黄河流域的生态环境案件涉及范围广、时间长，且不同于普通案件的受案范围和裁量依据，具有跨域性和复杂性。此外，黄河流域的很多生态环境案件都会涉及民事、刑事、行政等多个要素。因此，司法机关工作人员需要掌握民事、刑事、行政和环境资源法的专业知识，还需要掌握法学理论、环境资源法学理论和法哲学、社会生态学等学科知识。如果没有接受过专门的理论知识培训，就很难应对专业问题，因而对司法机关工作人员提出了更高的要求。因此，一方面，要以更加灵活的方式，通过各种渠道吸引人才，吸纳促进生态文明的各方力量，不断提升司法队伍的专业化水平，为黄河流域生态保护和高质量发展储备

---

① 陈慧：《绿色发展视阈中"人类命运共同体"的构建》，载《广西社会科学》2018年第2期。

② 李景豹：《论黄河流域生态环境的司法协同治理》，载《青海社会科学》2020年第6期。

人才。另一方面，要加强司法机关与高校之间的合作。高校和科研院所不仅是法学教育和科研的高地，也是推动司法改革前进的思想阵营，各高校法学专业的学生都是国家司法队伍建设的后备军。因此，要以挂职、培训、交流、实习等形式加强与高校、科研机构的合作。这样既可以将司法实践带入课堂，给学生带来最直观的案例感受，也可以间接推动国家环境法治事业的发展。在合作的过程中，司法机关工作人员还可以与法学专家就遇到的疑难复杂案件进行交流和讨论，这样就会以多种方式提高司法队伍的专业化水平。

3. 加强黄河流域司法协调的立法建设

在黄河流域生态保护司法协调机制的建设过程中，仍然存在很多问题，需要从黄河流域的实际出发，并结合相关理论，做好黄河流域司法协调机制的顶层设计。使流域内各司法机关能够有序推进司法协调工作，确保黄河流域司法协调机制的顺利运行。

第一，黄河流域所跨9省区应当在《黄河保护法》的基础上进一步细化。例如，黄河流域内各法院和检察院应当对重大疑难复杂案件进行梳理和分析，总结出共同的裁判规则，并形成相关规范性文件，为黄河流域生态保护司法协调机制的顺利运行提供明确具体的指引。

第二，针对黄河流域生态环境案件的执行环节，要立足于整体。针对黄河流域内各法院之间的调查取证和异地执行等程序性事项需要专门制定相关规范性文件，为黄河流域司法协调机制的执行环节提供明确的指引。

第三，在《黄河保护法》的基础上，重视环境资源开发、利用和保护等各个阶段，结合《环境保护法》及其相关的法律法规，制定贯穿黄河流域司法协调机制各个环节的规范性文件，进一步完善黄河流域司法协调机制。

第四，可以尝试在黄河流域建立司法协调机构（譬如，最高人民法院黄河巡回法庭或黄河人民法院等），主要负责黄河流域相关法律法规的协调对接。必要时，可以对地方法院进行适度的干预和指导，以加快推进黄河流域生态保护司法协调的工作进程。

第五，及时修正与黄河流域司法协调机制相冲突的法律法规。随着黄河流域司法协调机制的逐步完善，对与司法协调机制相冲突的法律法规要及时予以修正，以确保黄河流域司法协调机制的与时俱进。

（二）完善黄河流域生态保护司法协调之重要机制

1. 推进司法协调机制"落地"

黄河流域生态保护司法协调机制的实质化，是指司法协调机制的常态化和持续化，主要包括以下几个方面：

（1）建立健全黄河流域司法协调机制的指导和决策机构。指导和决策机构一般体现为黄河流域内各省区成立的联席会议，其承担着黄河流域内重大事项的决策、重大疑难复杂案件的指导和典型案例的发布和适用等角色，体现了黄河流域司法协调机制的系统性和整体性。

（2）确定黄河流域司法协调机制的程序和内容。目前，黄河流域生态保护司法协调机制的制度性规定大多以"意见"或"框架协议"的形式存在，流域内的突发性生态环境案件无法得到及时处理。因此，黄河流域司法协调机制应当具有完备的运行机制和反馈机制。与此同时，黄河流域司法协调机制的内容应当倾向于生态环境方面，而不是将其他所有事项纳入其中。

（3）推进黄河流域司法协调机制的生态化。黄河流域生态保护司法协调机制的重点在于保护流域生态环境。流域生态环境保护涉及多个要素，核心是环境利益的保护。黄河流域的生态环境案件本身涉及面广，处理生态环境案件往往需要借助科学技术手段。因此，应当针对黄河流域生态环境案件的特殊性设置特殊的规则，比如，生态补偿制度、生态红线制度等，进而为黄河流域司法协调机制提供有力保障。

2. 协调流域司法与区域司法的关系

在黄河流域生态保护司法协调机制的建设过程中，应当妥善处理流域司法和区域司法的关系。如果属于黄河流域生态环境司法保护领域的，就应当由黄河流域专门法院管辖；如果属于本行政区域的生态环境案件，就应当由本行政区域的司法机关进行管辖。

因此，要重视立法作用的发挥，并通过科学合理的方式明确黄河流域专门法院的职责。同时，还要明确各地区的职责，对两者之间的关系进行明确界定。实践中，整个黄河流域生态环境案件的界限较为清晰，不可能将整个流域的生态环境案件全部交由黄河流域专门法院管辖。因此，如果黄河流域的省级和市级司法机关能够有效处理本地区的生态环境案件，那么黄河流域专门法院的压力将大大减轻。这就要求在相关法律法规中明确规定每个部门的权力和责任。如果发生黄河流域生态环境案件，就可以根据每个机关的职责，准确分析每个机关应当承担的责任，进而为黄河流域生态保护司法协调机制奠定良好的基础。

3. 健全流域省际司法协调机制

黄河流域的地理特征独特、生态环境复杂、生态环境案件类型多样、经济社会发展水平不平衡、司法实践存在较大差异。要实现黄河流域司法协调机制的顺利运行，最大限度地发挥司法机关的效能，仅靠某一个或某几个司法机关是远远不够的，难以发挥流域司法的最大效能，很难实现流域司法专门化。这就要求黄河流域内各司法机关始终牢记协调理念，坚持整体保护主义，在协同治理理论的基础上充分发挥合作精神，处理好黄河流域生态环境案件，并处理好司法机关之间的关系。

黄河流域司法协调机制的顺利运行，可以很好地解决流域内的生态环境问题，并展示出良好的社会生态效应，为黄河流域生态保护和高质量发展保驾护航。黄河流域生态保护司法协调机制是黄河流域生态文明的核心要义，其依据的是整体保护主义和协同治理理论，这两个理念赋予了各司法机关在协调方面的主动性。运行良好的司法协调机制可以把注意力放在司法机关之间的协调问题上，这样能够进一步规范黄河流域生态环境案件的裁量标准，加快推进黄河流域的司法专门化。虽然我国已经在部分流域进行过司法协调机制的初步探

索，也取得了一些成功的经验，但经过实践的检验，仍有很大的提升空间。例如，黄河流域司法协调机制缺乏法律依据、协调主体单一、协调内容抽象、司法协调机制的保障不足等。一方面，黄河流域内各司法机关在生态环境案件的起诉、审判、执行等环节的协作力度不够，未能形成有效制约，进而造成各司法机关多考虑本地利益，司法救济呈现较大差异，无法从根本上解决流域内的生态环境问题。另一方面，受传统行政区划的影响，黄河流域内行政机关与司法机关的合作并不密切，地方保护主义频发，黄河流域司法协调的实际效果与理想中的差距仍然较大。

第一，就黄河流域省际司法协调机制的法律依据而言，除可以依据《黄河保护法》之外，还可以发布有关黄河流域司法协调方面的规范性文件，对尚不健全的司法协调机制加以完善。[①]例如，将集中管辖列为司法协调机制的管辖方式之一，积极应对黄河流域生态保护司法协调机制管辖方面的法律适用问题，从而加快构建有序稳定的黄河流域生态保护司法协调机制。

第二，在黄河流域省际司法协调的主体方面，流域内的司法机关应该从长远出发，加强与公安机关、水利部门、生态环境部门、自然资源部门等的密切配合。要加快推进司法协调机制的实质化，即应当根据每个生态环境案件的实际情况，决定是否应该在司法机关与其他部门之间建立联系，特别是要加强生态脆弱地区各司法机关之间生态环境案件信息的共享。通过有效的制度设计，加快促进黄河流域司法机关之间的协调，实现良性互动，为黄河流域生态保护和高质量发展提供法治化保障。

第三，在黄河流域省际司法协调的形式方面，应当充分利用大数据平台和人工智能，实现黄河流域生态环境案件信息的共享，并通过联席会议和远程会议就重大疑难复杂案件进行深入沟通。通过加强司法机关之间的深度合作，建立统一的司法决策和实施机构，实现黄河流域司法协调机制的专业化、智能化和常态化。

[①] 武俊伟、孙柏瑛：《我国跨域治理研究：生成逻辑、机制及路径》，载《行政论坛》2019年第1期。

第四，在黄河流域省际司法协调机制的内容层面，应当充分考虑黄河流域自身的流域特征和生态环境案件的特殊性。在涉及黄河流域的环境公益诉讼、生态损害赔偿诉讼和生态补偿等领域时，应当多关注案件的管辖问题、案件线索的移送问题、文书的送达问题、办案经验的分享，以及司法文化的建设与交流等。

第五，在黄河流域司法协调机制的保障机制方面，要改变以往司法协调多浮于表面的情形，从司法机关的绩效考核入手，给予制度上的鼓励和支持，使司法协调机制落到实处，真正发挥其效用。

综上所述，通过建立多维度的黄河流域生态保护司法协调机制，化解流域内司法机关因司法协调理念不同而产生的冲突，进而最大限度地缓解黄河流域司法协调过程中出现的矛盾，并发挥司法协调机制的最大优势。

4. 明晰流域司法协调机制之维度

黄河流域地跨九个省区，生态环境具有整体性和关联性的特点，与沿岸各地的社会经济发展关系密切。但由于各省区的社会经济发展目标和生态环境目标不同，所面临的生态环境压力也不尽相同，因此各地区对于经济问题和生态环境问题所采取的措施也不尽相同。黄河流域司法协调机制的运行总体上仍处于传统的司法保护体系之中，尽管目前流域内各地法院已经相继设立了环境资源法庭（审判庭），但仍然受限于以行政区划为基础的划分标准，而且容易受到当地政治、经济、文化和社会生态的影响，极易形成地方保护主义。此外，还会存在司法管辖权的争夺或推诿问题、保全方面的问题以及司法协助方面不配合等问题，并且黄河流域内不同地区在立案、审判、执行等方面也无法形成统一的裁量标准。

因此，构建黄河流域司法协调机制，首先要打破传统的行政区划桎梏。一方面，符合黄河流域生态环境的整体性特征、生态环境问题的关联性特征以及生态环境案件的复杂性特征，也符合生态环境一体化的要求。另一方面，黄河流域生态保护司法协调机制的建立与完善，也是对当前司法领域存在的地方保护主义、司法管辖难和司法裁量标准不统一等问题的回应。因此，黄河流域生态保护司法协调机制，要实现从地方化到集中化的结构转型。

第一，建立黄河流域生态环境案件专门法院。①黄河流域有其独特的流域特征，流域内的生态环境案件与其他普通案件会有所不同。因此，要从黄河流域的整体性出发，根据黄河流域的基本特点、人口分布、案件类型等要素，打破原有的行政区划标准，遵循黄河流域的自然规律，建立相对独立的黄河流域生态环境审判组织体系。不仅要将黄河流域内有关生态环境的民事案件、刑事案件和行政案件统一集中管辖，实现审判人员的专业化和生态环境案件的集中管辖，构建更加完善的黄河流域生态环境司法保护机制，而且要更彻底地改变地方保护主义和司法裁量标准不统一带来的弊端，尽量避免司法不平衡带来的困境，从而推动黄河流域环境司法专门化的发展。与黄河流域各省区的地方法院不同，黄河流域专门法院对生态环境案件实行集中管辖。在法院的设置上，与普通的生态环境案件形成平行关系，形成一种黄河流域的生态环境案件由专门法院管辖，普通案件由各地区法院管辖的司法管辖制度。目前，最高人民法院已经在全国范围内设立了四个跨区域的环境资源法庭，即南京、兰州、昆明和郑州，它们分别对各地区的环境资源案件进行集中管辖。其中，兰州环境资源法庭承担着西北地区环境司法领域开展专门化审判体制机制改革创新的重要使命。郑州是黄河流域内最大的城市，同时也是黄河文化特色非常鲜明的地区，因此，郑州环境资源法庭对于黄河流域生态保护的功能意义不言而喻。截至目前，这些环境资源法庭已顺利运行了三年，已经探索出一条切实可行的跨行政区划集中管辖生态环境案件的成熟路径。因此，可以依托这一平台，将兰州和郑州两个环境资源法庭分别升级打造为黄河流域上下游环境资源法庭，分别集中管辖黄河上游和中下游的省际重大环境资源案件。但是，构建省际的案件管辖机制已经突破了现行三大诉讼法的规定，需要全国人大以立法形式予以规定或授权。

---

① 秦天宝：《我国流域环境司法保护的转型与重构》，载《东方法学》2021年第2期。

第二，设立黄河流域生态环境专门检察院。①黄河流域的司法专门化不断推进，主要措施就是设置专门的生态环境法院，但却很少设置对应的检察院。由于我国的传统是审判机关和检察机关相互配合、相互合作，在推进黄河流域环境司法专门化的过程中，仅对法院系统进行改革，而检察系统的改革则被忽视。为了维持司法系统内部组织和运行体系的稳定，黄河流域生态保护检察系统应与生态环境专门法院相对应。也就是说，不仅要设立专门的生态环境法院，还要设立相对应的检察院，集中管辖黄河流域的生态环境案件。与审判机关相比，检察机关是生态环境案件的立案机关、参与机关和司法监督机关，其可以更加灵活的方式处理黄河流域的生态环境案件，并且可以做到提早介入、广泛参与和全程监督。检察机关既可以对环境公益诉讼案件直接起诉，也可以在有关机关和组织不起诉的情况下补充起诉，还可以通过提出检察建议等方式进行监督。除此之外，检察机关还可以广泛参与生态环境案件的前期和中期阶段，不仅可以对其他主体的行为提出检察建议，还可以对生态环境案件后期的治理过程进行全程监督，确保司法程序的公平公正。与此同时，对检察系统的体制机制进行创新，能够加快扫清黄河流域司法专门化道路上的障碍，以更加严格的标准解决黄河流域生态环境问题，更好地发挥司法机关的作用，进一步提升黄河流域的司法专门化水平。

第三，注重调整黄河流域司法管辖协调机制。首先，对黄河流域的生态环境案件进行分类管理，根据环境刑事案件、环境民事案件、环境行政案件和环境公益诉讼案件的特点进行分类。黄河流域内各司法机关在审理生态环境案件的过程中，应当确保生态环境案件裁量标准的统一，避免出现裁量标准因地而异的现象。其次，应当继续完善生态环境案件的线索移送机制。黄河流域内的行政机关在行政执法的过程中发现的环境刑事案件和环境公益诉讼案件线索应当移送给其他司法机关处理。最后，要明确集中管辖的主体和案件范围。就管辖的主体而言，既要保证为生态环境案件的审理提供专业人才，又要考虑方

---

① 秦天宝：《我国流域环境司法保护的转型与重构》，载《东方法学》2021年第2期。

便当事人诉讼，因此集中管辖的范围应当适中。

第四，注重裁量标准的协调机制。[①]黄河流域生态环境案件涉及的法律关系复杂多样，因而存在较大的裁量空间。为了达到黄河流域环境司法保护的效果，应当遵循以下几点。首先，严格遵循现行法律法规和司法解释，严格实施法律裁量标准，保证裁量尺度的统一。在生态环境案件处理过程中发现裁量尺度不一的，应当通过联席会议及时进行明确。其次，建立重大疑难案件协商会议。黄河流域涉及的重大疑难复杂案件较多，涉及的法律关系和主体也相对较多。因此，黄河流域内各司法机关在面对重大疑难复杂案件时应当先进行协商。面对突发性生态环境案件，应当邀请专家和社会组织积极参与，从而提升案件的处理质量。最后，各司法机关在处理生态环境案件的过程中，应当确保司法机关在一定轨道上运行，并加大裁量空间，实现实体正义和程序正义。同时，也要注重司法协调机制的变革。黄河流域司法协调机制的顺利运行，对于统一黄河流域生态环境案件裁量尺度和阻碍部门主义、地方保护主义具有重大意义。其一，要加强专门法院与普通法院之间的合作，包括管辖、执行以及司法专门化等环节。其二，要加强审判机关与检察机关之间的合作。[②]

5. 健全司法协调运行机制

第一，健全全流域司法运行机制。黄河流域具有整体性和流域性，应当从以下几个方面完善黄河流域司法协调机制。首先，要根据现行司法机关的组合模式，在此基础上整合辖区内的司法资源，从而实现司法管辖权和行政区域管辖权的匹配。其次，要以黄河流域生态环境案件专门机构为主线，同时设立与其相关的其他机构。例如，可以设立黄河流域专门法院、黄河流域专门检察院。最后，对黄河流域内跨域生态环境案件进行集中管辖和归口审理。同时，

---

① 秦天宝：《我国流域环境司法保护的转型与重构》，载《东方法学》2021年第2期。

② 张丽艳、夏锦文：《国家治理视域下的区域司法协同治理》，载《南京社会科学》2016年第5期。

应当将成功的流域治理经验上升为法律法规、实施细则等规范性文件，并及时发布黄河流域司法保护的典型案例，形成司法协调机制的合力。

第二，健全协调性司法运行机制。①黄河流域司法协调机制的运行过程需要加强内部优化。例如，要完成从具体司法行为的协调到规则协调的转变、加强横向协调与纵向协调、内部协调与外部协调的配合等。具体分为以下几个方面。其一，各司法机关应当在相关法律法规允许的范围内开展司法协调工作。一方面，要加强生态环境案件信息和联席会议方面的协调联动；另一方面，要完善司法运行机制，将司法协调方面的成功经验上升为具体规则，并针对黄河流域内的不同区域进行指导，及时消除冲突和矛盾，逐渐形成监督和评估体系。其二，要加强横向协调与纵向协调之间的配合。横向协调，是指黄河流域内的同级人民法院之间、普通法院与专门法院之间的裁量标准要统一。在纵向协调机制方面，为了避免出现司法管辖权的争夺或推诿现象，流域内不同层级的法院和检察院应当形成纵向协调机制。除了集中管辖机制以外，还要充分利用指定管辖和提级管辖的规定，并进一步发挥黄河流域司法保护典型案例的指导作用，以确保司法协调机制裁量标准的统一。其三，内部协调与外部协调并举。除了司法机关的内部协调机制以外，还应当注重不同司法机关之间以及司法机关与其他机关之间的协调关系，特别是要加强相关配套保障机制的设置。

第三，健全动态回应型司法的方式。②目前，黄河流域整体处于救济为主的司法协调模式，缺乏评估和监督机制，无法有效回应当前黄河流域生态保护的动态性要求。因此，要转变黄河流域的救济方式，提高各主体的参与度，同时引入监督机制。其一，要根据黄河流域的不同生态功能区，采取不同的司法协调模式。对于黄河流域的生态功能脆弱区，更应当发挥司法机关的主动性和司法协调机制的优势。对于黄河流域的重要生态功能受损区，应当实施法院和

---

① 陈新明：《我国流域水资源治理协同绩效及实现机制研究》，中央财经大学博士学位论文，2018年。

② 叶榆东：《府际博弈视角下跨行政区流域污染合作治理机制研究》，华中师范大学硕士学位论文，2020年。

检察院一体化的建设模式，继续推进黄河流域司法专门化建设。其二，要拓宽社会公众参与黄河流域治理的渠道。在黄河流域环境公益诉讼案件的治理过程中，应当加大宣传力度，赋予社会公众更多的权利，同时加强与社会组织的协调与沟通，并将裁判文书向社会公众公开。其三，要不断加强司法协调机制的评估和监督机制。在诉讼过程中，要加强对撤诉和调解方式的监督，增强黄河流域生态环境案件的社会效果。

第四，建设"一站式"多元解纷机制。黄河流域生态保护司法协调机制的工作重心应该放在黄河流域生态环境案件的审理方面，而生态环境案件的解决重点在于多元化解生态环境纠纷。这样既可以从根本上消除地方保护主义，提升黄河流域生态保护和高质量发展水平，亦可应对黄河流域生态环境案件的复杂性。[①]

第五，完善多部门协调联动机制。在黄河流域生态保护司法协调机制的建设过程中，要结合司法机关的专业优势和社会群体的资源优势，形成各主体间的协调联动机制。最为重要的是要始终坚持党的领导，将其作为整个黄河流域生态保护的主线，并依靠人民群众，及时解决跨域生态环境问题。

第六，加强推进"分调裁审"机制改革。要加快推进黄河流域案件的繁简分流，注重重大疑难复杂生态环境案件的社会影响，高效处理黄河流域生态环境案件，并协调好司法机关、其他机关和社会团体之间的关系。

---

① 韩康宁：《黄河重点生态区生态修复的现状、问题与对策研究》，载《三门峡职业技术学院学报》2021年第1期。

第七章　黄河流域横向生态补偿法律机制

一、黄河流域横向生态补偿法律机制的理论基础

（一）黄河流域横向生态补偿法律机制界定

1. 生态补偿

关于生态补偿（Payment for Environmental Services 或 Payment for Ecosystem Services），国外学者将生态补偿界定为环境服务付费或生态服务付费。Cuperus等将"PES"解释为"旨在抵消对生态的不利影响"。[1]Wunder认为"PES"是一个自愿的、经过谈判的框架，是环境服务的买家与环境服务的卖家通过经济补偿，实现资源的持续供给和资源基础的改善。[2]而国内学者杜群认为，生态补偿调整的是生态保护的付出主体与生态保护利益获得者之间的关系，更多的是以"公平"的价值理念为指导的一种经济补偿关系。[3]李爱年认为，法律意义上的生态效益补偿不同于其生态学和经济学上的意义，是从公

① Cuperus R, Kalsbeek M, Haes H, et al. Preparation and Implementation of Seven Ecological Compensation Plans for Dutch Highways[J]. *Environmental Management*, 2002, 29(6): 736–749.

② Wunder S. Payments for Environmental Servies: Some Nuts and Bolts[R]. *Occasional Paper* No.42. Center for International Forestry Research, Nairobi, Kenya, 2005: 1–5.

③ 杜群：《生态补偿的法律关系及其发展现状和问题》，载《现代法学》2005年第3期。

平、权利、义务的角度出发，将生态效益补偿以法律的形式制度化、规范化，既包括对生态环境恢复、治理的投入，也包括针对生态保护主体丧失其发展机会而给予的资金、政策支持。[①]综上所述，从生态补偿的概念来看，我们可以作出以下判断：首先，生态补偿追求的是生态环境的持续改善以及资源的持续供给；其次，生态补偿是通过经济手段、政策手段来调节利益相关主体之间的矛盾关系。

2. 流域横向生态补偿

关于流域横向生态补偿的概念解读，国际上并没有将流域横向生态补偿从流域生态补偿的研究中分离出来进行单独研究。关于流域生态补偿（Payment for Watershed Ecosystem Services），国外学者Tonetti等将流域生态补偿界定为：为保护和恢复特定水资源生态环境服务功能和价值，利益相关主体约定下的一种自愿水生态服务交易行为，通过提高受益区的经济支付意愿，确保上游地区相关保护措施的实施，从而达到"利益平衡"。[②]而国内学者李奇伟认为，所谓流域横向生态补偿，是指在中央和地方的鼓励和支持下，生态保护区和生态受益区在共同利益的基础之上积极开展合作，就"成本共担""效益共享""合作共治"达成共识。[③]王金南认为，流域横向生态补偿旨在通过平等协商、上下联动，以期在不具有行政隶属关系的上下游邻近省区之间形成生态治理合力。[④]综上所述，从流域横向生态补偿的概念来看，我们

---

① 李爱年、彭丽娟：《生态效益补偿机制及其立法思考》，载《时代法学》，2005年第3期。

② Tonetti S, Mendoza G, Ayward B, et al. A Knowledge and assessment guide to support the development of payments arrangements for watershed ecosystem services (PWES) [R]. Report prepared for the World Bank Environment Department, 2004: 5–16.

③ 李奇伟：《我国流域横向生态补偿制度的建设实施与完善建议》，载《环境保护》2020年第17期。

④ 王金南、刘桂环、文一惠：《以横向生态保护补偿促进改善流域水环境质量——〈关于加快建立流域上下游横向生态保护补偿机制的指导意见〉解读》，载《环境保护》2017年第7期。

可以作出以下判断：首先，流域横向生态补偿追求的是流域内生态环境的持续改善以及上下游之间的生态利益平衡；其次，流域横向生态补偿以"共建共治共享"理念为指导，体现的是环境治理新体系下的整体性、系统性要求，强调的是上下游之间的协同治理。

3. 黄河流域横向生态补偿法律机制

探讨流域横向生态补偿法律机制的概念，将黄河流域横向生态补偿纳入法治化轨道，加强顶层设计，有利于解决黄河流域横向生态补偿存在的不足。从法学视角出发，张艳芳等认为，我国流域生态补偿法律机制有待完善，并从立法原则以及如何完善立法体系、补偿机制方面阐述了自己对于构建流域生态补偿法律机制的看法，认为运用法律手段有利于实现流域上下游、整体与个体之间保护的公平与统一。[①]崔广平认为，完善的流域生态补偿法律体系应当以实现流域可持续发展为立法目的，并且坚持法律和法规相结合、中央和地方立法相配套、程序和实体立法相协调。[②]目前，我国流域横向生态补偿法律机制的概念仍有待进一步科学、合理地界定，张栋从如何明确其法律关系、完善其价值内涵、以及法律保障方面对流域横向生态补偿进行了经济法视角的探索，认为明确的黄河流域横向生态补偿机制，以及稳定的法律保护框架，将会促进黄河流域横向生态补偿的实践和探索。[③]综上所述，我们可以把黄河流域横向生态补偿法律机制界定为：为了规范化的促进黄河流域上下游之间的协同治理、综合治理，从而加强立法保障，以法律形式明确流域横向生态补偿的主客体，合理确定流域横向生态补偿的标准，构建流域横向生态补偿的多元方式等，并且完善省际之间的生态补偿协作机制、市场化多元化激励机制、资金监管保障机制等流域横向生态补偿相关机制。

---

① 张艳芳、Melinda E.Taylor：《对中国流域生态补偿的法律思考》，载《生态经济》2013年第1期。

② 崔广平：《我国流域生态补偿立法思考》，载《环境保护》2011年第1期。

③ 张栋：《黄河流域横向生态补偿制度之检视与完善》，载《人民黄河》2022第1期。

（二）黄河流域横向生态补偿的理论基础

1. 外部性理论

外部性理论作为经济学的研究热点，经过了不断的发展、应用过程，在生态环境领域被广泛应用。马歇尔用"内部经济""外部经济"来讨论企业发展问题，使得外部性理论开始发展起来。[①]在面对环境污染时，庇古提出政府可以通过"庇古税"对企业进行"征税"和"奖励金"，从而缓和"背离"，解决其外部性问题。[②]而科斯则从产权角度探究了如何解决环境污染的外部性问题，从而达到资源的优化配置。[③]改革开放以后，随着工业化、城镇化进程的加快，我国流域生态环境破坏现象越来越严重，其外部性问题也成为我国流域生态保护与治理中的关键点，成为流域保护与治理的重要理论基础，被学者广泛研究。为实现流域生态环境持续改善，需要将外部性理论应用到流域生态补偿之中，即下游生态受益区，将上游生态保护区通过生态保护产生的外部经济性所带来的经济社会收益以生态补偿的形式返还给上游地区。[④]当生态保护出现跨行政区域的环境问题，其外部性决定了仅仅依靠市场机制去解决环境问题，往往会出现"市场失灵"现象，因此，当面对市场手段的不足时，需要政府的适当干预。[⑤]当然，在流域横向生态补偿实践中，不可避免的会出现"政府失灵"或者"市场失灵"的现象，当面对流域治理中出现的各种问题时，要充分考虑正负外部性问题，合理运用外部性理论，完善黄河流域横向生态补偿法律机制，化解环境保护与经济发展之间的矛盾。

---

① 沈满洪、何灵巧：《外部性的分类及外部性理论的演化》，载《浙江大学学报》（人文社会科学版）2002年第1期。

② ［英］阿瑟·塞西尔·庇古：《福利经济学》，朱泱等译，北京：商务印书馆2020年版，第206—209页。

③ Coase R H. The Problem of Social Cost[J]. *Palgrave Macmillan UK*, 1960(10):37-44.

④ 赵春光：《流域生态补偿制度的理论基础》，载《法学论坛》2008年第4期。

⑤ 宋国君、金书秦、傅毅明：《基于外部性理论的中国环境管理体制设计》，载《中国人口·资源与环境》2008年第2期。

2. 分工协作理论

在流域横向生态补偿实践过程中，越来越强调分工协作的重要性，因此，分工协作理论是实现流域生态环境持续改善的关键。亚当·斯密在其《国富论》中阐述了分工协作理论，认为在文明社会中，每个人都需要与他人合作，需要他人的帮助，通过分工协作将使人们工作效率不断提高、社会文明不断进步。[①]同样，马克思在其《资本论》中指出，分工协作促进了制造业的调整和优化，是一种"特别的合作"。[②]在流域现代化治理过程中要强调生态治理主体的多元性，通过政府、市场、社会的分工合作，明确各主体之间的权责，合理解决流域生态环境问题。[③]治理结构的新变化，要求我们重塑政府、市场、社群三者之间的功能关系，在明确各自角色任务的同时，增强多主体之间的关联互动，提高共治有效性。[④]通过达成水污染治理共识，关注共同利益，从而构建政府主导、多元协同的流域跨域协同治理机制，提高治理效能。[⑤]所以，在黄河流域横向生态补偿法律机制的构建过程中，我们要重视分工协作理论的应用，聚焦政府、市场、社会之间的分工协作，以期达到最大化的流域治理合力。

3. 整体性治理理论

流域在生态治理过程中往往存在"碎片化"治理现象，作为一个生态整体，整体性治理理论开始在我国流域跨界生态保护与治理中被广泛应用，以期

① ［英］亚当·斯密：《国富论》，唐日松等译，北京：华夏出版社2017年版，第8—17页。

② [德]马克思：《资本论》，郭大力等译，北京：北京理工大学出版社2011年版，第234—235页。

③ 王树义、赵小姣：《长江流域生态环境协商共治模式初探》，载《中国人口·资源与环境》2019年第8期。

④ 杜辉：《面向共治格局的法治形态及其展开》，载《法学研究》2019年第4期。

⑤ 操小娟、龙新梅：《从地方分治到协同共治：流域治理的经验及思考——以湘渝黔交界地区清水江水污染治理为例》，载《广西社会科学》2019年第12期。

解决流域"碎片化"治理问题。整体性治理以治理"碎片化"为其出发点，以合作治理为其发展趋势，[①]旨在打破传统的行政区划给合作治理带来的约束，以维护、保障公共利益和整体利益，提供更好的公共产品、服务为其价值追求。[②]黄河流域是一个完整的环境单元，[③]当流域治理跨越政治边界时，管辖权之间的合作势在必行。[④]在河流的合作治理过程中，河流的复杂性、跨界性意味着传统治理结构的重构，跨界河流的生态治理需要进行整体规划，强调整合过去碎片化治理的政府间组织机构，倡导多元主体参与，以及搭建统一的信息共享平台。[⑤]整体性治理理论为黄河流域横向生态补偿法律机制的构建注入了全新的保护理念，在推进黄河流域生态环境持续改善的过程中，要善于发挥政府的治理主体地位；与此同时，其治理结构要协同市场、社会多方主体参与，整体性运作，以期解决黄河流域生态治理过程中所面临的碎片化问题。

二、黄河流域横向生态补偿法律政策及实践现状

（一）黄河流域横向生态补偿法律政策现状

生态补偿涉及主体以及调整利益的复杂性决定了应当充分发挥法律、政策在生态补偿中的作用，在各自独立运行的前提下，以期两者相互影响、促

---

① 史云贵、周荃：《整体性治理：梳理、反思与趋势》，载《天津行政学院学报》2014年第5期。

② 张立荣、陈勇：《整体性治理视角下区域地方政府合作困境分析与出路探索》，载《宁夏社会科学》2021年第1期。

③ 徐祥民、孙喜雨：《流域绿色高质量发展及其环境法保障——"黄河流域发展会议"引发的思考》，载《河南大学学报》（社会科学版）2022年第1期。

④ Dirschl H J, Novakowski N S, Sadar M H. Evolution of environmental impact assessment as applied to watershed modification projects in Canada[J]. *Environmental Management*, 1993(4): 545-555.

⑤ 韩兆柱、任亮：《京津冀跨界河流污染治理府际合作模式研究——以整体性治理为视角》，载《河北学刊》2020年第4期。

进。①国家层面，要不断提高立法质量，加快流域生态补偿基础性、全局性立法，同时要发挥好政策的引领和推动作用；地方层面，要根据其流域横向生态补偿的具体情况，制定地方性法规，出台具体政策，进一步细化国家相关制度。从而使黄河流域生态治理体系不断健全，为流域横向生态补偿提供法律保障。

1. 国家层面的法律与政策

面对日益破坏的黄河流域生态环境以及黄河流域治理本身的复杂性、长期性、艰巨性，党和国家对于黄河流域生态环境保护工作日益重视起来。目前，就国家层面而言，与流域横向生态补偿相关的法律与政策如表7-1所示。

表7-1 国家层面流域生态补偿相关法律与政策

法律与政策名称	出台时间	相关内容
《中华人民共和国水污染防治法》（2017 年 6 月 27 日第二次修正）	1984 年	第八条，国家通过财政转移支付等方式，建立健全对位于饮用水水源保护区区域和江河、湖泊、水库上游地区的水环境生态保护补偿机制
《中华人民共和国环境保护法》（2014 年 4 月 24 日修订）	1989 年	第三十一条，国家指导受益地区和生态保护地区人民政府通过协商或者按照市场规则进行生态保护补偿
《中华人民共和国水土保持法》（2010 年 12 月 25 日修订）	1991 年	第三十一条，多渠道筹集资金，将水土保持生态效益补偿纳入国家建立的生态效益补偿制度
《中华人民共和国湿地保护法》	2021 年	第三十六条，国家鼓励湿地生态保护地区与湿地生态受益地区人民政府通过协商或者市场机制进行地区间生态保护补偿
《支持引导黄河全流域建立横向生态补偿机制试点实施方案》	2020 年	探索建立流域生态补偿标准核算体系，完善目标考核体系、改进补偿资金分配办法、规范补偿资金使用

---

① 车东晟：《政策与法律双重维度下生态补偿的法理溯源与制度重构》，载《中国人口·资源与环境》2020年第8期。

（续　表）

法律与政策名称	出台时间	相关内容
《关于深化生态保护补偿制度改革的意见》	2021年	鼓励地方加快重点流域跨省上下游横向生态保护补偿机制建设，开展跨区域联防联治
《黄河流域生态保护和高质量发展规划纲要》	2021年	建立健全统分结合、协同联动的工作机制，上下齐心、沿黄各省区协力推进黄河保护和治理

2. 流域各地方的法规与政策

为推进流域内横向生态补偿工作的顺利开展，黄河流域部分省区已相继开展了一系列试点工作，并出台了符合其自身流域治理特征的相关法规与政策。目前，就地方层面而言，与流域横向生态补偿相关的法规与政策如表7-2所示。

表7-2　地方层面流域生态补偿相关法规与政策

省份	法规与政策名称	出台时间	相关内容
甘肃	《甘肃省水土保护条例》	2012年	第三条，开发和利用水土资源实行谁开发谁保护、谁利用谁补偿、谁造成水土流失谁治理的原则
陕西	《陕西省水土保护条例》	2013年	第三条，坚持谁开发利用资源谁负责保护、谁造成水土流失谁负责治理和补偿的原则
河南	《河南省湿地保护条例》	2015年	第十六条，因湿地保护和管理致使相关权利人的合法权益受到损害的，应当依法给予补偿
四川甘肃	《黄河流域（四川—甘肃段）横向生态补偿协议》	2021年	2021年1月—2022年12月，川、甘两省按照1∶1的比例，共同出资1亿元，该资金用于设立两省横向生态补偿资金，专项用于流域内污染综合治理、生态环境保护、环保能力建设
山东河南	《黄河流域（豫鲁段）横向生态保护补偿协议》	2021年	将水质基本补偿和水质变化补偿作为补偿标准

（续　表）

省份	法规与政策名称	出台时间	相关内容
山西	《山西省汾河流域上下游横向生态补偿机制试点方案》	2021年	《试点方案》实施期限为2021—2025年，实施范围为上中下游沿汾6个区市（忻州、太原、晋中、吕梁、临汾、运城），明确上下游补偿基准，将流域上下游交接断面的水质、生态流量作为补偿依据，设立汾河流域横向生态保护补偿金。通过吸收山西水控集团等社会资本的参与，实现汾河流域上下游横向生态补偿的有效落地
宁夏	《黄河宁夏段干支流及入黄排水沟上下游横向生态保护补偿机制试点实施方案》	2021年	按照"保护责任共担、流域环境共治、生态效益共享"和"谁达标谁受益、谁污染谁赔偿"的原则，设置水源涵养、水质改善、用水效率三类考核目标，搭建"全面覆盖、权责对等、联防联控"合作平台
河南	《河南省建立黄河流域横向生态补偿机制实施方案》	2021年	紧紧围绕促进黄河流域生态环境质量持续改善和推进水资源节约集约利用两个核心，探索建立流域生态补偿标准核算体系，完善目标考核体系，改进补偿资金分配办法，规范补偿资金使用

（二）黄河流域横向生态补偿实践及存在的问题

1. 黄河流域横向生态补偿实践中的现实困难

流域横向生态补偿作为一种有效、科学的保护范式，体现了环境治理新体系下的整体性、系统性要求，决定了黄河流域横向生态治理必须调整"横向分散"的分头治理模式。流域上下游应积极开展协同治理、综合治理，以规范的法律机制提高黄河流域横向生态补偿工作的质量和水平。黄河流域横向生态补偿是以黄河流域作为保护和治理的对象，并且将其作为一个整体去保护和治理，通过横向生态补偿调节黄河流域上游地区"发展权"和下游地区"环境权"之间的矛盾。但是在黄河流域横向生态补偿实践中，仍然存在以下现实境遇。

（1）自然地理方面的障碍。作为第二长河，黄河流域成"几字型"蜿蜒5464千米，流经九省区。流域内地势西高东低，自西部源头至东部入海口涵盖了高原山地、黄土地貌、冲积平原等不同的地形地貌。复杂的地形地貌以及不同的气候类型，无疑为生态治理工作增加了自然地理方面的障碍，导致不同省区间流域生态治理难度不一，使得黄河流域横向生态补偿的复杂性进一步加大。

（2）社会经济发展不平衡。相较于长江流域，黄河流域整体上经济社会发展水平不高。改革开放以后，黄河流域经济地带得到了快速发展，但流域内还存在经济社会发展水平不一的问题。上中游地区经济社会发展缓慢，水平较低，且东部与中西部"经济割裂"现象越发明显，这种不断扩大的贫富差距导致了不同主体之间的利益矛盾。上游地区为发展经济，增加收入，倾向于"重发展，轻治理"，该做法势必会导致流域生态环境的治理难度加大，这无疑导致了上游地区"发展权"和下游地区"环境权"之间的矛盾，使得流域生态区域一体化治理难度加大。

（3）行政管理方面条块分割。黄河流域生态治理工作往往以行政区划进行分割管辖，忽视了横向跨省区之间的协同治理。同时，在现行流域管理体制下，存在点状式、分散式治理。即相关政府部门之间，以各自的方式进行治理，缺乏各主体之间的相互配合。这种条块化、分散化的管理模式导致流域横向生态补偿存在现实困难。

2. 黄河流域横向生态补偿典型案例分析

我们选取了黄河流域横向生态补偿实践中的三个典型案例，即陕甘渭河流域横向生态补偿实践、黄河流域豫鲁段横向生态补偿实践、山西省汾河流域横向生态补偿实践进行具体分析。

（1）陕甘渭河流域横向生态补偿实践。黄河支流众多，以渭河为著，作为最大支流，自西向东，出甘肃，入陕西，横跨陕甘两省，与陕甘两省的生态安全和经济社会发展联系紧密。渭河流域上游生态保护区经济欠发达，经济发展水平较低，且低于下游生态受益区的平均水平，上游地区在保护流域生态环境的同时，不可避免地限制了其经济的发展，需要对其生态服务价值给予补偿。①在构建陕甘渭河流域横向生态补偿机制时，应尽快将其纳入法治化轨道，完善法律框架体系，科学、合理界定上下游之间的责任，避免"碎片化"管理。②

2011年12月2日，在陕甘两省的推动下，渭河流域实现了跨省协同共治。定西市、天水市、宝鸡市、咸阳市、西安市、渭南市以及杨凌示范区共同签署了《渭河流域环境保护城市联盟框架协议》以及《渭河流域环境保护城市联盟市长宣言》。其中《框架协议》指出，陕西省将以水质水量为考核目标，提出甘肃天水、定西两市如果能保证其区域内的水质、水量，陕西省将分别向两市提供300万元的生态补偿资金。渭河流域横向生态补偿机制的构建有利于"六市一区"携手共同保护渭河流域生态环境，有利于就渭河流域水资源的合理利用以及水污染的防治达成合作治理共识。在上下游政府部门的共同努力下，以及企业、公众的共同参与治理下，陕甘渭河流域横向生态补偿实践已达十年之久，渭河流域生态环境治理工作也取得了较大进步，流域生态环境质量得到了明显改善。

（2）黄河流域豫鲁段横向生态补偿实践。河南和山东两省作为黄河流域流经的重要省份，不可避免地遭受到了黄河流域生态环境污染和破坏的不利后果。而流域作为一个生态整体，黄河流域河南段生态环境的好坏也将直接影响到山东省的经济社会发展。为实现黄河流域的绿色发展，落实国家层面关于实现黄河流域高质量发展和保护的政策，2021年，豫鲁两省就黄河流域生态保护

---

① 王奕淇、李国平：《流域生态服务价值供给的补偿标准评估——以渭河流域上游为例》，载《生态学报》2019年第1期。

② 张明波、田义文：《渭河全流域生态补偿机制研究》，载《广东农业科学》2013年第3期。

和治理签订了"对赌协议"，签订了两省间的流域横向生态保护补偿协议。河南作为上游生态保护区，山东作为下游生态受益区，两省签订的"对赌协议"，对于引导黄河流域其他省份之间签署省际之间的横向生态补偿协议至关重要。

协议约定，黄河流域豫鲁段补偿协议期限自2021年起，截至2022年，并且明确约定了补偿标准。以水质基本补偿为例，豫鲁两省约定，若水质全年均保持在3类标准，互不补偿，若水质全年平均值在3类的基础上浮动变化，则落实"对赌协议"，即水质下降一段，由河南向山东支付6000万元，反之，水质上升一段，由山东向河南支付6000万元；以水质变化为例，豫鲁两省约定，在协议实施期间，若关键污染指数与上一年度相比，下降一个百分点，由山东向河南补偿100万元；反之，上升一个百分点，河南向山东补偿100万元。该"对赌协议"的签订与落实，将充分调动起两省之间流域协同共治的积极性，引领黄河流域其他省际之间横向生态补偿机制的构建，从而推动黄河流域的绿色发展。

（3）山西省汾河流域横向生态补偿实践。汾河是黄河第二大支流，其对于山西省生态环境保护和促进经济社会发展至关重要，是山西人民的母亲河。作为山西省经济、文化的摇篮，改革开放以后，对汾河流域的"环境消费"逐渐超过其"环境供给"能力，汾河流域遭到了严重破坏。面对缺水之痛、污染之痛，在对汾河流域生态环境治理的过程中，应不断完善横向生态补偿机制。考虑到汾河流域上中下游之间的经济发展水平的不同，上游地区在保护流域生态环境的同时不可避免地限制了其自身经济的发展，导致其经济发展水平相较于中下游较低，故上游地区在进行流域生态环境治理的同时，需要中下游给予生态补偿。[1]

为切实改善汾河流域生态环境，避免汾河流域水资源的过度开发与利用，以及缓解水土流失问题，山西省开始加强汾河流域的保护与治理力度，不

---

[1] 孟雅丽、苏志珠、马杰等：《基于生态系统服务价值的汾河流域生态补偿研究》，载《干旱区资源与环境》2017年第8期。

断探索流域横向生态补偿制度，出台了《山西省人民政府办公厅关于实行地表水跨界断面水质考核生态补偿机制的通知》，对各地间的河流断面水质提出要求，达不到要求的地市将扣缴生态补偿金；反之，对达到要求的地市进行奖励。在省政府的领导下，汾河干流流经的各地市纷纷出台相应的横向生态补偿方案。其中，太原市出台了《太原市水环境考核及生态补偿办法》、大同市出台了《关于大同市境内地表水跨界断面实行水质考核和生态补偿方案》等。这种"污染者付费"的经济手段，倒逼各市级政府切实担负起流域生态保护的责任，使汾河流域生态环境得到了明显改善。

3. 黄河流域横向生态补偿存在的问题

（1）流域横向生态补偿相关法律制度不完善。法治建设是黄河流域横向生态补偿的重要内容和根本保障，对于推进黄河流域治理体系和治理能力现代化至关重要。黄河流域横向生态补偿从无到有，从理论到实践，通过不断总结经验和教训，在法制建设方面取得了一系列建设性成就，但是依旧存在很多不足。首先，黄河流域横向生态补偿的法律基础薄弱，由于《生态保护补偿条例》等专门立法尚未出台，导致依靠《环境保护法》和《水污染防治法》等法律规范进行流域横向生态补偿保护存在碎片化、分散化现象。其次，黄河流域省际之间的横向生态补偿的具体实施方案和细则主要依据政府间制定的《协议》和《方案》等规范性文件进行支撑和保障，以陕甘渭河流域横向生态补偿实践为例，其上下游之间的横向生态补偿工作主要以《渭河流域环境保护城市联盟框架协议》为支撑和保障。以黄河流域豫鲁段横向生态补偿实践为例，其上下游之间的横向生态补偿工作主要以两省之间签订的《黄河流域（豫鲁段）横向生态保护补偿协议》为支撑和保障，使得流域省际之间的横向生态补偿实践缺乏规范性、长期性的法律规范作为支撑和保障。

（2）流域干支流缺乏系统的省际之间的补偿机制。改革开放以来，黄河流域上下游地区的经济活力得以激发，经济得到了快速发展。但是在经济取得发展的同时，黄河流域也面临着严重的生态环境问题。随着小康社会的全面建成以及绿色发展时代的到来，黄河流域的人民尤其是下游地区的人民对于其生产生活的环境有了更高的要求，不再是"只要金山银山，不要绿水青山"的理念。黄河流域上下游地区的人民对于美好生活的需要同黄河流域生态环境问题的严峻性之间产生了严重矛盾，需要黄河流域省际之间构建流域横向生态补偿机制来缓解这种矛盾。流域横向生态补偿上下游之间往往涉及不同的省区，受行政区划的限制，流域横向生态补偿大多局限在一省之内的市县之间，导致各省区间横向生态补偿机制缺乏。[①]在黄河流域横向生态补偿的具体实践中，早期的有陕甘渭河流域横向生态补偿实践，最新的有川甘两省签订的《黄河流域（四川—甘肃段）横向生态补偿协议》，以及豫鲁之间的《黄河流域（豫鲁段）横向生态保护补偿协议》。虽然针对黄河流域省际之间的补偿机制探索一直在进行，尤其是2021年以后，省际之间的流域横向生态补偿机制探索全面推进。但是由于不同省区之间经济、社会发展水平的不一，以及上下游之间的利益追求上的不同，省际之间的流域横向生态补偿主要以"对赌协议"的形式出现，并未有效的整合上下游不同省际之间的治理合力，缺乏系统性。相反，得益于行政区划的影响，省内不同市县之间的横向生态补偿就更加系统完善。以山西省、山东省省内流域横向生态补偿机制为例，省内的流域横向生态补偿机制更容易明确市（州）之间的权利义务关系，更容易进行信息沟通和利益协调，制定出合理的生态补偿标准，补偿方式也更加合理。

在构建黄河流域省际之间的补偿机制的过程中，也需要健全重点生态功能区横向转移支付机制。祁连山、三江源国家公园作为重点生态功能区，对于黄河流域生态保障和资源改善至关重要。而构建黄河流域重点生态功能区横向转移支付制度，有利于提高地方政府生态保护与治理的积极性和主动性，缓解生态贫困现象。黄河流域重点生态功能区分布在流域上游，流域内生态环境脆弱，且经济社会欠发达，但是却承担着全流域最重的生态治理压力。因此，有必要建立健全黄河流域重点生态功能区横向转移支付制度。但是该机制在建设

---

① 何理、冯立阳、赵文仪等：《关于我国流域横向生态补偿机制的回顾与探索》，载《环境保护》2019年第18期。

过程中还存在以下问题：第一，黄河流域重点生态功能区横向生态补偿法律机制不健全；第二，科学、精准的生态补偿实施方案有待制定；第三，目前的生态补偿以政府部门的"输血式"补偿为主，因地制宜的发展生态产业扶贫力度不够。

（3）补偿方式单一。补偿方式是流域横向生态补偿机制建设过程中需要考虑的重要组成部分，多元的补偿方式有利于提高生态治理主体的治理积极性。但是在以往的生态补偿过程中多以资金补偿为主，缺乏探索各种各样的补偿方式。以陕甘渭河流域横向生态补偿为例，陕西省将以水质水量为考核目标，提出甘肃天水、定西两市如果能保证其区域内的水质、水量，陕西省将分别向两市提供300万元的生态补偿资金。以黄河流域豫鲁段横向生态补偿为例，协议约定，黄河流域豫鲁段补偿协议期限自2021年起，截至2022年。以水质基本补偿为例，豫鲁两省约定，若水质全年均保持在3类标准，互不补偿，若水质全年平均值在3类的基础上变化浮动，则落实"对赌协议"，即水质下降一段，由河南向山东支付6000万元，反之，水质上升一段，由山东向河南支付6000万元；以水质变化为例，豫鲁两省约定，在协议实施期间，若关键污染指数与上一年度相比，下降一个百分点，由山东向河南补偿100万元，反之，上升一个百分点，河南向山东补偿100万元。由以上两个案例可见，在黄河流域横向生态补偿的具体实践过程中，其补偿方式主要根据水质改善效果来进行的资金补偿，缺乏诸如产业合作、政策优惠、技术支持等补偿方式。如果简单以资金补偿来协调和缓和上下游之间的利益冲突和矛盾，不考虑通过产业合作、政策优惠、技术支持等补偿方式来协调上下游之间的经济社会发展差异，提高上下游之间的流域治理积极性和主动性，将很难使流域横向生态补偿机制长效运行。

（4）市场化多元化生态补偿机制缺乏。在黄河流域横向生态补偿实践过程中，构建政府、市场、社会公众多元共同参与的生态补偿机制是黄河流域横向生态补偿实践的未来和方向。政府作为生态公共产品的主要提供者，在流域生态治理过程中更容易与邻近省区政府之间进行合作和交流。所以在以往的流域治理过程中，强调充分发挥政府的作用，忽视了企业、公众在流域治理中的作用。以陕甘渭河流域横向生态补偿为例，《渭河流域环境保护城市联盟框架协议》和《渭河流域环境保护城市联盟市长宣言》由"六市一区"的市长、环保部门代表协商确定，缺乏企业、公众的参与。以黄河流域豫鲁段横向生态补偿为例，其生态补偿协议主要就生态保护目标、补偿标准、资金清算、绩效评估等进行了明确，未讨论如何吸收企业、公众参与到流域治理中。由以上两个案例可见，黄河流域横向生态补偿在具体的实践过程中，其补偿主要还是由政府间协商为主，通过政府财政进行横向补偿，并未提及如何吸收社会资本、公司资本参与进来。但是，随着横向生态补偿耗费的人力、物力、财力的不断加大，单纯强调发挥政府部门的作用是不够的，而是要强调政府部门从"命令、指导性"角色向"服务、指导性"角色进行转换，充分发挥市场主体、社会公众的治理优势。因此，政府在黄河流域生态治理过程中还存在着流域上下游产业合作机制、利益共享机制不健全，流域生态保护市场不完善，企业、社会资本难以进入和得到有效保护等问题。

三、国内外流域横向生态补偿实践对黄河流域的启示

在政策、理论发展相对良好的背景下，黄河流域横向生态补偿试点工作正在各省间逐步开展，并且取得了一些显著成效，但是仍然存在很多问题。而国内外一些典型流域在横向生态补偿过程中取得了很多的治理经验和启示，值得我们学习和借鉴，以此不断完善黄河流域横向生态补偿法律机制。

（一）我国流域横向生态补偿的实践分析

1. 新安江流域横向生态补偿实践

作为新安江的发源地，黄山市面临着实现经济发展与环境保护平衡的矛盾。进入21世纪，黄山市在实现经济快速发展的同时，不可避免的造成了环境污染。生产生活污水和垃圾被随意排放到新安江之中，流入千岛湖，造成千岛

湖水质的不断恶化。千岛湖作为浙江地区重要的水源地，其生态环境质量以及水质的好坏，将直接影响到浙江省居民的生产生活安全。面对流域生态环境的日益破坏，以及流域省际之间协商共治的困难，新安江流域生态补偿试点工作将有利于推动省际之间的流域治理协同共治，化解双方之间的利益冲突，推动全国其他流域省际横向生态补偿试点工作的开展。①

自2012年以来，皖浙两省协同合作启动了新安江流域生态保护实践。随着第一轮流域横向生态补偿试点工作的成功开展，黄山市、杭州市两地先后开展了三轮试点工作。其中第一轮起止时间为2012—2014年，补偿数额为每年5亿元，由中央财政、皖浙两省共同承担。在补偿过程中，若水质符合目标，由浙江向安徽补偿1亿元；反之，若水质不符合目标，由安徽向浙江补偿1亿元，剩下3亿元由中央财政承担。第二轮起止时间为2015—2017年，并且在第一轮的基础上提高了补偿数额，其中，中央财政在2015年承担4亿元，2016年承担3亿元，2017年承担2亿元，共计9亿元，而皖浙两省在第一轮的基础上每年增加1亿元，即每年2亿元。第三轮起止时间为2018—2020年，皖浙两省约定每年的补偿数额为每年2亿元，并且吸收中央财政支持。经过三轮流域治理工作，使新安江流域生态环境得到有效保护，水质改善明显，水质变差的趋势得到了根本性扭转。作为流域生态补偿制度的创新，新安江流域生态补偿机制说明了构建生态补偿长效机制对于流域生态保护的必要性。②

在新安江流域横向生态补偿实践过程中，皖浙两省作为新安江流域的上下游地区，在流域生态治理的过程中，不断组织双方进行探讨，达成了协同治理的共识，并且每次新一轮的生态补偿实践都在上一轮的基础上进一步完善了治理措施，更加明确了各方的职责、义务。与此同时，黄山市在新安江流域治理的过程中，十分重视利用市场化的措施，引导建立了新安江绿色发展基金，

---

① 麻智辉、高玫：《跨省流域生态补偿试点研究——以新安江流域为例》，载《企业经济》2013年第7期。

② 陈方舟、王瑞芳：《新安江流域生态补偿机制长效化研究》，载《人民长江》2021年第2期。

促进产业绿色化转型，实现产业绿色发展。因此，新安江流域横向生态补偿实践为黄河流域横向生态补偿实践提供了宝贵的治理经验。

2. 东江流域横向生态补偿实践

东江流域上下游流经赣粤两省，作为一个生态整体，东江流域江西境内水环境的保护与治理，将直接影响大湾区居民的生产生活安全。随着东江流域经济的快速发展，其经济梯度性差异明显，流域内既有经济发达、富裕的香港、深圳地区，也有经济欠发达的江西山区，面对经济梯度性的日益扩大，以及流域生态保护的急迫性，沿岸省份需要探索建立东江流域省际上下游生态补偿机制。①

为实现东江流域的绿色发展，赣粤两省探索了东江流域跨省协同共治机制。2016年，两省签订了第一轮补偿协议，期限为三年，至2019年结束。在第一轮横向生态补偿实践中，共落实补偿资金15亿元，在提供充足补偿资金的同时，上下游两省探索了联合监测、协同执法、信息共享等共治机制，实现了东江流域水质的切实改善。随着第一轮横向生态补偿的成功探索，赣粤两省于2019年底开展了新一轮的试点工作并且签订了第二轮横向生态补偿协议。目前试点工作已经全面启动，进一步巩固了东江流域水生态环境治理成果。在东江流域横向生态补偿实践过程中，赣粤两省作为东江流域的上下游有效调动了流域协同治理的积极性，探索出"江西经验"。

江西省在东江流域水生态治理过程中，不断探索流域多元共治机制，扩大补偿范围，确定了合理的补偿标准，完善了定额奖补措施，有效的调动了上下游生态治理热情，使得东江流域水质持续改善，造福了沿线居民，为东江流域绿色发展带来机遇。

3. 引滦入津横向生态补偿实践

滦河发源于河北，注入渤海，是京津冀重要的水源涵养区。如何加强流

---

① 赵卉卉、向男、王明旭等：《东江流域跨省生态补偿模式构建》，载《中国人口·资源与环境》2015第S1期。

域协同共治，改善滦河流域生态环境成为实现京津冀地区绿色发展的关键。滦河流域上游生态保护区水污染问题，意味着上下游之间生态协同治理的失效，同时也暴露了滦河上下游之间，以及政府、市场、社会多元主体之间关于流域协同治理机制的缺失。①

为持续加强滦河流域生态保护，2016年冀津两地在滦河流域开展了第一期横向生态补偿试点工作，签署了第一期补偿协议，约定期限截止日期为2018年12月，由冀津两地财政安排补偿资金，用于滦河上游生态保护治理工作。通过结果导向以及绩效评价，合理安排补偿资金的分配，对河北省的各项生态治理工作进行专款支持。随着第一轮补偿协议的成功探索，冀津两地全面启动了第二轮补偿协议，期限为2019—2021年，在进一步坚持和完善第一期治理措施的同时，进一步提高了水质考核标准，并且在协同共治的基础上，更多的增加了天津市的协同共治义务，而不是单纯的提供资金支持。

在滦河流域生态治理和保护工作中，冀津两地首先不断健全横向生态补偿制度，深入开展了上游生态保护区与下游生态受益区之间的协同共治；其次，重视补偿资金统筹使用，以补偿资金的有效落实为关键；最后，冀津两地严格落实主体责任，重视绩效考核评价机制和监督问责机制的建设。

4 赤水河流域横向生态补偿实践

赤水河在大山之中蜿蜒流经云贵川三省，汇入长江。由于流经三省，赤水河流域上、中、下游在行政区划、水资源、经济发展方面差异明显，导致赤水河流域生态环境保护缺乏统一、协调的上中下游协同共治规划。②上游地区针对水资源的"重开发、轻保护"，不可避免地造成了赤水河流域上游生态保护区与下游生态受益区之间的矛盾。

---

① 葛丽婷：《协同治理视角下流域跨界水污染防治模式的构建——以引滦入津工程水污染防治为例》，载《中国农村水利水电》2018年第2期。

② 张丛林、董磊华、陈飞：《加强赤水河流域水环境保护的政策建议》，载《水利发展研究》2014年第12期。

为进一步充分调动赤水河流域上下游、左右两岸生态治理的积极性和主动性，形成赤水河流域生态治理的协同共治，云贵川三省人民政府在2018年共同签署了《赤水河流域横向生态保护补偿协议》。《补偿协议》约定三省共同出资进行生态治理工作，每年合计2亿元，由云南负责流域水质改善工作，将水质稳定在达标（Ⅱ类），通过绩效评估后由贵州、四川给予资金补偿。2021年12月2日，云贵川三省财政厅、生态环境厅召开了第二轮关于赤水河流域跨省横向生态保护补偿协议的磋商会议，在总结第一轮经验的同时，就责任共担、利益共享、区域联防联控、产业合作共治、资金+产业链共建等方面进行了进一步的深化合作。

第一轮赤水河流域跨省横向生态补偿实践取得了显著成果，积累了宝贵经验。在第一轮落实补偿协议的过程中，云、贵、川进一步优化了政府角色定位，补偿资金及时落实到位，同时积极支持和引导横向生态补偿市场化的构建；其次，进一步完善了横向生态补偿绩效评估机制，保证权利与义务相统一、相协调，提高了上游生态保护区的生态治理可持续性；再者，鼓励涉及地区积极参与流域生态治理修复工作，强调跨区域联防联控和区域间协同共治。

5. 国内流域横向生态补偿实践对黄河流域的启示

（1）具体的补偿协议。黄河流域上下游政府间应根据本地实际情况和需要，抓紧协商制定相邻省区间的流域横向生态补偿协议，以回应国家政策、中央立法的要求，细化相关制度要求，使其更加具有可操作性。以赤水河为例，赤水河流域流经云贵川三省，行政区划的不同给赤水河流域生态保护工作带来了巨大的障碍，阻碍了流域上、中、下游之间的协商共治。为充分调动起赤水河流域上、中、下游之间的生态治理积极性和主动性，云贵川三省人民政府会同各省的财政厅、生态环境厅等部门，在2018年和2021年，分别签署了两轮补偿协议。补偿协议就补偿方式、产业帮扶、区域联防联控、考核体系、资金+产业链分配等方面提供了制度安排，以保证流域横向生态补偿工作的顺利进行。上下游政府间加强流域治理合作，发挥好政府部门的引领、推动作用，积极协商制定相邻省份间的流域横向生态补偿协议，将有利于实现流域上下游之间的统一管理，缓解在治理过程中遇到的各种管理障碍，最大化的形成各方治理合力，为流域横向生态补偿提供政策支持和制度保障。

（2）明确的生态补偿标准和补偿数额。在研究国内流域横向生态补偿实践的过程中，我们不难发现，如何明确生态补偿标准和补偿数额是顺利进行生态补偿工作的重点和难点。一个明确的生态补偿标准和补偿数额需要流域上游生态保护区和流域下游生态受益区之间的多次协商谈判。以新安江流域横向生态补偿实践为例，在第二轮试点过程中，双方以水质是否达标作为补偿标准，并且在第一轮确定的补偿资金基础上，提高了补偿资金数额，由中央财政、皖浙两省共同承担，其中，中央财政在2015年承担4亿元，2016年承担3亿元，2017年承担2亿元，共计9亿元，而皖浙两省约定每年的补偿数额为每年2亿元。经过三轮生态补偿协议，新安江流域水质明显改善，千岛湖水质变差的趋势得到了根本性扭转。可见，在新安江流域横向生态补偿实践过程中，皖浙两省将"水质"作为进行生态补偿的标准，并且在考虑上游生态保护区与下游生态受益区之间的经济差异以及上游因保护生态环境所丧失的机会成本的基础上，明确了具体的补偿资金数额。因此，明确的生态补偿标准和补偿数额对于推动流域横向生态补偿顺利进行至关重要。

（3）合理的利益调整。流域横向生态补偿是一个利益调整的过程，是对多个利益主体不同"利益诉求"的协调和缓和。在"逐利性"追求下，我们不难发现，在流域横向生态补偿实践中，上下游之间存在经济发展水平方面的差异以及生态保护意愿方面的差异，存在着不同的"利益诉求"。上游地区希望在保护流域生态环境的同时，尽可能多地获得下游地区的生态补偿，以实现"脱贫""扩大就业"等诉求；而下游地区希望在享受经济快速发展带来的福利的同时，也能够享受到更美好的生态环境，并且降低其生态治理成本。以东江流域横向生态补偿实践为例，作为一个生态整体，该流域流经赣粤两省，上游流经江西山区，下游流经粤港澳大湾区，两者在经济发展水平和生态保护意愿方面存在巨大的差异。而正是这种经济发展水平和生态保护意愿上的差异，推动着赣粤两省积极探索流域横向省际之间的协同共治机制,在东江流域水生态环境改善的同时,成功探索出"江西经验"。因此,构建多元主体利益协商机制,重视合理的利益调整是流域横向生态补偿实践顺利开展的关键。该协商机制应包括上下游地区不同的利益主体代表,包括地方政府、环境管理部门、企业、公众等代表,代表各自的"利益诉求"进行合理的利益调整,使补偿方案"可信""可行"。

(二)国外流域横向生态补偿的实践分析

1. 美国Catskills流域横向生态补偿实践

美国Catskills(卡兹奇山)流域横向生态补偿实践是美国在流域横向生态保护实践的一次成功探索,积累了宝贵的治理经验。Catskills流域作为美国重要的水源涵养区,每年为下游地区的纽约市提供大量的生产、生活用水。因此,Catskills流域生态环境的保护和治理,对于纽约市的经济社会发展以及居民的幸福安康至关重要。随着Catskills流域水质的不断恶化,位于流域下游的纽约市为此不得不每年投入大量的资金用于水质净化,但这终究不是长久之计。

为此,纽约市与上游的Catskills流域地区签订了清洁供水协议,协议约定由纽约市购买上游的水生态保护服务。其中,用于购买水生态保护服务的资金来源多元,既有政府部门的财政支出,也有向下游用水者征收的附加税等。同时,对于上游地区的补偿方式也较为多样,除了上文提到的资金补偿以外,还探索了各种各样的补偿方式,其中就包括对于上游地区兴建各种污水处理厂、改善土地利用方式、优化生产方式的政策支持和技术支持等。Catskills流域上游地区与纽约市之间的协商共治使得上游地区生产生活得到不断改善,同时Catskills流域的水生态环境也得到了质的改善。纽约市在节省污水净化费用的同时也享受到了更加干净的生产生活用水。

2. 易北河流域横向生态补偿实践

易北河作为中欧的重要河运航道，上游发源于捷克，下游流经德国，注入北海。易北河流域生态治理是国家间流域协同共治的典范，对于研究如何促进上游生态保护区与下游生态受益区之间的协同共治具有十分重要的借鉴价值。由于欧洲各国经济社会发展水平不一，作为易北河流域上游的捷克为发展本国经济，忽视了对于易北河流域生态环境的保护与治理，大量生产生活废水的随意排放，导致了易北河流域水质的不断恶化，严重影响了下游地区德国的生产生活安全。

1990年，德国和捷克两国本着协同共治的理念，就易北河流域的生态保护和治理达成合作协议，协议约定由捷克承担易北河流域的生态治理和保护工作，而德国向捷克提供补偿资金，并由双方成立合作组织，协商建立合理的补偿制度，充分调动起双方流域协同共治的参与热情。协议落实期间，首先，由德国按照流域生态治理的实际情况，向上游地区的捷克提供资金支持，用于建设污水处理厂等，以期改善易北河流域上游地区的土地利用方式和生产方式，进行绿色化改造，减少污染物的排放。其次，重视国家公园和自然保护区的建设，对易北河流域进行科学合理的保护和治理。最后，双方建立的合作组织通过协商明确了双方之间的权利义务关系，落实了各方的主体责任，使流域横向协同共治有条不紊。最终，在共同努力下，易北河流域水质不断得到改善，造福了上下游沿线居民，成为流域横向生态补偿实践的一次成功探索。

3. 莱茵河流域横向生态补偿实践

莱茵河自上而下流经欧洲多个国家，沿线城市密布，航运发达，文化繁荣。但是，随着大量生产生活废水的随意排放以及水资源的不合理使用，致使莱茵河流域水质迅速恶化，有害物质严重超标，曾一度成为欧洲各国的"下水道"。1986年，瑞士一家化学公司发生化学品仓库爆炸，随后大量有害化学品泄露，并且夹杂着灭火用水被排入莱茵河，致使莱茵河流域遭受到了更为严重的污染和破坏。莱茵河下游沿线各国紧急关闭沿线的自来水厂，严重危及居民的生产生活安全。

莱茵河流域对于其流域内各国的经济社会发展至关重要，因此，沿线各国对于莱茵河流域生态环境的保护和治理问题能够达成一致共识，符合其共同利益。①当沿线各国面对这次空前的流域污染事件时，莱茵河流域上下游各国随即成立了保护莱茵河国际委员会（International Commission for the Protection of the Rhine，"ICPR"），专门用于协调沿线各国的权利义务关系，落实各国的主体责任，加强对于莱茵河流域的保护和治理。"ICPR"下设一个秘书处，位于德国，负责莱茵河流域治理的日常工作。同时，该委员会还下设河流委员会、航运委员会以及各种各样的工作组来进行各项治理工作，例如，水质工作组、排放标准工作组等。在莱茵河流域生态治理的过程中，"ICPR"起到了极为重要的作用。

首先，它协调各国落实各项保护计划，使得多国协商共治成为流域治理的一个宝贵经验，在"ICPR"的推动下，各国共同签署了多个公约协议，例如《莱茵河保护公约》。正是这些公约协议的存在，落实了各国流域治理的主体责任。其次，"ICPR"注重发挥多元主体的治理力量，注重企业、公众的参与和支持。就企业参与而言，德国政府倡导流域内污染企业主动进行流域生态治理，鼓励企业进行生产设备的升级换代，降低污染物排放量，承担起流域生态治理的责任；并且德国政府与流域内企业相互配合，在企业正式开工投入生产之前，其工业废水以及污染物的处理设备必须经过政府部门的检验和审核，只有达标通过审核后，才能正式开工生产。就公众参与而言，德国政府积极进行流域治理的环保宣传教育活动，不断提高公众的流域生态治理参与意识，使得企业、公众在莱茵河流域治理中发挥了不可或缺的作用，完善了治理体系。

莱茵河流域生态环境的成功治理，经历了上下游各国之间利益相互抗衡、博弈的过程，其中，经济发展与环境保护如何平衡的问题、外部性问题、

① 黄燕芬、张志开、杨宜勇：《协同治理视域下黄河流域生态保护和高质量发展——欧洲莱茵河流域治理的经验和启示》，载《中州学刊》2020年第2期。

以及不确定的治理高成本问题都是上下游各国在协同共治时所要面临的难题。①而这些问题也是黄河流域生态保护在省际协同共治时所要面临的问题。

4. 田纳西河流域横向生态补偿实践

田纳西河流经美国七州，对于美国经济社会发展至关重要。优越的流域水资源环境，使田纳西河流域两岸工厂密布，农业发达。但是，在经济社会取得快速发展的同时，也不可避免地将大量未经处理的生产生活污水随意排放到田纳西河之中，严重影响到了流域内人民的健康生活。

面对田纳西河流域生态环境的不断恶化，为实现流域的统一协调管理，1933年，美国国会通过了《田纳西流域管理局法》，通过立法为流域的统一协调管理提供法律依据。并且成立了田纳西河流域管理局（Tennessee Valley Authority，"TVA"），统一对流域进行修复和治理，从而避免了各州之间在管理上的碎片化。针对田纳西河流域管理进行专门立法，实行流域管理有法可依，进行统一、规范化管理，是其流域成功治理和开发的关键，其立法管理模式也是其他流域管理学习的典范。②与此同时，其强有力且统一的流域管理体制，为田纳西河流域长久的规划、开发、管理提供了支撑和保障。③

田纳西河流域横向生态补偿作为一次成功的生态治理实践，首先重视立法的作用，通过立法为流域的统一协调管理提供了法律依据。其次，田纳西河流域的治理重视政府、企业、公众的多元协作，"TVA"作为政府机构，积极提供各种各样的政策支持，在发挥自身作用的同时，鼓励企业、公众参与流域治理。最后，结合流域自身特点，重视支持电力企业的发展、农业的发展以及旅游业的发展，为田纳西河流域的生态治理提供了充足的资金保障。田纳西河

① 沈桂花：《莱茵河水资源国际合作治理困境与突破》，载《水资源保护》2019年第6期。

② 张艳芳、石琰子：《国外治理经验对长江流域立法的启示——以美国田纳西流域为例》，载《人民论坛》2011年第5期。

③ 谢世清：《美国田纳西河流域开发与管理及其经验》，载《亚太经济》2013年第2期。

流域生态环境在得到恢复的同时，还实现了经济社会的快速发展，实现了生产生活方式的绿色化转型。田纳西河流域这场"先污染，后治理"的生态保护实践，为黄河流域的绿色发展之路提供了经验借鉴，也意味着黄河流域生态环境的治理工作也将是一场不断治理和恢复的道路。

5. 国外流域横向生态补偿实践对黄河流域的启示

（1）合理的法律制度。合理的法律制度是流域横向生态补偿实践落实的前提条件，流域横向生态补偿实践的顺利进行以及流域横向生态补偿政策的稳定实施，需要有合理的法律制度作为保障。在莱茵河流域横向生态补偿实践中主要通过"ICPR"协调各国落实各项保护计划，在"ICPR"的推动下，各国共同签署了多个公约协议，其中，以1999年签订的《莱茵河保护公约》为著。该公约将实现流域的可持续发展作为自己的目标，并且明确了"ICPR"的法律地位，在"ICPR"的统一协调之下，各缔约国有效、有序地落实了各自的治理主体责任。正是公约的存在，明确了"ICPR"的义务，明确了各缔约国流域治理的义务，充分调动起了沿线各缔约国流域治理的积极性和主动性。在田纳西河流域横向生态补偿实践过程中，为了实现流域管理的有法可依，实现流域的统一、规范化管理，美国国会在1933年通过了《田纳西流域管理局法》，该法最重要的一点就是成立了"TVA"，由"TVA"对流域的修复和治理进行统一的协调管理，通过立法为流域的统一协调管理提供法律依据。

当前，针对黄河流域生态环境保护综合施治的法以及针对黄河流域横向生态补偿的法律制度框架还有待进一步的建设，仅仅依靠《环境保护法》《黄河保护法》《水法》《水污染防治法》《水土保持法》等法律规范进行流域横向生态补偿保护存在碎片化、分散化等问题。因此，在结合黄河流域生态环境保护实际情况的基础上，我们应当学习国外在流域治理上的先进做法，有针对性地加强包括流域横向生态补偿在内的黄河流域生态环境保护的法律制度框架建设，为黄河流域的统一、规范化治理提供法律保障。

（2）统一的管理机构。通过研究国外流域横向生态补偿实践，我们可以清晰地发现，统一的流域管理机构是流域横向生态补偿落实的重要保障。以田纳西河流域横向生态补偿实践为例，美国为协调各州之间的权利、义务关系，保证田纳西河流域的跨区域生态治理和保护工作，成立了"TVA"。该局作为一个流域管理机构，对田纳西河流域的生态治理和保护工作进行统一的跨区域管理、规划和开发，以保证和支持流域生态治理和保护工作的统一、协调。以莱茵河流域横向生态补偿治理工作为例，为协调莱茵河流域上下游各国之间的权利、义务关系，沿线各国成立了统一的管理机构"ICPR"，专门用于协调沿线各国之间的权利、义务关系，落实各国的主体责任，避免各国流域治理的混乱和"责任失位"。在"ICPR"的推动下，各国共同签署了多个公约协议，充分调动起了流域沿线各国的生态治理热情。

统一的流域管理机构是进行跨区域流域治理和保护工作的保障，流域生态补偿政策的稳定实施，需要构建统一的管理机构去促进跨区域的流域管理和开发。因此，我们要积极主动学习国外在流域治理中的经验做法，以统一的管理机构为例，在黄河流域横向生态补偿实践过程中积极构建省际之间的管理机构，针对具体的黄河流域省际之间的横向生态补偿实践工作，成立省级政府牵头，下级相邻市州政府相关负责人为核心的领导小组，成立专门办公室领导治理工作，就各方权责边界、职能范畴等达成共识，以保证和支持流域跨区域的生态治理和保护工作的统一、协调。

（3）多样的资金来源渠道和补偿形式。通过研究国内外流域横向生态补偿实践，我们可以明显的发现国外流域横向生态补偿资金的来源渠道更加广泛，补偿形式更加多样。以资金来源渠道为例，在田纳西河流域治理过程中，"TVA"发现，流域的生态治理工作需要花费大量的人力、物力、财力，仅仅依靠政府部门的资金投入是远远不够的。因此，"TVA"主动探索开发其他的资金来源渠道，用来弥补政府资金的不足，通过电力产业为流域生态治理提供资金支持，形成了以水发电、以电养水的良性循环，有效地解决了横向生态补偿资金的不足。

所以，在黄河流域横向生态补偿过程中，我们在发挥政府部门财政支持的同时要积极探索开发其他补偿资金来源。比如，积极引导和支持市场资金、社会资金用于流域生态治理工作。①以补偿形式为例，在美国Catskills流域生态治理过程中，纽约市探索了各种各样的补偿方式，其中就包括对于上游地区兴建各种污水处理厂、改善土地利用方式、优化生产方式的政策支持和技术支持等。因此，要鼓励各地方因地制宜的合理开发黄河水资源，例如，对于开发黄河旅游产业等给予政策支持和技术支持，在保护黄河流域水资源生态环境的同时，也有利于创造经济价值，用于支持流域生态治理工作的资金支出。

（4）政府主导、市场参与、公众配合的多元治理模式。在治理流域生态环境的过程中，国外坚持政府主导、市场参与、公众配合的补偿模式是其流域成功治理的原因之一。在治理和修复莱茵河流域的过程中，"ICPR"作为一个典型的政府组织，在流域上下游的协同治理过程中发挥了十分重要的作用。由于莱茵河流域上下游横跨了不同的国家，这就为上下游各国如何协同治理莱茵河流域增加了困难。因此，有一个能够凝聚共识、设计和规划全流域治理方案的管理组织至关重要。正是因为有"ICPR"这样一个中立性的政府间组织，才使莱茵河流域得到了有效治理。与此同时，在莱茵河流域横向生态补偿的实践过程中，还重视市场的参与，以及公众的参与和配合。

我们要学习借鉴"政府主导、市场参与、公众配合"这一多元治理模式。之所以这样，是因为跨行政区域的流域生态治理工作和保护工作，需要多元治理主体的共同发力。因此，在重视政府作用的同时，要充分调动起多元治理主体的参与，发挥好不同治理主体的治理优势。比如，要重视市场的作用，要充分调动起企业在流域生态治理过程中的积极性和主动性，解决流域生态补偿资金的不足。其次要重视发挥公众在流域生态治理中的作用，要加大普法教育和普法宣传力度，提高公众的流域生态保护意识，提高流域生态治理的社会公众支持度。

---

① 张明凯：《流域生态补偿多元融资渠道及效果研究》，昆明理工大学博士学位论文，2018年。

四、完善黄河流域横向生态补偿法律机制之构想

通过梳理有关黄河流域横向生态补偿国家层面的法律与政策以及流域各地方的法规与政策，我们发现，当前黄河流域横向生态补偿在实践过程中，有关流域横向生态补偿的法律存在着分散化、碎片化等问题。通过梳理黄河流域干支流横向生态补偿实践，我们发现其存在着流域干支流缺乏系统的省际之间的补偿机制、补偿方式单一、市场化多元化生态补偿机制缺乏等问题。通过梳理国内外流域横向生态补偿实践，在国内方面我们得到的启示是，需要在"具体的补偿协议""明确的补偿标准和补偿数额""合理的利益调整"方面进行经验借鉴；在国外方面我们得到的启示是，需要在"合理的法律制度""统一的管理机构""多样的资金来源渠道和补偿形式""政府主导、市场参与、公众配合的多元治理模式"方面进行经验借鉴。

因此，在面对黄河流域横向生态补偿实践中存在的问题时，需要借鉴国内外流域在横向生态补偿中的经验启示，进一步解决黄河流域横向生态补偿实践存在的问题，完善黄河流域横向生态补偿法律机制建设。首先要解决依靠《环境保护法》《黄河保护法》《水法》《水污染防治法》《水土保持法》等法律规范进行流域横向生态补偿保护存在的碎片化、分散化问题。其次，需要在生态补偿主客体、补偿标准、补偿方式等方面探究如何完善黄河流域横向生态补偿制度框架。最后，完善黄河流域横向生态补偿相关机制，其中需要完善黄河流域省际之间生态补偿协作机制，学习借鉴"统一的管理机构""具体的补偿协议"等经验启示；完善黄河流域横向生态补偿市场化多元化激励机制，学习借鉴"多样的资金来源渠道和补偿形式""政府主导、市场参与、公众配合的多元治理模式"等经验启示。拟解决黄河流域横向生态补偿法律机制建设方面的不足问题。

（一）完善黄河流域横向生态补偿立法

构建黄河流域横向生态补偿的法治化路径，不但要发挥国家层面立法的

指导作用，而且要发挥好地方层面立法在流域横向生态补偿中的补充、细化作用，增强其立法的针对性、操作性。而且，法律关系的规范不是简单的规定权利和义务，而是运用关联的思维方式，将主客体及其权利义务进行综合分析，使社会关系规范化，从而进行权利和义务的界定和厘清，达成利益共识。[1]通过法律，调整"人与自然""人与人"之间的关系。[2]在流域生态保护立法过程中，应坚持整体主义立场和系统论方法，以解决全流域重大问题、协调利益冲突与矛盾、平衡权利（力）与义务、填补立法空白为任务，构建符合流域自身人文地理特征的法律制度。[3]当前，通过研究陕甘渭河流域横向生态补偿实践、黄河流域豫鲁段横向生态补偿实践以及山西省汾河流域横向生态补偿实践，不难发现，黄河流域横向生态补偿法律制度体系有待进一步完善。在黄河流域横向生态补偿实践过程中，具体的实施方案和细则主要依据政府间制定的《协议》和《方案》等规范性文件进行支撑和保障，存在效力低阶问题。所以在立法完善上应选择中央一般性立法、跨区域协商性立法、地方具体性立法相结合的分层立法模式，中央层面和地方层面形成良性互动，通过完善的立法来明确地方各级政府的生态保护职责。[4]因此，黄河流域横向生态补偿立法应从以下几方面进行完善。

1. 做好黄河流域横向生态补偿立法顶层设计

为提高黄河流域横向生态补偿的效能，推进其法治路径现代化、规范化、体系化，国家层面必须不断提高立法质量，加快流域生态补偿基础性、全

---

① 黄建武：《法律关系：法律调整的一个分析框架》，载《哈尔滨工业大学学报》（社会科学版）2019年第1期。

② 蔡守秋：《中国环境资源法学的基本理论》，北京：中国人民大学出版社2019年版，第283页。

③ 吕忠梅：《关于制定〈长江保护法〉的法理思考》，载《东方法学》2020年第2期。

④ 汪永福、毕金平：《跨省流域生态补偿的区域合作法治化》，载《浙江社会科学》2021年第3期。

局性立法，同时针对黄河流域进行专门立法，从而构建科学的立法体系，以良法保障黄河流域横向生态补偿的现代化。2020年，我国流域生态治理立法工作取得了标志性进展，《长江保护法》作为我国流域治理的第一部专门立法，对于统筹长江流域生态保护，提高流域横向生态补偿效能至关重要。而"伤痕累累"的黄河流域同样对国家生态安全保障具有重大的战略意义，其生态保护立法工作已是十分迫切的现实需要。

2022年10月，《黄河保护法》出台，该法是我国"流域战略法治化"的又一重大成果。《黄河保护法》第102条规定："国家建立健全黄河流域生态保护补偿制度。国家加大财政转移支付力度，对黄河流域生态功能重要区域予以补偿。具体办法由国务院财政部门会同国务院有关部门制定。国家加强对黄河流域行政区域间生态保护补偿的统筹指导、协调，引导和支持黄河流域上下游、左右岸、干支流地方人民政府之间通过协商或者按照市场规则，采用资金补偿、产业扶持等多种形式开展横向生态保护补偿。国家鼓励社会资金设立市场化运作的黄河流域生态保护补偿基金。""顶层设计"已经完成，接下来，就是要进一步细化相关规定，尽快出台"具体办法"，以保障《黄河保护法》的"落地"。

与此同时，抓紧出台《生态保护补偿条例》，融入已经取得的试点经验，明确流域横向生态补偿的关键问题，将黄河流域作为一个整体去保护和治理。其次，在《环境保护法》中对流域横向生态补偿作出原则性规定，包括流域横向生态补偿实施的基本原则、指导理念等内容，并且在《水法》《水污染防治法》《水土保持法》等法中对流域横向生态补偿作出相应的规定。最后，在立法的过程中要建立完善的立法协商制度，倾听流域横向生态补偿内各利益主体的声音，使立法得到各利益主体的拥护，并且要承认横向各治理主体的治理地位，在黄河流域横向生态补偿中要敢于向市场主体、社会主体"赋权"，在制度层面上给予"地位承认"，获得多元主体对于黄河流域横向生态补偿共治体系的"认同感"。

2. 制定黄河流域省际横向生态补偿具体办法

各地方根据其流域横向生态补偿的具体情况，制定符合本地区生态补偿客观规律的具体办法，这样可以进一步细化国家相关制度，保证黄河流域横向生态补偿法律体系更加完善，更加具有可操作性。目前，针对黄河流域横向生态补偿，可以参考适用的有《甘肃省水土保持条例》《陕西省水土保持条例》等，但是缺乏关于黄河流域横向生态补偿的具体条例，因此各省应根据本地实际情况和需要，抓紧制定各地方流域横向生态补偿具体条例，以回应国家政策、中央立法的要求，比如，甘肃省抓紧制定《甘肃省黄河流域横向生态补偿条例》。此外，流域横向生态补偿相比于以往的生态补偿模式具有其特殊性，其上下游地区往往涉及不同的省区，因此相邻省区之间联合出台相关规范性文件也是现实需要。2018年，皖浙两省签订了新一轮的《关于新安江流域横向生态补偿的协议》，从而加强了其流域生态治理的针对性和可操作性。同年，云贵川三省为细化长江流域生态补偿在地方上的具体实践，签订了《赤水河流域横向生态补偿协议》。

目前，黄河流域横向不同省区之间生态补偿协作治理正在逐步展开，纷纷进行探索。在横向生态补偿试点过程中，较有代表性的是陕甘两省针对渭河流域横向生态补偿的实践，签订了《渭河流域环境保护城市联盟框架协议》并予以落实，取得了良好的效果，以及豫鲁两省签订的《黄河流域（豫鲁段）横向生态保护补偿协议》。所以，各省区间为了进一步完善黄河流域横向生态补偿法律制度体系，增加其可操作性，具有流域生态治理利益联系的相邻省区之间要抓紧构建合作机制框架，加快制定黄河流域省际横向生态补偿相关具体办法，细化国家政策、中央立法关于流域横向生态补偿的规定。

（二）完善黄河流域横向生态补偿制度框架

1. 明确黄河流域横向生态补偿的主客体

明确黄河流域横向生态补偿主客体是构建黄河流域横向生态补偿法治路

径的关键。其法律关系主体是指在流域横向生态补偿中具有直接利益关系的利益相关方。该主体既包括流域横向生态"补偿主体",也包括"受偿主体"。"补偿主体"主要指不具有行政隶属关系的下游临近省区,即下游生态受益区的政府部门。主要原因就是政府是生态公共产品的主要提供者,发挥着主导作用。①政府在集中统一领导下更容易与邻近省区政府之间进行合作与交流。此外,流域内从事环境资源开发的企业、公众、社会组织等也是"补偿主体"中的重要组成部分。而"受偿主体"主要指不具有行政隶属关系的中上游临近省区,即中上游生态保护区的政府部门,同时也包括流域内发展受限的企业、公众、社会组织等,其主要原因就是该"受偿主体"牺牲其发展权,或者从事流域生态保护和治理工作。

通过研究国外流域横向生态补偿实践,我们发现,政府、市场、公众都是流域治理主体。以莱茵河流域为例,由于莱茵河流域上下游横跨了不同的国家,这就为上下游各国如何协同治理莱茵河流域增加了困难。"ICPR"作为一个典型的政府组织,在流域上下游协同治理的过程中不断组织协调各国政府间进行补偿,大大降低了莱茵河流域上下游各国政府间流域协同治理的难度。与此同时,在莱茵河流域横向生态补偿的实践过程中,还重视市场的参与,以及公众的参与和配合。可见,"补偿主体""受偿主体"既包括政府部门,同时也包括与流域治理利益相关的企业、公众、社会组织等。

黄河流域横向生态补偿法律关系中的客体是指因流域横向生态补偿而产生的相关主体之间权利和义务产生、变更和消灭所指向的对象,包括物、特定行为(作为,不行为)、无形财产等。在黄河流域横向生态补偿中,"物"作为客体,主要指流域生态环境服务功能,即流域生态环境各要素。"特定行为"作为法律关系的客体,主要指流域横向生态治理中的保护行为和破坏行为。"无形财产"作为法律关系的客体,在流域横向生态补偿中主要指相关技术发明,比如流域生态治理的节能减排技术或者设备发明,但是无形财产等法

---

① 舒霖:《水源地生态补偿机制研究》,南京师范大学博士学位论文,2018年。

律关系客体因其复杂性，在黄河流域横向生态补偿中不具有实践的可能性，即使有，也部分或全部包含在"物"和"特定行为"之中进行讨论了。

2. 合理确定黄河流域横向生态补偿的标准

流域横向生态补偿往往涉及跨省区的多个政府，经济社会发展水平的不一致，环境资源目标和利益追求的不同，使得上下游政府在生态补偿中出现利益博弈困境，导致上下游补偿主体之间矛盾冲突不断，流域横向生态补偿偏离最优状态。[①]在黄河流域横向生态补偿具体实践中，由于邻近省区间采用的补偿标准核算方法不同，比如，生态保护成本（收益）估算法、水质水量保护目标考核法、支付意愿法等，导致上下游政府间出台的流域生态补偿标准不一致，增加了流域协同治理的困难。

合理且目标一致的流域生态补偿标准，是激励上下游政府间生态治理积极性、促进上下游政府就流域生态系统服务功能改善达成目标共识、实现流域跨省区协同发展的关键和难点。[②]以渭河流域为例，陕甘两省采用水质水量保护目标考核法，提出甘肃天水、定西两市如果能保证其区域内的水质、水量，陕西省将分别向两市给予资金补偿。所以，在具体探索确定流域横向生态补偿标准时，除了考虑是否将水质、水量作为横向补偿的标准以外，邻近省区之间，即生态受益区和生态保护区之间还要各自先对自己管辖的区域进行研究评估，有具体了解，然后再与邻近省区进行协商，多方面进行考虑，比如需要考虑补偿主体所在地区的经济社会发展水平，因为同样作为补偿主体，其财政收入情况也是不一样的，补偿能力也不同。其次，要考虑流域生态保护区因保护流域生态环境所丧失的机会成本，因保护流域生态环境所投入的成本。再者，要考虑流域生态受益区的支付意愿和收益多少等。邻近省区通过综合考虑多方

---

① 曲富国、孙宇飞：《基于政府间博弈的流域生态补偿机制研究》，载《中国人口·资源与环境》2014年第11期。

② 倪琪、徐涛、李晓平等：《跨区域流域生态补偿标准核算——基于成本收益双视角》，载《长江流域资源与环境》2021年第1期。

面因素，选定合适的补偿标准核算方法，合理确定双方认可且公平的流域横向生态补偿数额，将有利于推进流域上下游之间生态补偿工作的顺利开展。

3. 构建黄河流域横向生态补偿的多元方式

相较于政府传统生态补偿方式，其"输血"式的财政补贴方式难以解决黄河流域横向生态补偿中所面临的实际困难，即上下游各主体间的利益博弈困境，最终导致实际治理效能的低下。通过研究我国黄河流域横向生态补偿实践，我们发现，在补偿过程中缺乏对于各种各样补偿方式的探索和尝试，多以资金补偿为主。以陕甘渭河流域横向生态补偿为例，协议指出，陕西省将以水质水量为考核目标，提出甘肃天水、定西两市如果能保证其区域内的水质、水量，陕西省将分别向两市提供300万元的生态补偿资金。以黄河流域豫鲁段横向生态补偿为例，"对赌协议"约定，若黄河流域河南段流入山东段的水质下降一级，由河南向山东支付6000万元，若上升一段，则由山东向河南支付6000万元。国外在探索多元补偿方式方面也有很多成功经验值得借鉴。以美国Catskills流域为例，纽约市与上游的Catskills流域地区之间除了资金补偿以外，还探索了各种各样的补偿方式，其中就包括对于上游地区兴建各种污水处理厂、改善土地利用方式、优化生产方式的政策支持和技术支持等。

因此，有必要构建政府横向生态补偿的多元方式，通过多元的补偿方式，提高生态服务者的生态治理积极性。[1]首先，上级政府要加强上下游邻近省区间的协调。由于流域横向生态补偿的特殊性，其必然以政府治理为主导，涉及到上下游政府间的分工协作。所以，上级政府应加强生态保护区和生态受益区之间的协调，在上下游之间形成良性互动，减少协作治理阻碍，保证政府间补偿资金的有效落实。其次，加强相关政策补偿。在黄河流域横向生态补偿中，上游保护区经济欠发达，并且面临着更大的生态治理经济压力。所以，上级政府应加强上游生态保护区的政策支持力度，比如税收减免政策、产业扶持政策，以此来促进上游生态保护区经济发展，提高流域生态治理能力。再者，

---

① 周慧：《流域生态补偿法律机制研究》，中国政法大学硕士学位论文，2009年。

加强相关项目补偿。上级政府和下游邻近省区政府应针对上游生态保护区企业优化升级和"绿色化"改造给予项目补偿，弥补其因流域生态保护而丧失的机会成本。

综上所述，在黄河流域横向生态补偿的方式中，除了继续明确政府治理的主体地位，完善传统"输血式"补偿方式，还应该探索其他的补偿方式，比如上级政府协调、政策支持、项目补偿等，以期提高黄河流域横向生态补偿方式的层次化、多元化。

（三）完善黄河流域横向生态补偿相关机制

1. 完善黄河流域省际之间生态补偿协作机制

完善黄河流域省际之间生态补偿协作机制，改善横向分散的执法困境。地方政府间跨区域合作治理，是指相邻政府间在合作治理中实现空间资源整合、组织结构协同、制度功能合作。①但是在跨区域生态环境合作治理实践中，现实存在的"条块分割"行政管理模式容易引发区域合作治理困境，致使"公地悲剧""搭便车"现象无法避免。②因此，需要探索完善黄河流域省际之间生态补偿协作机制。

通过研究国外流域横向生态补偿实践，我们发现，以美国田纳西河流域横向生态补偿实践为例，为协调各州之间的权利、义务关系，保证田纳西河流域的跨区域生态治理和保护工作，成立了田纳西河流域管理局，对田纳西河流域的生态治理和保护工作进行统一的跨区域管理、规划和开发，以保证和支持流域生态治理和保护工作的统一、协调。因此，在黄河流域横向生态补偿实践过程中，我们需要学习借鉴"统一的管理机构"这一经验启示，在具有流域生态治理利益联系的相邻省区之间，抓紧构建合作机制框架，针对黄河流域横向

① 方雷：《地方政府间跨区域合作治理的行政制度供给》，载《理论探讨》2014年第1期。

② 党秀云、郭钰：《跨区域生态环境合作治理：现实困境与创新路径》，载《人文杂志》2020年第3期。

生态补偿成立上级政府领导，下级相邻省区主要负责人为核心的领导小组，成立流域横向生态补偿专门办公室，就各方权责边界、职能范畴、补偿措施等达成共识，增加流域生态治理的整体性、协调性，提高黄河流域水资源的利用效率，减少流域跨区域合作治理成本。

在完善黄河流域省际之间生态补偿协作机制的过程中，要抓住完善黄河流域重点生态功能区横向转移支付机制这个重点和难点。由于黄河流域流经九省区，并且包括祁连山、三江源国家公园等重要的生态保护区，如果流域横向生态补偿机制的构建一开始就平等化的涉及各个流域段，没有先后顺序，往往容易导致重点不突出，流域生态治理效能低下的问题。而黄河流域重点生态功能区分布在流域上游，生态环境脆弱，且经济社会欠发达，但是却承担着全流域最重的生态治理压力。以祁连山、三江源国家公园在黄河流域内的生态功能定位来看，关系到全国的生态文明建设以及黄河流域全流域的生态环境持续改善，其生态治理工作不仅仅是地方政府的事权，而是涉及中央政府的事权范围。因此，需要针对祁连山、三江源国家公园自身特点，制定符合其客观治理规律的保护机制，保证黄河流域生态保护工作在全国不掉队。

2. 完善黄河流域横向生态补偿市场化多元化激励机制

通过研究国外流域横向生态补偿实践，我们可以明显发现国外流域横向生态补偿资金的来源渠道更加宽泛，形式更加多样。以美国田纳西河流域为例，田纳西河流域管理局主动探索开发其他的资金来源渠道，用来弥补政府资金的不足，大力发展水电产业，以电力产业为流域生态治理提供资金支持，有效的解决了横向生态补偿资金的不足。同时，国外在治理流域生态环境的过程中，坚持政府主导、市场参与、公众配合的补偿模式也是其成功治理的原因之一。以欧洲莱茵河流域为例，"ICPR"注重发挥多元主体的治理力量，积极进行环保教育宣传，鼓励企业、公众参与流域治理，使得企业、公众在莱茵河流域治理中发挥了不可或缺的作用，完善了治理体系。

因此，需要完善黄河流域横向生态补偿市场化多元化激励机制，提高多元主体的生态治理参与意识。"共建共治共享"理念下，我们在流域横向生态补偿中要敢于向市场主体、社会主体"赋权"，在制度层面上给予"地位承认"，获得多元主体对生态补偿共治体系的"认同感"，发挥其专业性、社会性和灵活性等方面的作用，弥补政府在流域横向生态补偿中的不足。

推动黄河流域横向生态补偿机制的建设，应加强市场化、多元化激励机制创新，发挥好政府、市场、社会各自的优势和作用。所谓加强市场化多元化激励机制，就是在分工协作理论、整体性治理理论的支持下，政府、市场、社会进行权利和义务的界定和厘清，各司其职，共同发力，强调不同主体合作治理、整体治理的重要性，通过市场主体、社会主体的有力支持，增强黄河流域横向生态补偿模式的开放性和灵活性。其中，市场化是指政府在流域横向生态补偿过程中转变其职能范畴，由以往"命令、控制性"向"服务、指导性"进行转换，向市场主体"赋权"，政府为市场参与流域横向生态补偿提供制度支持，重点建立黄河流域水权交易、排污权交易等制度，形成黄河流域水资源有偿使用，通过市场化交易，扩大横向生态补偿资金来源渠道。

其次，提高企业参与流域横向生态补偿的自觉性和责任感，推动沿黄企业产业优化升级和"绿色化"改造，通过环境污染企业自治提升流域横向生态补偿的效率。而多元化是指政府在流域横向生态补偿中，要敢于放权，保证社会各主体有序有权参与流域横向生态补偿。比如完善流域横向生态补偿公众参与机制，保证公众就生态补偿标准、补偿方式充分享有知情、参与、监督的权利，鼓励其参与流域内生态补偿志愿工作；完善流域横向生态补偿社会组织参与机制，鼓励社会组织参与黄河流域横向生态补偿工作，为其提供便利，给予政策支持和资金支持；完善重点生态保护区原住民社区参与机制，鼓励原住民社区参与流域生态修复和补偿，发展文化旅游产业等绿色产业。

3. 完善黄河流域横向生态补偿资金监管保障机制

加强补偿资金监管保障是推进黄河流域横向生态补偿工作顺利开展的关键环节。当前，黄河流域横向生态补偿过程中，还存在着补偿资金筹集、分配、使用、监管、保障等方面的不足，比如，资金支出和审批不够及时；资金分配不够科学、公正；资金使用、管理不够规范；资金监管体制不够健全等问题，导致资金使用效率低下，跨省区试点项目推进工作缓慢。因此，应加强黄河流域横向生态补偿资金监管保障机制建设。

首先，在具体试点区域内，上下游政府间应成立生态补偿资金集中管理机构，及时进行资金支出和审批，保证资金及时落实到位，从而使生态治理工作顺利进行。其次，流域生态保护受偿区应科学公正的分配补偿资金，就受偿区内的实际情况，合理照顾各利益主体的利益诉求。最后，建立流域横向生态补偿资金监管机制，其监管机制既要坚持政府的监督主导地位，还应该重视市场、社会的监督作用。就政府而言，明确政府的权责边界、职能范畴，加强政府部门自身监督；就公众而言，要重点监督地方政府在生态补偿资金管理中的不作为、私自挪用贪污等腐败行为。只有将生态补偿资金公平、合理、有效的落实到黄河流域横向生态补偿工作中，才能提高资金使用效率，确保流域生态治理质量。

总之，黄河流域横向生态补偿试点工作的开展，以"共建共治共享"理念为指导，体现的是环境治理新体系下的整体性、系统性要求，追求的是流域内水环境的持续改善以及生态利益平衡。在政策、实践、理论相对发展良好的背景下对黄河流域横向生态补偿法律机制的研究是顺应党和国家的最新号召和最新要求。就目前的保护状况而言，黄河流域横向生态补偿机制仍然存在诸多不足，需要充分结合黄河流域自身的治理现状，同时充分吸收借鉴国内外流域治理的经验启示，从而不断完善黄河流域横向生态补偿法律机制，为黄河流域生态治理提供法制保障。

附：黄河流域生态环境保护规划①

前　言

　　黄河是中华民族的母亲河，发源于青藏高原巴颜喀拉山北麓，呈"几"字形流经青海、四川、甘肃、宁夏、内蒙古、山西、陕西、河南、山东9省区，全长5464千米，是我国第二长河。黄河流域横跨东中西部，连接青藏高原、黄土高原、华北平原与渤海，拥有黄河天然生态廊道和三江源、祁连山等多个重要生态功能区，分布黄淮海平原、汾渭平原、河套灌区等农产品主产区，是我国重要的能源、化工、原材料和基础工业基地，在我国经济社会发展和生态安全方面具有十分重要的地位。

　　党的十八大以来，黄河治理保护工作取得了举世瞩目的成就，但黄河一直体弱多病，沿黄河地区生态环境质量不高。流域生态环境脆弱，部分地区环境污染严重且潜在风险高，重点基础设施建设仍然存在缺口，各省区现代环境治理体系尚未建立，沿黄河人民追求碧水、蓝天、青山、净土的美好愿望一直难以实现。做好黄河保护工作，既要谋划长远，又要干在当下。着力加强生态保护治理，推进实施一批重大生态保护修复和建设工程，促进流域生态系统健康，是落实绿水青山就是金山银山理念、防范化解生态环境风险的必然要求，也是保障黄河长治久安、促进沿黄河各省区高质量发展、满足人民群众良好生态环境需要的重要举措，对建设美丽中国、实现中华民族伟大复兴具有重要意义。

---

① 2022年6月11日，生态环境部、国家发展和改革委员会、自然资源部、水利部联合印发了《黄河流域生态环境保护规划》，并发出通知，要求黄河流域9省区贯彻实施。https://www.mee.gov.cn/ywgz/zcghtjdd/ghxx/202206/t20220628_987021.shtml。

近年来，习近平总书记走遍了黄河上中下游9省区，多次对黄河生态保护治理提出明确要求，强调黄河流域必须下大力气进行大保护、大治理，走生态保护和高质量发展的路子。治理黄河，重在保护，要在治理，要坚持生态优先、绿色发展，以水而定、量水而行，因地制宜、分类施策，上下游、干支流、左右岸统筹谋划，共同抓好大保护，协同推进大治理，着力加强生态保护治理，保障黄河长治久安，促进全流域高质量发展，让黄河成为造福人民的幸福河。

为深入贯彻落实习近平总书记重要讲话和指示批示精神，全面加强黄河流域生态环境保护，着力改善生态环境质量，编制《黄河流域生态环境保护规划》。规划范围为黄河干支流流经的青海、四川、甘肃、宁夏、内蒙古、山西、陕西、河南、山东9省区相关县级行政区，国土面积约130万平方千米。

本规划是落实《黄河流域生态保护和高质量发展规划纲要》"1+N+X"要求的专项规划，是指导黄河流域当前和今后一个时期生态环境保护工作，制定实施相关规划方案、政策措施和工程项目建设的重要依据。规划期至2030年，中期展望至2035年，远期展望至本世纪中叶。

第一章　基础和形势

第一节　主要进展

党的十八大以来，以习近平同志为核心的党中央着眼于生态文明建设全局，明确了"节水优先、空间均衡、系统治理、两手发力"的治水思路，沿黄河各省区全面加强生态环境保护，坚决打好污染防治攻坚战，流域生态环境持续明显向好。

一是生态环境质量明显改善。黄河流域水质持续改善，2020年，流域Ⅰ—Ⅲ类断面比例较2015年提高28.1个百分点，劣Ⅴ类断面比例降低16.7个百分点，国控断面化学需氧量、氨氮、总磷浓度大幅降低。黄河流域空气质量持续改善，2020年，流域细颗粒物（PM$_{2.5}$）浓度下降到38微克/立方米，较2015年降幅25.5%；可吸入颗粒物（PM$_{10}$）浓度下降到69微克/立方米，降幅26.6%；优良天数比率提高3.1个百分点，重污染天数比率降低1.6个百分点。土壤环境保护持续加强，将涉镉等重金属重点行业企业纳入土壤污染重点监管范围并开展整治，推动轻中度污染耕地安全利用和重度污染耕地严格管控，强化建设用地准入管理，累计完成近2800块地块土壤环境调查，对150多块地块开展土壤污染风险评估。

二是水沙治理取得显著成效。2020年，黄河流域水土流失面积为26.27万平方千米，黄河流域黄土高原地区水土流失面积，较最严重时减少约一半，林草植被覆盖率提高40多个百分点，黄河流域实现水土流失面积强度"双下降"、水蚀风蚀"双减少"。流域用水增长过快局面得到有效控制，生态流量逐步得到有效保障，黄河干流实现连续22年不断流。

三是生态保护与修复成效明显。以国家公园为主体的自然保护地体系初步建立，三江源等国家公园体制试点积极推进，建立国家级自然保护区66处，划定羌塘—三江源区、祁连山区等生物多样性保护优先区域。积极实施三江源保护、三北防护林建设、天然林保护、防沙治沙、湿地保护恢复等重大工程，开展历史遗留矿山生态修复，山水林田湖草生态保护修复工程试点工作全面推进。持续推进中央生态环境保护督察和"绿盾"自然保护地强化监督检查，发现并解决一批突出生态破坏问题。三江源地区藏羚羊、秦岭地区大熊猫和朱鹮种群数量明显增加，黄河口水生生物多样性就地保护有序推进，流域生物多样性水平明显提升。

第二节　存在问题

当前黄河流域生态环境保护仍存在一些突出困难和问题。究其原因，表象在黄河，根子在流域，既有先天不足的客观制约，也有后天失养的人为因素。

一是流域经济发展模式仍然偏重偏粗。黄河流域地区间发展差距明显，资源开发、乡村振兴与生态环境保护矛盾突出。上中游经济社会发展不充分，以能源、化工、原材料加工和牧业等传统产业为主导特征明显，新旧动能转换缓慢，转型升级步伐滞后，煤化工、焦化、有色金属冶炼、钢铁等"两高一资"企业沿黄河干支流集中分布，产业同构现象突出。下游经济社会发展较快，但传统产业含绿量、含金量、含新量少，缺乏较强竞争力新兴产业集群，发展质量有待提高。

二是流域水资源过度开发利用。黄河多年平均水资源总量647亿立方米，不到长江的7%。水资源开发利用率高达80%，远超40%的生态警戒线。流域农业用水占用水总量的66.9%，生态环境补水占比仅为7.7%。部分支流生态流量不足，13条主要一级支流中有7条出现过断流，生态环境功能受到严重影响。

三是流域生态环境脆弱。黄河一直"体弱多病"，生态本底差，生态脆弱区分布广、类型多、易退化，整体性、系统性生态问题突出，恢复难度大且过程缓慢。流域四分之三以上区域属于中度以上脆弱区，高于全国平均水平，尤其是黄河上游属于高寒高海拔地区，高原冰川、草原植被、湿地生态极易遭受破坏，修复和恢复难度大。在全国主要流域中，黄河流域水土流失面积占流域土地面积比例最大，中度及以上水土流失面积占比最高。

四是部分地区污染严重。黄河流域空气质量与全国平均水平有明显差距，2020年，流域$PM_{2.5}$浓度比全国平均值高15.2%，空气质量优良天数比率比全国平均值低7.4个百分点；汾渭平原污染严重，$PM_{2.5}$浓度为48微克/立方米，PM_{10}浓度为83微克/立方米，重污染天数比率为3.1%。流域水质总体劣于全国平均水平，中游的汾河、三川河、黄甫川等主要支流缺少生态基流，且污染物排放强度高，污染严重。个别地区土壤污染较重，部分地区、部分工业园区及重污染企业周边耕地、有色金属矿区及重点行业企业遗留地块土壤污染问题突出。

五是生态环境风险隐患突出。黄河流域是我国重要的能源、煤化工基地，煤化工行业企业数量约占全国的80%，干支流沿河1000米范围内有较多风险源，企业治污设施、环境监管及沿河污染预警应急水平等尚未完全达到高质量绿色发展要求。部分地区有色金属矿区重金属污染历史遗留问题多，解决难度大。

第三节　战略机遇

以习近平同志为核心的党中央将黄河流域生态保护和高质量发展作为事关中华民族伟大复兴的千秋大计，习近平总书记两次主持召开黄河流域生态保护和高质量发展座谈会，发表系列重要讲话，多次作出重要指示批示，为黄河流域生态环境保护工作指明了方向，提供了根本遵循。党的十八大以来，党中央着眼于生态文明建设全局，明确了治水思路，黄河流域水沙治理取得显著成效、生态环境持续明显向好、发展水平不断提升。当前，我国加快绿色发展给黄河流域带来新机遇，特别是加强生态文明建设、加强环境治理已经成为新形势下经济高质量发展的重要推动力，在生态文明建设进入以降碳为重点战略方向、推动减污降碳协同增效、促进经济社会发展全面绿色转型、实现生态环境质量改善由量变到质变的关键时期，各级党委政府生态环境保护主体责任意识空前提高，沿黄河人民对碧水、蓝天、青山、净土的迫切愿望日益高涨，黄河流域生态环境保护具有广泛的社会共识和坚实的群众基础。

第二章　总体要求

第一节　指导思想

以习近平新时代中国特色社会主义思想为指导，全面贯彻党的十九大和十九届历次全会精神，深入贯彻习近平生态文明思想，紧紧围绕统筹推进"五位一体"总体布局，协调推进"四个全面"战略布局，立足新发展阶段，完整、准确、全面贯彻新发展理念，构建新发展格局，共同抓好大保护，协同推进大治理，坚持以水定城、以水定地、以水定人、以水定产，坚持精准、科学、依法治污，深入打好污染防治攻坚战，统筹推进山水林田湖草沙等综合治理、系统治理、源头治理，系统推进黄河流域生态环境保护和绿色低碳发展，持续改善沿黄河省区生态环境质量，筑牢生态安全屏障，实现高水平保护、高质量发展、高品质生活协同推进，为黄河永远造福中华民族不懈奋斗。

第二节　基本原则

生态优先、绿色发展。坚持节约优先、保护优先、自然恢复为主，严格自然资源开发利用准入要求，系统推进重点区域、重点河湖水体自然生态环境保护和修复。坚定走绿色、可持续的高质量发展之路，促进经济社会发展格局、城镇空间布局、产业结构与流域资源环境承载能力相适应，守住黄河自然生态安全边界。

系统治理、分区施策。统筹流域上下游、左右岸、干支流，因地制宜，科学制定差别化的分区分类保护和治理措施，以上游水源涵养、中游水土保持和污染治理、下游湿地保护修复为重点，加强生态保护治理，着力推进工业、农业、城乡生活、矿区等协同治理。

三水统筹、还水于河。坚持保护水资源、改善水环境、修复水生态，加强全流域水资源统一调度，降低水资源开发利用率和污染排放总量，优化用水结构，保障生态用水，推进还水于河，维护黄河生态健康。

责任落实、协同推进。严格落实"党政同责、一岗双责"，把黄河生态环境保护修复工作放在突出位置，落实生态环境保护修复主体责任。深化黄河流域跨区域合作，完善省际会商机制，构建齐抓共管大格局。

第三节　规划目标

到2030年，生态环境质量明显改善。黄河流域生态安全格局初步构建，产业结构和空间布局得到优化，环境和气候治理能力系统提升，生态环境监管体系全面建设，生态环境保护体制机制进一步完善，生态环境突出问题从根本上得到有效解决，实现二氧化碳排放2030年前达峰，生态系统质量和稳定性全面提升，现代环境治理体系基本形成，人民群众幸福感、获得感、安全感显著增强。

到2035年，生态环境全面改善。黄河流域生态安全格局基本构建，绿色生产生活方式广泛形成，环境和气候治理能力明显提升，生态环境监管体系和生态环境保护体制机制全面形成，二氧化碳排放达峰后稳中有降，生态系统健康稳定，现代环境治理体系全面完善，黄河流域生态保护和高质量发展取得重大战略成果。

21世纪中叶，黄河流域生态安全格局全面形成，重现生机盎然、人水和谐的景象，幸福黄河目标全面实现，在我国建设富强民主文明和谐美丽的社会主义现代化强国中发挥重要支撑作用。

第三章 优化空间布局，加快产业绿色发展

全方位贯彻"以水定城、以水定地、以水定人、以水定产"原则，推进产业全面绿色发展，促进流域高质量发展。

第一节 细化落实"四水四定"

科学制定水资源环境承载要求。强化城镇开发边界管控，优化中心城市和城市群发展格局，统筹沿黄河县城和乡村建设。优化国土空间开发格局，根据水资源承载状况确定土地用途，提高土地集约节约利用水平。促进人口科学合理布局，支持生态功能区人口逐步有序转移。构建与水资源承载能力相适应的现代产业体系。组织开展黄河流域资源环境承载能力评价，根据评价结果按水资源环境超载程度，分类提出取水许可管理与重点水污染物排放总量要求。持续推进黄河流域水环境承载力监测预警机制建设。

因地制宜推进生态环境分区管控。衔接国土空间规划分区和用途管制要求，将生态保护红线、环境质量底线、资源利用上线的硬约束落实到环境管

控单元，建立差别化的生态环境准入清单，建立全覆盖的生态环境分区管控体系，依法依规加快落地应用，编制实施黄河流域生态环境分区管控方案，推动建立跟踪评估、动态更新和调整工作机制，各地因地制宜细化生态环境分区管控。

第二节　推进工业绿色发展

推进产业绿色转型升级。实施节能审查、环评审批和排污许可制度，从源头提升新建项目能效水平和清洁生产水平。优化甘肃、宁夏、内蒙古、山西、陕西、山东等省区高耗水行业规模，重点推进水资源节约集约利用。加快产业结构转型升级，推进钢铁、煤炭等重点行业化解过剩产能，鼓励科技含量高的绿色工业发展。延长和优化煤炭、石油、矿产资源开发产业链，推进资源产业深加工，逐步完成能源产业结构调整和升级换代。全面推进绿色制造体系建设，创建一批绿色工厂、绿色工业园区、绿色供应链。

开展重点行业清洁生产改造。以产污强度高、排放量占比大的行业，以及生产、使用或排放列入《优先控制化学品名录》中化学品的行业等为重点，加强清洁生产评价认证和审核。研究制定重点行业清洁生产改造升级方案，加快钢铁、石化、化工、有色、建材等重点行业企业清洁生产改造升级，推动产业升级与技术革新。对"双超双有高耗能"企业实施强制性清洁生产审核，在有条件地区适时推进颁布地方清洁生产标准或指标体系。

推进企业园区化绿色发展。持续推动城市建成区内重污染企业搬迁改造或关闭退出。加快黄河流域各级各类工业园区主导产业与上下游相关产业和配套产业的融合与集聚发展。推动汾渭平原化工、焦化、铸造、氧化铝等产业集群化、绿色化、园区化发展。沿黄河一定范围内高耗水、高污染企业分期分批迁入合规园区。推动兰州、洛阳、郑州、济南等沿黄河城市和干流沿岸县（市、区）新建工业项目入合规园区，具备条件的存量企业逐步搬迁入合规园区。建立以"一园一策"和第三方综合托管为主要手段的工业园区环境治理新模式。到2025年，力争推动30家左右工业园区建成国家级生态工业示范园区。

第三节　促进绿色矿业发展

积极推进矿产资源绿色勘查开采。从理念、制度、技术、监管四个方面推动资源绿色勘查开采，将绿色发展理念贯穿于矿产资源利用与保护全过程。新建矿山按照绿色矿山标准进行规划、设计、建设、运营管理，生产矿山加快升级改造，逐步达标。

促进矿产资源综合利用。实施矿山企业开采回收率、选矿回收率、综合利用率指标年度考核制度，鼓励地方制定不低于国家指标要求的"三率"最低指标。完善并发布先进适用技术推广目录，开展难选矿、低品位矿、共伴生矿和新类型矿综合利用研究。在开发利用主要矿产时，对具有工业价值的共伴生矿产要统一规划，综合勘查、综合评价、综合开发利用，提高矿山开发废弃物资源化利用水平。重点推进尾矿（共伴生矿）综合利用。

第四章　推进三水统筹，治理修复水生态环境

统筹水资源、水环境、水生态，坚持节水优先，污染减排与生态扩容两手发力，推进水资源节约集约利用、水污染治理、美丽河湖水生态保护，努力维护黄河流域水生态系统健康。

第一节　强化水资源节约集约利用

落实水资源用水总量和强度双控。建立健全覆盖全流域省市县三级行政区的取用水总量、用水强度控制指标体系，对黄河干支流规模以上取水口实施动态监管，合理配置区域行业用水，将节水作为约束性指标纳入当地政绩考核范围。开展"挖湖引水造景"等问题整治。以国家公园、水源涵养区、珍稀物种栖息地为重点，清理整治过度的小水电开发。

科学配置全流域水资源。优化、细化基于"丰增枯减"原则下的《黄河

可供水量分配方案》，下游地区要更多使用南水北调供水，腾出适当水量用于增加生态流量和保障上中游省区生活等基本用水需求。强化全流域水量统一调度，科学优化水资源配置，细化完善干支流水资源分配。科学合理确定黄河干支流河湖生态流量（水量），以黄河干流及湟水河、大通河、洮河、窟野河、无定河、汾河、渭河、泾河、北洛河、伊洛河、大汶河、石川河等主要支流为重点，制定实施生态流量保障方案，加强生态流量动态监管，开展生态流量保障效果调查评估。优化生态调度方式，细化实化生态用水计划，合理拓宽黄河生态调水范围，统筹安排河道内滩区湿地和河道外河口三角洲湿地、乌梁素海等重点地区生态补水。推进新一轮地下水超采区、禁采区、限采区划定，开展地下水超采综合治理，促进重点区域地下水采补平衡。

实施深度节水控水行动。以甘肃黄河高抽灌区、宁蒙灌区、汾渭平原、下游引黄灌区等大中型灌区为重点，实施节水改造，推进高标准农田建设，推广喷灌、微灌、低压管灌等高效节水灌溉技术。黄河上中游地区发展高效旱作农业，下游河南、山东等粮食主产区，加强小麦、玉米节水抗旱品种选育。鼓励工业园区内企业间分质串联用水，梯级用水。以沿黄河省会城市及工业用水占比高的城市为重点，实施高耗水行业企业节水改造，推广应用一批先进适用的工业节水工艺、技术和装备。提高工业用水超定额水价，推进能源、化工、建材等高耗水产业节水增效。推进城镇节水降损工程建设，推广普及生活节水器具，积极开展政府机关、学校、医院等公共机构节水技术改造，大力推进节水型城市建设。

推进污水资源化利用。以青海、甘肃、宁夏、陕西、山东等省区为重点，开展地级及以上城市污水资源化利用示范城市建设，规划建设配套基础设施，实现再生水规模化利用。选择缺水地区开展区域再生水循环利用试点示范，推动建设污染治理、生态保护、循环利用有机结合的综合治理体系。重点围绕钢铁、石化、化工、造纸、纺织印染、食品、电子等行业，创建一批工业废水循环利用示范企业，逐步提高废水综合利用率。积极推动再生水、雨水和苦咸水等非常规水源利用。矿井水排放多的地区要制定矿井水利用规划，统筹考虑区域内矿井水的综合利用，统一建设相关基础设施。推进陇东、宁东、蒙西、陕北、晋西等能源基地的煤炭矿井水综合利用。

第二节　全面深化水污染治理

深化重点行业工业废水治理。持续实施煤化工、焦化、农药、农副食品加工、原料药制造等重点行业工业废水稳定达标排放治理。完善工业园区污水集中处理设施及进出水自动在线监控装置建设，加强园区内工业企业废水预处理监管，对进水浓度异常的园区，排查整治园区污水管网老旧破损、混接错接等问题，推动黄河流域工业园区工业废水应收尽收、稳定达标排放。到2025年，重点排污单位（含纳管企业）全部依法安装使用自动在线监测设备，并与生态环境部门联网，省级及以上工业园区污水收集处理效能明显提升。

完善城镇生活污水污泥收集处理设施。合理布局污水处理设施，着力提升污水处理厂超负荷运行地区的污水处理能力。黄河流域省会城市、干流沿线城市及汾河、湟水河、涑水河、延河、渭河等支流沿线城市的水环境敏感区域，因地制宜实施城镇污水处理厂差别化精准提标。加大城镇污水管网建设力度，推进城镇污水管网全覆盖，大力推进城中村、老旧城区、城乡结合部污水管网建设，实施混错接、漏接、老旧破损管网更新修复，提升污水收集效能。因地制宜推进城镇雨污分流改造，除干旱地区外，新建污水管网全部实行雨污分流。对流域内进水生化需氧量浓度低于100mg/L的城市污水处理厂服务片区，实施"一厂一策"系统化整治。到2030年，黄河流域设市城市建成区消除生活污水直排口和收集处理设施空白区，城市生活污水集中收集率提升到75%以上。加快完成污泥处理处置设施达标改造，压减污泥填埋规模，优先解决重点生态功能区和污泥产生量大、存在二次污染隐患地区的污泥处理处置问题，重点推进内蒙古、宁夏污泥处理处置设施建设。

强化农业面源污染治理。开展农业面源污染治理和监督指导试点，划分农业面源污染优先治理区域，探索开展农业面源污染调查监测评估工作，建设农业面源污染监测"一张网"。在内蒙古河套、宁夏青铜峡大型灌区，选择部分区域开展农田灌溉用水和出水水质监测。实施宁蒙河套、汾渭、青海湟水河和大通河、甘肃沿黄、中下游引黄灌区等区域农田退水污染综合治理，建设生态沟道、污水净塘、人工湿地等氮、磷高效生态拦截净化设施，加强农田退水循环利用。科学划定水产养殖适养、限养、禁养区域。推动畜牧大县建立畜禽养殖粪污等农业有机废弃物收集、转化、利用体系，鼓励和引导第三方企业将畜禽粪污进行资源化利用，鼓励规模以下畜禽养殖户采用"种养结合""截污建池、收运还田"等模式处理。到2030年，黄河流域畜禽粪污综合利用率达到85%以上。

推进农村生活污水治理。健全城乡环境基础设施统一规划、统一建设、统一管护机制，推动市政公用设施向郊区乡村和规模较大中心镇延伸。以县（市、区）为基本单位，以乡镇政府驻地和中心村等为重点，梯次推进农村生活污水治理，因地制宜地推进农村厕所革命。

加强入河排污口排查整治。开展流域入河排污口排查溯源，地方政府要制定工作方案，明确入河排污口责任主体，实施入河排污口分类整治，对于保留的排污口加强日常监督管理。到2025年，完成所有排污口排查，基本完成黄河干流及主要支流、重点湖泊排污口整治。

第三节 推进美丽河湖水生态保护

维护干支流重要水体水生态系统。实施水环境控制单元精细化管理，加大黄河干支流重要水体保护和综合治理力度，分区分类实施保护修复。开展黄河流域重要水体水生态调查评估。加强黄河干流及主要支流河湖生态缓冲带保护，强化岸线用途管制和节约集约利用，维护岸线的生态功能。完善流域水生态保护格局，建设黄河流域清水廊道，提升生态系统稳定性。

封育保护河源区水生态系统。以黄河干流及主要支流河源区为重点，加强水源涵养区保护修复，加强天然林、草地保护，以封育保护为主，因地制宜实施封禁治理，疏解人类活动压力，采取适度种植林草措施修复退化植被，尽可能维护生态系统的原真性和完整性。

恢复受损河湖水生态系统。在汾河、涑水河等河流积极开展河岸生态缓冲带和水生植被恢复等活水保质与生态修复措施，全面提升水体自净能力。推进洮河、渭河、泾河、北洛河、无定河、窟野河等河流系统治理，因地制宜实施水土流失等问题综合整治，系统提升流域水生态水平。全面修复乌梁素海、红碱淖、东平湖等重要湖泊水体水生态功能。

深入推动美丽河湖地方实践。以地级及以上城市政府为主体，积极推进美丽河湖保护与建设，完善美丽河湖长效管理机制，提升河湖生态环境品质。组织评选黄河流域美丽河湖优秀案例，宣传推广成效好、可持续、能复制的美丽河湖保护与建设好经验好做法，强化美丽河湖优秀案例示范引领作用。

第四节　实施水体差异化保护治理

全面保障饮用水水源安全。以县级及以上城市集中式饮用水水源地为重点，加强饮用水水源地规范化建设，开展不达标水源治理。梯次推进农村集中式饮用水水源保护区划定、立标，开展水源保护区内环境问题排查整治。定期调查评估集中式饮用水水源地环境状况。加强城市应急或备用水源建设。到2025年，县级及以上城市集中式饮用水水源地水质达标率不低于90%，完成乡镇级集中式饮用水水源保护区划定与立标。到2030年，集中式饮用水水源安全得到有效保障。

维护良好水体水生态健康。加强黄河干流和沁河、大汶河、清水河及沙湖、千湖、汾河水库、李家峡水库等水质优良水体保护，实施河湖水生态健康修复维护工程，推进河湖自然恢复与人工修复。强化水生态保护修复，严格岸线资源管控，维护自然生态岸线。到2030年，实现黄河流域重要水体水生态承载力水平不降低。

实施受污染水体消劣达标行动。逐一编制实施劣V类水体消劣行动方案，分期分批开展水环境综合整治。到2023年，实现汾河、都思兔河、黄甫川等入黄支流全面消劣（环境本底除外）；到2025年，实现涝河、南川河、三川河、杨兴河、乌兰木伦河、小黑河、泪河、马莲河等其他入黄支流消劣（环境本底除外）。持续推进石川河、沮河、延河、三岔河等未达标水体专项治理，依法编制实施水体达标规划。

综合整治城乡黑臭水体。全面开展县级城市建成区黑臭水体排查与综合整治。因地制宜采取措施降低合流制污水溢流污染，加快推进污水收集处理设施建设和改造，开展生态修复，强化监督管理，健全城市黑臭水体治理长效机制，防止水体黑臭现象反弹，实现长治久清。到2025年，县级城市建成区黑臭水体消除比例达到90%以上；到2030年，实现城市建成区黑臭水体消除。建立农村黑臭水体国家监管清单，以乡镇政府驻地、中心村等人口聚集地区为重点，优先开展综合整治，"拉条挂账、逐一销号"。开展农村黑臭水体整治试点示范，总结分区分类的农村黑臭水体治理模式，完善农村黑臭水体管理机制。到2025年，农村黑臭水体消除比例达到40%以上；到2030年，农村黑臭水体消除比例达到70%以上。鼓励沿黄河省会城市提前完成县级城市建成区黑臭水体和农村黑臭水体整治工作。

专栏1　水环境保护与治理工程

1. 黄河流域干支流水生态环境综合治理示范工程

统筹推进水质净化等生态保护修复工程、黑臭水体和劣Ⅴ类水体治理工程、入河排污口规范化整治工程和生态用水保障工程，以黄河宁夏段、汾河、渭河等干支流为示范，实施25条入黄支流和21条入黄排干沟渠综合治理工程，实施8个重点湖泊生态修复，因地制宜实施一批区域再生水循环利用重大工程试点。

2. 饮用水水源地环境保护工程

以宁夏、陕西为示范，开展79个县级及以上城市集中式饮用水水源地和70个"千吨万人"集中式饮用水水源地规范化建设、水源达标治理、水源保护区污染源整治、水源涵养等综合保护工程。

第五章　加强区域协作，实现减污降碳协同增效

坚持源头防治、综合施策，强化多污染物协同控制和区域协同治理，推进PM$_{2.5}$和臭氧（O$_3$）协同控制，推动减污降碳协同增效，努力实现汾渭平原等重点区域空气质量达标。

第一节　保障重点区域空气质量达标

分类推进城市空气质量全面达标。以京津冀及周边地区（黄河流域内城市）、汾渭平原、兰州—西宁城市群、黄河"几"字弯都市圈等为重点，实施大气污染综合治理，着力改善未达标城市空气质量，进一步巩固提升已达标城市空气质量。吕梁、晋中、临汾等城市着重推进二氧化硫治理，西安、咸阳、洛阳等城市着重推进氮氧化物（NO$_X$）治理，晋中、临汾、运城、咸阳、洛阳等城市着重推进PM$_{2.5}$和O$_3$协同控制。到2025年，基本消除重污染天气，汾渭平原城市空气质量实现大幅改善，兰州、石嘴山、乌海、呼和浩特、包头、鄂尔多斯等城市力争实现空气质量稳定达标。到2030年，全流域基本实现空气质量达标。

提升区域行业大气污染治理水平。高标准实施钢铁行业超低排放改造，因地制宜推进水泥、焦化行业超低排放改造。到2025年，黄河流域大气污染防治重点区域（汾渭平原、京津冀及周边地区）以及西宁、兰州、石嘴山、乌海、包头、鄂尔多斯等城市，完成钢铁企业、独立焦化企业超低排放改造；到2030年，其他城市完成80%的改造任务。按照"淘汰一批、替代一批、治理一批"的原则，实施燃煤锅炉和工业炉窑大气污染综合治理，到2025年，黄河流域80%的工业炉窑完成大气污染综合治理，实现达标排放。县级及以上城市建成区和大气污染防治重点区域基本淘汰35蒸吨/小时以下燃煤锅炉，非重点区域基本淘汰10蒸吨/小时以下燃煤锅炉。开展建材、农药、煤化工、石化、化肥、铸造、压延、有色金属等行业综合治理，进一步强化设备密闭化改造和治

理设施提标改造，推进全流程排放管理。加强大宗物料储存、输送及生产工艺过程无组织排放控制，在保障生产安全的前提下，采取密闭、封闭等措施有效提高废气收集率。

强化大气污染传输通道城市区域联防联控。加强汾渭平原东北—西南传输通道大气污染联防联控，强化汾渭平原、银石乌、呼包鄂等大气污染相互影响较大城市间应急联动，逐步统一区域重污染天气应急启动标准和应对措施，对钢铁、焦化、水泥等重点行业实施绩效分级动态管控和差异化应急管理。提升O_3预报能力，探索增设特征污染因子预警启动条件，降低污染预警启动门槛。到2030年，汾渭平原、银石乌、呼包鄂等区域联防联控体系基本完善，空气质量得到持续改善。

第二节　推动多污染物协同控制

强化重点行业挥发性有机物（VOC_s）综合治理。大力推进VOC_s和NO_x协同减排，有效遏制O_3浓度增长趋势。严格落实涂料、油墨、胶黏剂、清洗剂等产品VOC_s含量管控要求，大力推进低（无）VOC_s含量原辅材料替代。在确保安全的前提下，强化含VOC_s物料全方位、全链条、全环节密闭管理，对载有气态、液态VOC_s物料的设备与管线组件按要求开展泄漏检测与修复工作。以石化、化工、工业涂装、包装印刷等行业为重点，按照"应收尽收、适宜高效、先启后停"的原则，大力提升VOC_s废气收集处理率及处理设施运行率。按标准要求完成加油站、原油和成品油储油库、油罐车油气回收治理。严厉打击生产、销售、储存和使用不合格油品行为。稳步推进大气氨污染防控。

专栏2　重点行业大气污染综合治理工程

1. 钢铁水泥行业超低排放改造工程

完成钢铁企业有组织、无组织排放改造和大宗物料产品清洁运输，分步开展评估监测。重点实施山西、陕西等省共100家钢铁、60家水泥企业超低排放改造工程。

2. 工业炉窑综合整治工程

实施焦化行业深度治理工程，压减炉龄较长、炉况较差的炭化室高度4.3米焦炉；推进实施有色金属、建材、石化、化肥、煤化工等行业工业炉窑综合治理工程，加大不达标工业炉窑淘汰力度，推进工业炉窑使用电、天然气等清洁能源或由周边热电厂供热；淘汰一批化肥行业固定床间歇式煤气化炉，淘汰炉膛直径3米以下燃料类煤气发生炉。开展关中地区工业炉窑无组织排放治理和清洁能源改造，严格控制工业炉窑生产工艺过程及相关物料储存、输送等环节无组织排放。

3. VOCs污染防治工程

建立9省区VOCs排放因子图谱库。实施石化、化工、表面涂装、包装印刷、油品储运销等行业VOCs源头替代与污染治理改造工程、生活源VOCs控制示范工程、农业源VOCs控制示范工程和国三高排放、高污染柴油货车综合治理和管控工程，推进VOCs综合管控系统与平台建设。以宝鸡、咸阳、渭南、韩城等为重点，开展陶瓷、焦化企业VOCs污染治理，实施低VOCs含量的原辅材料源头替代、废气催化燃烧或回收处理，按照"一厂一策"方案，提升VOCs综合治理水平。开展含VOCs物料储存、转移和输送、设备与管线组件泄漏、敞开液面逸散以及工艺过程等五类排放源VOCs管控，强化无组织排放管控。

扎实稳妥推进冬季清洁取暖改造。通过技术优化和经济政策支持，持续巩固清洁取暖改造成果。到2025年，山西、陕西、河南、山东等省完成平原地区城市散煤替代。西宁、兰州、银川等城市重点在城区、城乡结合部和县城开展散煤替代，县级及以上城市建成区全面实现清洁取暖，逐步提高清洁取暖率。推进上游青海、四川沿黄河县城集中供暖设施建设。

> **专栏3 清洁取暖改造工程**
>
> 1. 陕西关中地区散煤治理与清洁能源替代工程
>
> 实施规模以上工业燃料煤削减和节煤改造工程，因地制宜推进生活和冬季取暖散煤替代，积极推广集中式电取暖、蓄热式电暖器、空气源热泵等。实施燃煤集中供热站清洁化改造，鼓励热电联产项目富余热能延伸利用。到2025年，陕西省实现削减散煤200万吨。
>
> 2. 沿黄河地区集中供热工程
>
> 大力发展集中供热，鼓励发展超低排放热电联产和供热锅炉。煤改电、煤改气优先采取集中供热方式，集中供热管网覆盖不到的区域，因地制宜推进分散式清洁取暖。

加强移动源排放管控。加快淘汰采用稀薄燃烧技术或"油改气"的老旧燃气车辆。力争到2025年，国六标准车辆占比达到30%。强化机动车环保监管，严厉打击私拆排放处理装置、篡改车载诊断系统数据的违法行为。开展非道路移动源排放综合控制，完善非道路移动机械排放控制方案，加速淘汰老旧机械，划定并公布禁止使用高排放非道路移动机械的区域。到2030年，新能源和国三及以上非道路移动机械占比达到40%以上。强化船舶排放监管，严厉查处使用不合格油品行为。严格执行船舶强制报废制度，提高船舶新能源清洁能源应用比例。

> **专栏4 移动源污染治理工程**
>
> 1. 高排放老旧机动车淘汰更新工程
>
> 到2025年，9省区高排放老旧机动车淘汰更新量完成60%。开展淘汰采用稀薄燃烧技术或"油改气"的老旧燃气车辆，建设5万辆/年报废机动车回收拆解及资源化利用中心。
>
> 2. 非道路移动机械治理工程
>
> 以城市建成区内施工工地、物流园区、大型工矿企业及机场、铁路货场等为重点，建设非道路移动机械环保监管平台，逐步淘汰不符合国三标准要求的挖掘机、装载机、叉车、压路机、平地机、推土机等非道路移动机械。

推进声环境质量持续改善。开展声环境功能区划评估与调整，建立地级及以上城市声环境质量自动监测网络。在制定相关规划时，充分考虑建设项目和区域开发改造所产生的噪声对周围生活环境的影响，合理划定防噪声距离，明确规划设计要求，提高噪声防护标准。将工业企业噪声纳入排污许可管理。到2025年，黄河流域城市夜间声环境质量达标率达到85%。

第三节　增强应对气候变化能力

有序推动二氧化碳排放达峰。把碳达峰碳中和工作纳入黄河流域生态文明建设整体布局和经济社会发展全局，坚持全国一盘棋，明确各地区、各领域、各行业符合实际、切实可行的目标任务和碳达峰时间表、路线图、施工图，避免"一刀切"限电限产或运动式"减碳"。坚持降碳、减污、扩绿、增长协同推进，推动能耗"双控"向碳排放总量和强度"双控"转变。推进有条件的地方、重点领域、重点行业、重点企业率先达峰。

推进能源领域低碳发展。坚持先立后破、通盘谋划，推进能源低碳转型。有序有效开发山西、鄂尔多斯盆地综合能源基地资源，推动宁东、陇东、陕北、海西等重要能源基地高质量发展。加强煤炭等化石能源清洁高效利用，有序减量替代，推动煤电节能降碳改造。稳步有序推动煤层气、页岩气等非常规油气资源开采利用。发挥黄河上游水电站和电网系统的调节能力，支持青海、四川、甘肃等风能、太阳能丰富地区构建风光水多能互补系统。依托"东数西算"工程布局和实施，大幅提升绿色能源利用比例。加大青海、甘肃、内蒙古等省区清洁能源消纳外送能力和保障机制建设力度，加快跨省区电力市场一体化建设。开展大容量、高效率储能工程建设。深入推进山西国家资源型经济转型综合配套改革试验区建设和能源革命综合改革试点。

推进重点领域行业低碳转型。严把新上项目的碳排放关，坚决遏制高能耗、高排放、低水平项目盲目发展。推动企业开展减污降碳协同创新行动。推进"煤改气""煤改电"进程，提高工业终端用能电气化水平。推进钢铁、石化、化工、有色、建材等行业节能降碳，升级钢铁、石化、建材等领域工艺技术，控制工业过程二氧化碳排放，开展工业园区和企业分布式绿色电网建设。依托北方地区清洁采暖工作，深入推进黄河流域城市建筑用能清洁替代和可再生能源在建筑领域的大规模应用。构建绿色交通运输体系，持续优化调整运输结构，以煤炭等大宗货物产地为重点，加快大宗货物和中长途货物运输"公转铁"，推进铁路、航运的电气化水平，逐步提高城市电动车比例，推动交通基础设施智能化、低碳化、信息化。大气污染防治重点区域的公共领域每年新增或更新公交、出租、物流配送等车辆中新能源汽车比例不低于80%。到2025年，新能源汽车新车销售比例达到20%左右。

控制温室气体排放。推进温室气体和主要污染物综合治理、协同增效，推进城市二氧化碳排放下降和空气质量"双达标"。开展油气系统甲烷控制工作，在山西、鄂尔多斯盆地推动提升煤矿瓦斯抽采利用水平。加强污水处理厂和垃圾填埋场甲烷排放控制和回收利用。加大标准化规模种养力度，控制农田和畜产品甲烷、氧化亚氮排放。在内蒙古自治区、山西、陕西等具备条件的区域，推进二氧化碳捕集、利用和封存（CCUS）重点工程部署和集群建设。以煤电、钢铁、煤化工、石化等行业为重点，开展全流程CCUS示范工程试点。深化黄河流域既有国家低碳省区和城市试点工作，鼓励有条件的试点城市探索开展碳中和先行先试。

实施适应气候变化行动。加强全球气候变暖对生态承受力脆弱地区影响的观测和评估。在若尔盖、甘南等水源涵养区，开展水源涵养林、水土保持林建设工程与土地综合整治工程，进行重点水源涵养区封育保护，加强黄河入海口湿地自然生态保护，增加湿地碳汇储量，提升生态系统碳汇能力。开展针对性城市气候适应行动，提升城乡建设、农业生产、灾害防治、基础设施适应气候变化能力。推动典型区域和重点领域适应气候变化试点，探索运用基于自然的解决方案提升自然领域适应气候变化能力。定量识别气候变化与极端事件风险，制定城乡防灾减灾监测预报预警和防范措施，提高灾害抵御、适应和恢复能力。

第六章　加强管控修复，防治土壤地下水污染

推进土壤地下水污染调查，强化土壤污染源头防控，推进污染土壤安全利用，确保人民群众"吃得放心、住得安心"。

第一节　推进土壤地下水污染调查

开展土壤污染监测与调查评估。优化完善土壤环境监测网，加强土壤和农产品协同监测。依法开展土壤污染状况调查和风险评估。优先开展重点行业企业用地查明的高风险地块调查和风险评估。及时将注销、撤销排污许可证的企业用地纳入监管范围。鼓励对列入年度建设用地供应计划的地块，因地制宜提前开展土壤污染状况调查。

持续开展地下水污染调查评估与监测。以地下水型饮用水水源补给区、化学品生产企业、尾矿库、危险废物处置场、垃圾填埋场、工业聚集区、矿山开采区等区域周边为重点，开展地下水污染状况调查评估。以国家地下水环境质量考核点位监测工作为基础，因地制宜制定地下水环境质量达标或保持方案。加强地下水型饮用水水源和地下水污染源的地下水环境监测体系建设，规范监测井运行和管理。逐步推进地下水环境自行监测，建立监测数据报送制度，完善数据共享机制。研究推动地下水污染防治重点区划定，结合流域内煤炭、油气、矿产等开发规划和化工园区整体布局，识别地下水环境风险与管控重点，明确环境准入、隐患排查、风险管控等管理要求，建立地下水污染防治重点排污单位名录。

第二节　强化土壤污染源头防控

加强企业土壤环境监管。动态更新土壤污染重点监管单位名录，监督全面落实土壤污染防治义务，依法纳入排污许可管理，到2025年，至少完成一轮

污染隐患排查整改。强化土壤污染重点行业企业拆除活动环境监管，重点防治拆除活动中的废水、固体废弃物、遗留物料及残留污染物等污染土壤和地下水。鼓励土壤污染重点监管单位因地制宜实施管道化、密闭化、重点区域防腐防渗改造和物料、污水管线架空建设改造。实施在产企业土壤污染风险管控。

加强土壤地下水污染协同防治。推进土壤污染防治先行区和地下水污染综合防治试验区建设。推进报废矿井、钻井等清单建立，开展地下水环境风险评估，针对环境风险较大的报废矿井、钻井，实施封井回填。油气开采油泥堆放场等废物收集、贮存、处理处置设施，按照有关要求采取防渗措施，防止采出水回注对地下水造成污染。选择典型矿区试点探索矿区跨介质污染综合治理。到2025年，完成一批地级市地下水污染防治重点区划定及配套管理制度文件制定，完成一批化工园区地下水污染风险管控工程，实施一批地下水重金属、有机污染修复试点工程。

第三节　推进污染土壤安全利用

有序推进建设用地风险管控和修复。落实建设用地土壤污染风险管控和修复名录制度。健全土壤和地下水环境基础数据库，加强部门间信息共享。严格建设用地准入管理和部门联动监管，依法开展风险管控与修复。

有效落实耕地分类管理制度。针对土壤重金属污染问题突出的区域，开展耕地土壤污染成因分析，逐步推动污染源整治。分区分类实施污染土壤安全利用，在轻中度污染耕地推广品种替代、水肥调控、土壤调理等安全利用措施，严格管控重度污染耕地，推行种植结构调整。

```
┌─────────────────────────────────────────────────────────┐
│              专栏5　土壤与地下水污染治理工程                │
├─────────────────────────────────────────────────────────┤
│                                                           │
│    1. 土壤污染治理工程                                      │
│    选择土壤污染面积较大的县，开展农用地安全利用示范。以化工、石  │
│  油加工、有色金属冶炼等行业为重点，实施土壤污染源头管控项目。    │
│    2. 地下水污染防治工程                                    │
│    开展重点区域地下水污染防治，以化学品生产企业、工业集聚区、尾  │
│  矿库、危险废物处置场、垃圾填埋场、矿山开采区等污染源为重点，实施  │
│  地下水污染源头预防、风险管控、修复工程。                     │
│                                                           │
└─────────────────────────────────────────────────────────┘
```

第七章　坚持生态优先，实施系统保护修复

坚持山水林田湖草沙系统保护和修复，构建黄河流域生态保护格局，修复重要生态系统，治理生态脆弱区域，强化生态保护监管，提升生态系统质量和稳定性。

第一节　筑牢生态安全屏障

构建"一带五区多点"生态保护格局。以国家重点生态功能区、生态保护红线、国家级自然保护地等为重点，强化流域生态保护，到2025年，基本建成以沿黄河生态带、水源涵养区、荒漠化防治区、水土保持区、重点河湖水污染防治区、河口生态保护区、重要野生动物栖息地和珍稀植物分布区为框架的生态保护格局。加强沿黄河生态带河湖滨岸生态廊道建设，发挥河流水系连通作用。有效恢复水源涵养区高寒草甸、草原、湿地、森林等重要生态系统，开展天然林保护修复，强化水源涵养功能。重点推进荒漠化防治区沙漠防护植被建设，增加植被碳汇能力，科学实施固沙治沙防沙。加大水土流失综合治理力度。精准实施重点河湖水污染防治区河湖保护和综合治理，改善水体水质，努力恢复水清岸绿的水生态体系。加大河口生态保护区湿地生态系统修复力度，

改善河口生态环境质量。保护、修复和扩大重要野生动物栖息地和珍稀植物分布区，实施珍稀濒危野生动植物保护繁育行动，提高生物多样性。切实做好"一带五区多点"的森林草原火灾防控工作，防范化解重特大森林草原火灾风险隐患。

专栏6　黄河流域生态保护格局

"一带"：指以黄河干流和主要河湖为骨架，连通青藏高原、黄土高原、北方防沙带和黄河口海岸带的沿黄河生态带。

"五区"：指以三江源、秦岭、祁连山、六盘山、若尔盖等重点生态功能区为主的水源涵养区，以内蒙古高原南缘、宁夏中部等为主的荒漠化防治区，以青海东部、陇中陇东、陕北、晋西北、宁夏南部黄土高原为主的水土保持区，以渭河、汾河、涑水河、乌梁素海为主的重点河湖水污染防治区，以黄河三角洲湿地为主的河口生态保护区。

"多点"：指藏羚羊、雪豹、野牦牛、土著鱼类、鸟类等重要野生动物栖息地和珍稀植物分布区。

构建自然保护地体系。科学划定自然保护地保护范围及功能分区，加快整合优化各类保护地，建立以国家公园为主体的自然保护地体系，切实加强三江源等各类自然保护地保护管理，强化重要自然生态系统、自然遗迹、自然景观和濒危物种种群保护。严格管控自然保护地范围内非生态活动，稳妥推进已划入自然保护地核心保护区的永久基本农田、镇村、矿业权逐步有序退出。完善国家公园管理体制和运营机制，高质量建设三江源国家公园，加快开展黄河口、秦岭、若尔盖等国家公园创建工作。

第二节　修复重要生态系统

筑牢三江源"中华水塔"。继续推进实施三江源地区生态保护修复重大工程，加强草原、河湖、湿地、荒漠、冰川等生态保护。实施黑土滩型等退化草原综合治理，加强草原鼠害等有害生物治理，科学有效地维护高寒草甸、草原等重要生态系统。加大对扎陵湖、鄂陵湖、约古宗列曲、玛多河湖泊群等河湖保护力度，严格管控流经城镇河段岸线。加强冰川雪山的封禁保护和监测，持续开展气候变化对冰川和高原冻土影响的研究评估，建立生态系统趋势性变化监测、监管和风险预警体系。全面推进三江源国家公园建设，到2025年，形成较为完善的三江源地区生态保护体制机制。

保护重要水源补给地。加大对甘南黄河、若尔盖等重点生态功能区湿地治理和修复力度，统筹推进封育造林和天然植被恢复，提升水源涵养功能。开展上游地区草地资源环境承载能力综合评价，全面推行草原禁牧、休牧、轮牧和草畜平衡制度，推动以草定畜、定牧、定耕，加强草原综合治理，加大草原有害生物防控等工程实施力度，积极开展草种改良，科学治理玛曲、碌曲、红原、若尔盖等地区退化草原，促进草原植被恢复。完善草原生态保护补助奖励补偿标准，引导牧民参与草原生态管护。

建设黄河绿色生态廊道。因地制宜建设集自然堤岸、水源涵养、水土保持、防风固沙、生物多样性维护等功能为一体的黄河绿色生态廊道，以森林、湿地、草地、地质遗迹等各类自然要素为主体，推进沿黄河生态多元化建设，最大限度拓展绿色生态空间，提升生态功能。因地制宜实施湟水河、洮河、大黑河、汾河、渭河、伊洛河、乌梁素海、红碱淖、东平湖等重要河湖周边水源涵养林建设、岸堤植被恢复等工程，恢复河湖水系生态廊道。

加强黄河三角洲湿地保护修复。严格保障黄河利津断面50立方米/秒生态基流目标，创造条件稳步推进退塘还河，实施清水沟、刁口河流路生态补水等工程，连通河口水系，扩大自然湿地面积。确需退耕的，纳入国家生态退耕计划，报经国务院批准后实施。加强陆海统筹，深入开展氮磷污染控制研究。加强盐沼、滩涂和河口浅海湿地生物物种资源保护，探索利用非常规水源补给鸟类栖息地，促进河口湿地生物多样性恢复。减少油田开采、围垦养殖、港口航运等经济活动对湿地生态系统的影响。恢复黄河三角洲岸线自然延伸趋势。加强互花米草、大米草治理，开展碱蓬、海草床等受损湿地修复，提升黄河三角洲湿地生态系统质量和稳定性。推进黄河口湾区"美丽海湾"保护与建设。

加强生物多样性保护。实施生物多样性保护重大工程，开展流域生物多样性调查评估及观测网络建设。开展生物多样性关键区保护示范工作，优化完善就地保护网络，加强珍稀濒危野生动植物及其栖息地、迁徙通道保护修复，强化沿黄河自然保护区基础能力建设。推动建设重要水生生物繁育中心和种质资源库。通过河流连通性恢复、水生生境修复、水生生物增殖放流等措施，恢复流域水生生物多样性。落实黄河流域禁渔制度，加强黄河上游特有鱼类、珍稀鱼类保护。开展黄河上游源区段等重点河段生境连通相关研究与鱼类生态通道修复，推动开展黄河中游鱼类产卵场修复重建示范工程和黄河口退化水生生态系统修复示范工程。开展黄河流域外来入侵物种调查评估，针对性开展重点外来入侵物种防控。

第三节　治理生态脆弱区域

推进重点地区风沙和荒漠化治理。总结推广库布齐沙漠、八步沙林场等荒漠化治理成功经验和典型模式，创新治理模式机制，建设完善沙区生态防护体系，筑牢北方防沙带。在适宜地区设立沙化土地封禁保护区，科学固沙治沙防沙。发挥黄河干流生态屏障和祁连山、六盘山、贺兰山、阴山等山系阻沙作用，实施锁边防风固沙工程，推进黄土高原风蚀和水蚀荒漠化治理。积极探索和推广沙地治理与资源化利用、绿色产业发展等新模式，促进沙区生态治理与经济协同发展。

创新黄土高原地区水土流失治理模式。以减少入河入库泥沙为重点，以小流域为单元综合治理，开展多沙粗沙区水土保持和土地综合整治。以陇东董志塬、晋西太德塬、陕北洛川塬、关中渭北台塬等塬区为重点，实施黄土高原固沟保塬项目。以陕甘晋宁青山地丘陵沟壑区为重点，开展旱作梯田建设，加强雨水集蓄利用，推进小流域综合治理。积极推动建设粗泥沙拦沙减沙设施，在重力侵蚀严重、水土流失剧烈区域建设高标准淤地坝。坚持宜林则林、宜灌则灌、宜草则草、宜荒则荒，科学开展林草植被保护和建设，提高植被盖度。

专栏7　生态保护修复工程

1. 三江源生态保护和修复

开展封山（沙）育林草，落实草原禁牧轮牧措施。加强人工草场建设，加强湿地生态保护和综合治理，加强沙化土地与水土流失综合治理，恢复退化湿地生态功能和周边植被。

2. 祁连山生态保护和修复

加强天然林保护和公益林管护，通过封山育林、人工辅助促进森林质量提升，开展土地综合整治，建设人工草场，实施退化草原治理。加强源头滩地湿地恢复和退化湿地修复。实施水土流失、沙化土地综合治理。加强雪豹等重要物种栖息地保护和恢复，连通生态廊道。

3. 若尔盖草原湿地—甘南黄河重要水源补给生态保护和修复

大力开展重点水源涵养区封育保护，加强高原湿地保护与修复，恢复退化湿地生态功能和周边植被，增强水源涵养功能。推动重点区域荒漠化、沙化土地和黑土滩型等退化草原治理，遏制草原沙化趋势，提升草原生态功能。

4. 黄土高原水土流失综合治理

以渭北、陇东、晋西南等地为重点，开展水土保持和土地综合整治，实施小流域综合治理，建设涵盖塬面、沟坡、沟道的综合防护体系。以太行山、吕梁山、湟水河流域等地为重点，加强林草植被保护和修复，以水定林定草，实施封山育林（草）、草地改良。以库布齐等地为重点，通过人工治理与自然恢复相结合、生物措施与工程措施相结合，建设完善沙区生态防护体系。

5. 秦岭生态保护和修复

全面加强大熊猫、金丝猴、朱鹮等珍稀濒危物种栖息地保护和恢复，积极推进生态廊道建设，扩大野生动植物生存空间。切实加强天然林及原生植被保护，开展退化林修复，提高自然生态系统质量和稳定性。

6. 贺兰山生态保护和修复

全面保护天然林资源，实施封山育林，加强水源涵养林、防护林建设和退化林修复。加强防风固沙体系建设，加强水土流失预防。加强珍稀动植物及其栖息地保护。

7. 黄河下游生态保护和修复

加强黄河下游湿地特别是黄河三角洲生态保护和修复，促进生物多样性保护和恢复，推进防护林、廊道绿化、农田林网等工程建设。

有序推进下游滩区生态综合治理。根据黄河下游滩区用途管制政策，因地制宜退还水域岸线空间，开展滩区土地综合整治，保护修复滩区生态环境。按照因滩施策、分区治理的原则，实施好滩区居民迁建工程。加强滩区水源和优质土地保护修复，依法合理利用滩区土地资源，依法打击非法采土、盗挖河砂、私搭乱建等行为。加强滩区湿地生态保护修复，构建滩河林田草综合生态空间，筑牢下游滩区生态屏障。

第四节　强化生态保护监管

加强生态监测和评估。强化生态保护红线和自然保护地监测，有序推进生态保护监管重点区域森林、草原、河湖、湿地、荒漠等生态系统监测。开展生态状况遥感调查评估。定期组织开展生态保护红线保护成效评估。开展自然保护地生态环境保护成效评估，鼓励各地建立成效评估制度。开展重大生态保护修复工程实施成效评估加快生态保护红线监管平台建设，实现生态保护红线内生态环境状况的遥感监测、评估与预警功能。到2025年，9省区实现与国家生态保护红线监管平台的数据互联互通和业务协同。

深化"绿盾"自然保护地强化监督。持续开展"绿盾"自然保护地强化监督，突出对黄河流域国家级自然保护区和重要生态屏障区域的自然保护地监督。完善自然保护地生态环境监管系统，规范自然保护地生态环境问题台账管理，提升自然保护地生态环境监管能力。加强自然保护地遥感监测质量控制，强化监测监管技术协同增效。

建立生态破坏问题监管执法机制。对生态破坏突出问题及问题集中地区开展专项督察。建立生态破坏问题清单，形成"发现问题—核实会商—移交查处—督促整改"的生态破坏问题监管机制。建立健全跨区域、跨部门联动执法机制，依法查处重要生态空间内违法违规开矿、采砂、修路、筑坝、建设等对生态系统和野生动物主要栖息地造成生态破坏的行为。

第八章　强化源头管控，有效防范重大环境风险

牢固树立底线思维，全面管控"一废一库一品一重"，强化环境风险源头防控、预警应急及固体废物处理处置，有效防范化解重大生态环境风险，保障生态环境安全。

第一节　加强环境风险源头防控

加强工业园区环境风险防控。以沿黄河涉危、涉重工业园区为重点，强化工业园区环境风险防控，推进兰州—白银、宁东、陕北、鄂尔多斯地区能源化工基地环境风险管控体系建设。在宁东、咸阳、濮阳等化工园区，开展截流、导流、暂存设施及队伍、物资"一体化"突发水环境事件应急准备体系试点工程建设。

强化企业环境风险管控。以黄河干流及主要支流为重点，严控石化、化工、原料药制造、印染、化纤、有色金属等行业企业环境风险。加强企业突发环境事件应急预案备案管理，开展基于环境风险评估和应急资源调查的应急预案修编。督促推进企事业单位按要求开展环境风险隐患排查治理，实施分类分级管理。针对企业产业类别、空间位置、风险特征、环境应急资源状况等，筛选一批企业环境风险管控典型样板。

强化尾矿库环境污染防控。加强尾矿库环境风险隐患排查治理，完善尾水回用系统、废水处理系统及防扬散、防泄漏措施，加强尾矿库尾水排放及下游监测断面水质的监测监控，建设和完善尾矿库下游区域环境风险防控工程设施。严格新（改、扩）建尾矿库环境准入，开展尾矿库污染治理，到2025年，基本完成尾矿库污染治理。

加强有毒有害物质环境监管。严格涉重金属行业环境准入，持续加强重点区域、重点行业重金属污染减排和监控预警。完成重点地区危险化学品生产企业搬迁改造。评估有毒有害化学物质环境风险，重视新污染物治理，严格限制高环境风险化学物质生产、使用、进出口，并逐步淘汰、替代。依法严厉打

击持久性有机污染物非法生产和使用、添汞产品非法生产等违法行为。

第二节　提升环境风险预警应急水平

开展流域环境风险调查评估。以黄河干流及主要支流为重点，摸清工业企业、危险化学品储存与运输、输油输气管道等风险源和集中式饮用水水源地、重要保护区等敏感目标，绘制流域环境风险地图。开展环境应急资源调查分析，补齐应急能力差距。到2025年，完成黄河干流及主要支流环境风险调查评估，实施流域风险分级分类管理。

加强流域生态环境风险监控预警。在集中式饮用水水源地、跨省界断面、主要支流汇入口等的上游合理设置监控预警点位，配备有毒有害等特征污染物监控预警设施。建设黄河流域水环境风险预警平台，探索建立流域、省、市三级生态环境风险形势分析预警机制。

提升流域环境应急响应能力。沿黄河9省区政府应全面建立流域上下游省级突发水污染事件联防联控机制，到2025年，地级及以上城市应全面建立流域上下游联防联控机制。以黄河干流及主要支流为重点，编制流域突发环境事件应急预案。以县级及以上城市集中式饮用水水源地、跨省界断面和其他重要环境敏感目标等所在河湖为重点，编制"一河一策一图"。建立覆盖全流域的环境应急物资储备库，实现动态跟踪调拨管理。依托煤炭采选、煤化工、医药、有色金属和石化等重点行业企业，培育一批环境风险防控和应急第三方治理骨干企业。

强化次生环境事件风险管控。推动将生产安全事故、危险化学品运输事故、自然灾害次生、衍生突发环境事件应对纳入突发事件风险评估和政府应急预案，加强跨领域跨要素协同管控。强化生态环境、应急管理、交通运输、公安、水利等多部门协调联动，推进次生环境风险联防联控机制落实、落细、落地。加强危险化学品运输风险管控，到2030年，完成高风险路段优化和风险防控措施建设。

第三节　强化固体废物处理处置

有序推进"无废城市"建设。9省区因地制宜推动30个左右地级及以上城市开展"无废城市"建设。推进地级及以上城市固体废物管理制度改革，加强固体废物源头减量和资源化利用，最大限度减少填埋量。开展黄河流域"清废行动"，全面整治固体废物非法堆存。建立区域联防联治机制，严厉打击固体废物、危险废物非法转移、倾倒等违法犯罪活动。到2025年，城市固体废物综合管理效能明显提升，城市固体废物产生强度稳步下降，综合利用水平大幅提升，基本实现固体废物管理信息"一张网"。

提升工业固体废物减量化与资源化利用水平。建设一批"新型功能性、高附加值型、规模化综合利用"工业固体废物综合利用示范基地，推动工业固体废物集中利用处置能力跨区域共享。支持开展冶炼废渣和尾矿生产矿物微粉、煤矸石直燃发电、粉煤灰高附加值绿色建材利用等项目建设。

提升危险废物收集处置能力。推动危险废物分类收集专业化、规模化，以主要产业基地为重点，布局危险废物集中利用处置设施，鼓励建设区域性特殊危险废物收集、贮存和利用处置设施。建立区域危险废物跨省转移审批"白名单"制度，探索危险废物跨区域转移的生态保护补偿机制。提升危险废物规范化环境管理水平，强化危险废物全过程监控和信息化监管能力。到2022年，9省区危险废物利用处置能力与产废情况总体匹配，区域内各类危险废物基本得到妥善利用处置。

专栏8　危险废物收集处置能力提升工程

在开发区、工业园区等产业集聚区试点建设10吨/年以下的危险废物集中收集平台。鼓励危险废物集中处置单位和专业收集转运单位建设区域性收集网点和贮存设施。落实生产者责任延伸制度，鼓励铅蓄电池、矿物油生产企业建立收集点。建设区域性危险废物防控技术中心。提升危险废物集中处置水平，包括危险废物焚烧设施建设、危险废物填埋设施建设、特殊类别危险废物收集处置能力和区域危险废物收集处置能力提升工程。

补齐医疗废物收集处置短板。建立健全城乡一体的医疗废物收集转运体系，补齐医疗废物收集转运处置短板。加快地级及以上城市医疗废物集中处置设施建设，持续推进难以稳定达标运行的处置设施升级改造，提升上游地区医疗废物处置能力。建立医疗废物协同应急处置设施清单，提升医疗废物应急处置响应能力。

专栏9　医疗废物收集处置能力提升重点工程

　　开展医疗废物集中处置设施新建项目、原有医疗废物处置设施提标改造项目、地市医疗废物应急处置能力配备项目、县医疗废物收集转运处置体系项目建设。实施地市医疗废物应急处置设施配备或改造，开展县医疗废物暂时贮存、转运车辆、包装用品等物品购置。

推进农业废弃物和农村生活垃圾治理。因地制宜推广秸秆综合利用模式，着力提升秸秆收储运专业化水平。大力推进标准地膜应用和全生物降解地膜替代应用，推进农田残留地膜、农药化肥包装等清理整治，健全回收处理体系。在甘肃、内蒙古等重点用膜地区，深入开展农膜回收利用示范县建设。到2030年，黄河流域秸秆综合利用率达到90%以上，农膜回收率达到88%以上。统筹规划城乡垃圾处理设施空间布局，逐步建立农村生活垃圾就地分类和资源化利用体系。

加强塑料污染治理。全面禁止生产和销售超薄塑料购物袋和非标聚乙烯农用地膜，加强对禁止生产销售使用塑料制品的监督检查。积极推广一次性塑料制品的替代产品使用，加快推进快递包装绿色转型。联合开展塑料污染治理专项行动，常态化开展黄河河道岸滩塑料垃圾清理，持续推进废塑料加工利用行业整治。

第九章　构建治理体系，提升治理水平

健全法制体系，完善治理市场和保护机制，深化监管制度，积极倡导全民参与共建绿色生活，形成导向清晰、决策科学、执行有力、激励有效、多元参与、良性互动的黄河流域现代环境治理体系。

第一节　健全生态环境法治

完善法律法规标准。充分发挥黄河保护法法治约束作用，建立最严格的水资源、水生态、水环境、水灾害治理制度并有效实施，支持出台地方性法规。支持对汾河等污染治理压力较大的流域和煤化工等重点行业，制定地方水污染物排放标准。

健全生态环境综合执法体系。深入推进生态环境保护综合行政执法改革，推动生态环境保护执法重心向市县下移。全面加强生态环境保护综合执法能力建设，推进执法机构示范单位建设，全面完成统一着装，加强执法装备配备，提高生态环境执法效能。推行流域联合执法、交叉执法。全面推行"双随机、一公开"模式。

推进流域执法司法联动。实行生态环境保护综合行政执法、公安、检察、审判等部门信息共享、案情通报、案件移送制度。推进黄河流域环境资源专门审判机构建设，统一涉环境资源案件的受案范围和审理程序。构建沿黄河9省区人民法院环境资源司法协作机制。妥善审理环境公益诉讼，加强与行政处罚、刑事司法及生态环境损害赔偿等制度的有效衔接。

第二节　完善环境治理市场体系

创新环境治理模式。积极推行环境医院、环保管家和环境顾问服务，探索开展环境综合治理托管服务，开展生态环境导向的开发模式试点、小城镇综合治理托管模式服务试点、园区污染防治第三方治理示范，探索统一规划、统一监测、统一治理的一体化服务模式。鼓励对工业污染地块采用"环境修复+开发建设"模式。

推动建立生态产品价值实现机制。建立纵向与横向、补偿与赔偿、政府与市场有机结合的黄河流域生态产品价值实现机制。在三江源、若尔盖、甘南黄河等流域上游水源涵养重点生态功能区探索开展生态产品价值核算试点。推动建立全流域生态保护补偿机制，开展湟水河、渭河等主要支流横向生态保护补偿机制试点，在沿黄河重点生态功能区县实施生态综合补偿试点，以点带面形成多元化生态保护补偿政策体系。鼓励开展碳排放权、排污权、用水权、水能资源开发等市场化交易，中央财政设立黄河流域生态保护和高质量发展专项奖补资金，加大对黄河流域重点生态功能区的转移支付力度。

积极推动绿色金融创新。积极研究转型金融相关标准，鼓励绿色金融产品创新，支持和激励各类金融机构开发减污降碳的绿色金融产品。在黄河流域推行气候投融资试点。鼓励符合条件的企业发行绿色债券。在环境高风险领域鼓励企业投保环境污染责任保险。研究探索对排污权进行抵质押融资。鼓励有条件的融资租赁机构发展环保装备特色融资租赁产品。以兰州新区为重点，积极推进绿色金融改革创新试验区建设。

第三节　深化生态环境管理制度

深化生态环境领域"放管服"改革。持续推进简政放权，加快实施环评审批和监督执法"两个正面清单"制度，为新型基础设施、新型城镇化、交通和水利等重大工程建设开辟绿色通道。

完善考核和责任追究制度。将黄河流域生态环境保护成效纳入相关考核。加强各级党委政府生态环境保护履职尽责情况的评估考核，并推动将评估结果纳入地方高质量发展综合绩效评价考核体系。落实党政领导干部自然资源资产离任审计和生态环境损害责任终身追究制度。以中央和省级生态环境保护督察、"回头看"及专项督察等为重点，健全生态环境保护督察机制。持续制作黄河流域生态环境警示纪录片。全面实施生态环境损害赔偿制度。

全面实行排污许可制。依法全面实施排污许可管理制度，严格落实排污许可"一证式"管理，完善企业台账管理、自行监测、执行报告等制度，引导企业持证排污、按证排污，推动环评、总量控制、统计、执法等相关制度与排污许可制度的全联动。积极构建以排污许可制为核心的固定污染源监管制度体系。

健全环境治理信用体系。推动企业依法披露环境信息，健全企业环保信用评价制度，依据评价结果实施分级分类监管。完善排污企业黑名单制度，将环境违法企业依法依规纳入失信惩戒对象名单。建立健全环境治理政务失信记录。建立信用信息互联共享机制。

建立区域协同保护机制。深化跨区域生态环境保护合作，完善省际会商机制。推动青海、四川、甘肃毗邻地区协同推进水源涵养和生态保护修复。支持甘肃、青海毗邻地区协同开展祁连山生态修复和黄河上游冰川群保护。引导宁夏、内蒙古毗邻地区统筹能源化工发展布局。加强陕西、山西黄土高原交界地区协作，共同保护黄河晋陕大峡谷生态环境。协同推进山西、河南、山东等黄河中下游地区总氮污染控制，减少黄河入海口海域的环境污染。

第四节　提升现代环境治理水平

深化黄河流域示范创建。加快推进国家生态文明建设示范区、"绿水青山就是金山银山"实践创新基地、国家环境保护模范城市建设。开展国家水土保持示范创建，充分发挥示范引领作用，促进水土保持高质量发展。挖掘黄河流域生态产品价值实现典型模式，鼓励地方开展美丽省区、美丽城市、美丽河湖、美丽海湾建设。

提高科技支撑能力。开展生态环境问题精准识别、流域污染源清单、污染源—汇过程跟踪和预警预报等研究，推进流域污染源头控制、过程削减、末端治理等技术集成创新，推动形成一批可复制可推广的流域系统治理技术模式。发挥国家环境保护重点实验室、工程技术中心以及其他生态环境科技成果转化综合服务平台作用，支撑解决"两山"转化路径、生态系统修复、精细化环境管理、农业节水、面源污染治理、水沙平衡等流域关键问题，不断提高流域精准、科学治理水平。

提升生态环境监测监管能力。规划、整合优化生态环境质量监测点位，补好黄河流域天空地一体化生态环境质量监测体系短板。开展重要断面生态流量监测，试点开展重要河湖污染通量监测。加快仿真模拟、物联网大数据、远程云监管等生态环境新技术应用，推进生态环境大数据建设与预警预报应用，健全黄河流域生态环境数据共享与调度指挥机制。到2025年，建成黄河流域生态环境综合预警预报与调度指挥管理平台。

第五节　倡导全民共建绿色生活

加快推进全民绿色消费。实施绿色消费行动，增加衣、食、住、行、用、游等重点领域绿色产品和服务供给，倡导简约适度、绿色低碳生活方式，推广绿色出行、绿色旅游，坚决制止餐饮浪费行为。完善绿色消费统计指标体系，搭建数字化开放式绿色低碳生活服务平台。

开展绿色生活创建活动。积极开展节约型机关、绿色家庭、绿色学校、绿色社区、绿色商场等创建行动。建立完善绿色生活的相关政策和管理制度。推进机关无纸化办公，减少家庭一次性塑料制品的使用，完善节能家电、高效照明产品、节水器具推广机制。

积极实施绿色采购。持续推进能效、水效、环保"领跑者"制度实施，引导企业与公众采购使用"领跑者"产品。推进政府采购需求标准体系建设，加大政府绿色采购力度。放宽绿色生态产品和服务市场准入，构建企业间绿色供应链体系。探索建立政府部门、事业单位和大型企业举办大型活动采取碳中和行动的制度。

第十章　健全工作机制，推进规划实施

坚持党的集中统一领导，履行主体责任，健全推进机制，形成全社会共同参与黄河流域生态环境大保护、大治理的格局。

第一节　强化组织领导

沿黄河9省区政府作为推进黄河流域生态环境保护的责任主体，要坚持党的领导，履行主体责任，认真贯彻执行党中央、国务院各项决策部署，完善省区负总责、市县抓落实的工作机制，出台方案举措，细化目标任务，逐步建立健全跨省区、城市生态环境护政府间联席会议制度与调度协调和重大工程推进机制。市县要按照决策部署，落实工作责任，细化工作方案，逐项抓好落实。国家各有关部门要落实责任、建立机制，加强对黄河流域生态环境保护工作的指导、调度和评估，在重大政策制定、重大项目安排、重大体制创新方面予以积极支持。

第二节　推进多元投资

各省区要把本规划确定的目标、任务、措施和重大工程纳入本地区相关规划和投资计划，做好生态环境保护治理项目储备，加大本规划工程项目资金倾斜和要素保障力度。创新投融资机制，拓宽投融资渠道，引导调控社会资源，用好中央投资和地方政府专项债券，发挥政府投资引导作用，引导金融机构加大对本规划工程项目建设的金融支持，鼓励和引导社会资本参与黄河流域生态保护与污染治理。

第三节　加强宣传引导

组织开展形式多样的生态环境保护修复体验和实践活动。引导和规范生态环境保护领域非政府组织有序参与生态环境保护事务。完善公众监督和举报反馈机制，引导社会组织和公众共同参与环境治理。积极引导基础好、有条件、有意愿的单位，因地制宜地建设各具特色、形式多样的生态文明教育场馆，发挥生态文明宣传教育和社会服务功能。

主要参考文献

一、专著

［1］王文杰，蒋卫国，房志等. 黄河流域生态环境十年变化评估［M］. 北京：科学出版社，2017.

［2］张廉，段庆林，王林伶. 黄河流域生态保护和高质量发展报告（2020）［M］. 北京：社会科学文献出版社，2020.

［3］任保平，师博. 黄河流域高质量发展的战略研究［M］. 北京：中国经济出版社，2020.

［4］薛澜，王夏晖，张建宇. 黄河流域保护与高质量发展立法策略研究［M］. 上海：上海人民出版社，2021.

［5］国合华夏城市规划研究院，黄河流域战略研究院. 黄河流域战略编制与生态发展案例［M］. 北京：中国金融出版社，2020.

［6］淮建军，上官周平. 黄河中游生态治理访谈录［M］. 北京：科学出版社，2022.

［7］黄河志编纂委员会. 黄河志：黄河流域综述［M］. 郑州：河南人民出版社，2016.

［8］吕忠梅. 长江流域立法研究［M］. 北京：法律出版社，2021.

［9］陈泉生. 环境法哲学［M］. 北京：中国法制出版社，2012.

［10］汪劲. 类型化视角下的环境权利研究［M］. 北京：北京大学出版社，2020.

［11］刘志坚，宋晓玲. 环境监管行政法律责任研究［M］. 北京：商务印书馆，2022.

［12］俞树毅，柴晓宇. 西部内陆河流域管理法律制度研究［M］. 北京：科学出版社，2012.

［13］史玉成. 环境法的法权结构理论［M］. 北京：商务印书馆，2018.

［14］俞可平. 论国家治理现代化［M］. 北京：社会科学文献出版社，2014.

［15］邓海峰. 生态整体主义视域中的法治问题［M］. 北京：法律出版社，2015.

［16］李挚萍. 农村环境管制与农民环境权保护［M］. 北京：北京大学出版社，2009.

［17］吕志祥. 西北生态脆弱区生态补偿法律机制实证研究［M］. 北京：中央编译出版社，2017.

［18］刘国涛，张百灵. 农村资源开发与环境保护法制保障研究［M］. 北京：法律出版社，2016.

［19］张劲松. 生态治理现代化［M］. 北京：商务印书馆，2021.

［20］朱国华. 我国环境治理中的政府环境责任研究［M］. 北京：中国社会科学出版社，2017.

［21］沈桂花. 莱茵河流域水污染国际合作治理研究［M］. 北京：中国政法大学出版社，2018.

［22］陈宜瑜，王毅等. 中国流域综合管理战略研究［M］. 北京：科学出版社，2007.

［23］刘恒. 行政执法与政府管制［M］. 北京：北京大学出版社，2012.

［24］朴光洙. 环境法与环境执法［M］. 北京：中国环境出版社，2015.

［25］任敏. 流域公共治理的政府间协调研究［M］. 北京：社会科学文献出版社，2017.

［26］［美］科马克·卡利南. 地球正义宣言——荒野法［M］. 郭武

译，北京：商务印书馆，2017.

［27］［澳］彼得·D. 伯登. 地球法理：私有产权与环境［M］. 郭武译，北京：商务印书馆，2021.

［28］［美］奥尔多·利奥波德. 沙乡年鉴［M］. 侯文蕙译，长春：吉林人民出版社，1997.

［29］［美］霍尔姆斯·罗尔斯顿. 哲学走向荒野［M］. 刘耳，叶平译，长春：吉林人民出版社，2000.

［30］［美］丹尼尔·F. 史普博. 管制与市场［M］. 余晖，何帆，钱家骏，周维富译，上海：上海三联书店，1999.

［31］［英］霍布斯·利维坦［M］. 黎思复，黎廷弼译. 北京：商务印书馆，2017.

二，学术论文

［1］习近平. 在黄河流域生态保护和高质量发展座谈会上的讲话［J］. 中国水利，2019（20）.

［2］蔡守秋. 敬重黄河生命 倡导河流伦理［J］. 河南社会科学，2005（1）.

［3］孙佑海. 黄河流域生态环境违法行为司法应对之道［J］. 环境保护，2020（1）.

［4］徐祥民. 关于在《黄河保护法》中建立环境调查制度的构想［J］. 山西大学学报（哲学社会科学版），2022（3）.

［5］王灿发，王雨彤. 论黄河法的生成逻辑与路径展开——以"空间思维"为主线［J］. 北京理工大学学报（社会科学版），2022（3）.

［6］王曦，胡苑. 黄河流域水资源管理法律的要素量化评估［J］. 上海交通大学学报（哲学社会科学版），2006（6）.

［7］汪劲. 创新流域司法机制 让黄河两岸山更青水更绿［N］. 人民法院

报，2020-6-8（2）.

［8］曹明德，黎作恒. 《黄河法》立法刍议［J］.法学评论，2005（1）.

［9］黄辉，伍丹. 黄河流域水污染的监测与控制制度研究［J］.福州大学学报（哲学社会科学版），2022（3）.

［10］肖融，柯坚. 《黄河保护法》制定背景下流域宏观生态调控机制建构［J］.重庆大学学报（社会科学版），2022（2）.

［11］秦天宝. 我国流域环境司法保护的转型与重构［J］.东方法学，2021（2）.

［12］王树义，赵小姣. 长江流域生态环境协商共治模式初探［J］.中国人口·资源与环境，2019（8）.

［13］刘志坚，宋晓玲. 环境监管授权性法律条款及其设定研究［J］.兰州大学学报（社会科学版），2019（6）.

［14］俞树毅. 国外流域管理法律制度对我国的启示［J］.南京大学法律评论，2010（2）.

［15］史玉成. 流域水环境治理"河长制"模式的规范建构——基于法律和政治系统的双重视角［J］.现代法学，2018（6）.

［16］郭武，李璨. 协同治理：我国流域环境司法的理念更新与制度建构［J］.河南理工大学学报（社会科学版），2022（6）.

［17］张震，石逸群. 新时代黄河流域生态保护和高质量发展之生态法治保障三论［J］.重庆大学学报（社会科学版）. 2020（5）.

［18］罗豪才，周强. 软法研究的多维思考［J］.中国法学，2013（5）.

［19］马怀德. 地方保护主义的成因和解决之道［J］.政法论坛，2003（6）.

［20］周珂. 以能动司法与环境正义理念推进绿色司法［J］.人民法治，2018（1）.

［21］陈海嵩. 环保督察制度法治化：定位，困境及其出路［J］.法学评

论，2017（3）.

［22］竺效，丁霖. 绿色发展理念与环境立法创新［J］. 法制与社会发展，2016（2）.

［23］孟庆瑜，张思茵. 论水资源用途管制与市场配置的法律调适［J］. 中州学刊，2021（9）.

［24］江恩慧. 黄河流域系统与黄河流域的系统治理［J］. 人民黄河，2019（10）.

［25］连煜. 黄河资源生态问题及流域协同保护对策［J］. 民主与科学，2018（6）.

［26］赵莺燕，于法稳. 黄河流域水资源可持续利用：核心，路径及对策［J］. 中国特色社会主义研究，2020（1）.

［27］王忠静，郑航. 黄河"八七"分水方案过程点滴及现实意义［J］. 人民黄河，2019（10）.

［28］贾绍凤，梁媛. 新形势下黄河流域水资源配置战略调整研究［J］. 资源科学，2020（1）.

［29］何欣，张雪峰，谷素华. 黄河流域经济与生态环境协同发展的研究评述［J］. 内蒙古大学学报（自然科学版），2021（6）.

［30］徐林. 黄河上中游流域水行政执法存在问题及对策［J］. 人民黄河，2013（7）.

［31］张君明. 黄河流域水生态保护与修复法律机制研究［J］. 人民论坛·学术前沿，2022（2）.

［32］李景豹. 论黄河流域生态环境的司法协同治理［J］. 青海社会科学，2020（6）.

［33］任保平，张倩. 黄河流域高质量发展的战略设计及其支撑体系构建［J］. 改革，2019（10）.

［34］冷罗生. 防治面源污染的法律措施——日本的经验与中国的对策［J］. 环境保护，2009（6）.

［35］张锋，陈晓阳. 论我国环境公益诉讼制度的构建［J］. 山东社会科学，2012（8）.

［36］王慧. 水权交易的理论重塑与规则重构［J］. 苏州大学学报（社会科学版），2018（6）.

［37］窦明，王艳艳，李胚. 最严格水资源管理制度下的水权理论框架探析［J］. 中国人口·资源与环境，2014（12）.

［38］张莉莉. 水资源市场化配置法律保障的结构分析［J］. 南京社会科学，2015（10）.

［39］王野林. 生态整体主义中的整体性意蕴评述［J］. 学术探索，2016（10）.

［40］程述，白庆华. 基于协同理论的政府部门整合决策［J］. 同济大学学报（自然科学版），2009（5）.

［41］刘超. 环境修复理念下环境侵权责任形式司法适用之局限与补强［J］. 政法论丛，2020（3）.

［42］孙伟增，罗党论，郑思齐等. 环保考核，地方官员晋升与环境治理——基于2004—2009年中国86个重点城市的经验证据［J］. 清华大学学报（哲学社会科学版），2014（4）.

［43］王俊豪，胡飞，冉洁. 中国特色政府监管立法导向与法律制度体系［J］. 浙江社会科学，2021（1）.

［44］丁煌，叶汉雄. 论跨域治理多元主体间伙伴关系的构建［J］. 南京社会科学，2013（1）.

［45］魏向前. 跨域协同治理：破解区域发展碎片化难题的有效路径［J］. 天津行政学院学报，2016（2）.

［46］陈世寅. 产业转移污染的法律应对［J］. 中国政法大学学报，2020（2）.

［47］幸红. 政府在跨界水污染纠纷处理中协同治理机制探析［J］. 广西民族大学学报（哲学社会科学版），2014（2）.

［48］宁清同，胡晓舒. 我国农村生活垃圾污染防治法律制度探讨［J］. 社会科学战线，2011（8）.

［49］杨越，陈玲，薛澜. 寻找全球问题的中国方案：海洋塑料垃圾及微塑料污染治理体系的问题与对策［J］. 中国人口·资源与环境，2020（10）.

［50］朱晖. 论美国海洋环境执法对我国的启示［J］. 法学杂志，2017（1）.

［51］王欢欢，朱先定. 微塑料污染防治法律问题研究［J］. 中国地质大学学报（社会科学版），2020（1）.

［52］鲁晶晶. 美国联邦海洋垃圾污染防治立法及其借鉴［J］. 环境保护，2019（19）.

［53］李玫，王丙辉. 中日韩关于海洋垃圾处理的国际纠纷问题研究［J］. 社会科学，2012（6）.

［54］罗俊杰. 环境安全公众监督法律机制的反思与重构［J］. 东方法学，2019（6）.

［55］才惠莲. 流域生态修复责任法律思考［J］. 中国地质大学学报（社会科学版），2019（4）.

［56］吴勇. 我国流域环境司法协作的意蕴，发展与机制完善［J］. 湖南师范大学社会科学学报，2020（2）.

［57］武俊伟，孙柏瑛. 我国跨域治理研究：生成逻辑，机制及路径［J］. 行政论坛，2019（1）.

［58］张丽艳，夏锦文. 国家治理视域下的区域司法协同治理［J］. 南京社会科学，2016（5）.

［59］吕志祥，高永久. 物权的激励功能与西部民族地区的现代化［J］. 广西民族研究，2005（1）.

［60］吕志祥. 循环经济的法律支撑研究［J］. 科技管理研究，2008（1）.

［61］吕志祥，刘嘉尧．生态文明与我国生态补偿制度的重构［J］．科技管理研究，2009（10）．

［62］吕志祥，刘嘉尧．西部生态补偿制度缺失及重构［J］．商业研究，2009（11）．

［63］吕志祥，成小江．长江流域生态环境保护法治路径论析［J］．林业经济，2019（7）．

［64］吕志祥，崔雅丽．黄河流域生态保护的司法协调机制研究［J］．攀登，2021（3）．

［65］吕志祥，赵天玮．祁连山国家公园多元共治体系建构探析［J］．西北民族大学学报（哲学社会科学版），2021（4）．

三，学位论文

［1］齐文．论我国初始水权配置中区域政府协商机制的建立［D］．中国政法大学，2008.

［2］张文波．我国环境行政执法权配置研究［D］．西南政法大学，2017.

［3］李凯伟．环境执法风险防范研究——基于行政自制的视角［D］．吉林大学，2016.

［4］李广兵．跨行政区水污染治理法律问题研究［D］．武汉大学，2014.

［5］王裕根．基层环保执法的运行逻辑［D］．中南财经政法大学，2019.

［6］黄蕊．黄河流域水资源行政与法律管理研究［D］．西北农林科技大学，2013.

［7］陈新明．我国流域水资源治理协同绩效及实现机制研究［D］．中央财经大学，2018.

［8］叶榆东．府际博弈视角下跨行政区流域污染合作治理机制研究［D］．华中师范大学，2020.

后　记

　　黄河发源于巴颜喀拉山，流经青海、四川、甘肃、宁夏、内蒙古、陕西、山西、河南、山东9省区，在山东省东营市垦利区注入渤海，干流全长5464千米。黄河流域，一般指黄河水系从源头到入海所影响的地理生态区域，从西到东横跨青藏高原、内蒙古高原、黄土高原和黄淮海平原四个地貌单元。广义的黄河流域是指黄河流经9省区的全部地域，流域面积为357.07万平方千米；狭义的黄河流域仅指黄河干流及支流地域，流域面积为79.45万平方千米。

　　黄河流域是我国重要的生态安全屏障。黄河流域地域广袤，拥有黄河天然生态廊道和三江源、祁连山等多个重要生态功能区，生态地位十分重要。黄河流域是我国生态建设和环境保护的重点区域，也是确保全国生态安全的关键地带，是我国亟待解决沙化和水土流失等生态环境问题的主战场。而且，黄河流域的生态文明建设情况不仅事关当地人民的福祉，也会直接影响全国的经济发展和社会稳定，甚至关系到伟大复兴中国梦的实现。

　　黄河流域也是我国重要的经济地带。黄河流域9省区2019年底总人口为4.2亿，占全国的30.1%；地区生产总值达24.7万亿元，占全国的25.1%。黄河流域上游地区的水能资源、中游地区的煤炭资源、下游地区的石油和天然气资源，都十分丰富，在全国占有极其重要的地位，被誉为中国的"能源流域"，是我国重要的能源、化工、原材料和基础工业基地。黄河流域土地资源丰富，流域内现有耕地1.79亿亩，林地1.53亿亩，牧草地4.19亿亩，黄淮海平原、汾渭平原、河套灌区是我国农产品主产区，粮食和肉类产量占全国三分之一左右。

但是，黄河流域地貌复杂，生态本底差，生态环境非常脆弱。黄河流域水资源短缺，水土流失严重，空气污染和水污染严重。黄河流域各省区经济还多以粗放式的发展为主，无论是GDP总量，还是人均GDP均较低。黄河流域绿色发展水平也较低，根据2015年的数据，黄河流域除了山东（居第7位）、河南（居第12位）、陕西（居第15位），其他省区的经济增长绿化度在全国排名均处于18位以后，青海更是排名第30位。显然，黄河流域生态保护和高质量发展的任务都非常重。

2019年9月，习近平总书记在河南省郑州市主持召开黄河流域生态保护和高质量发展座谈会并发表重要讲话，习近平总书记强调，要坚持绿水青山就是金山银山的理念，坚持生态优先、绿色发展，共同抓好大保护，协同推进大治理，促进全流域高质量发展，让黄河成为造福人民的幸福河。2021年10月，习近平总书记在山东省济南市主持召开深入推动黄河流域生态保护和高质量发展座谈会并发表重要讲话，习近平总书记指出，沿黄河省区要落实好黄河流域生态保护和高质量发展战略部署，坚定不移走生态优先、绿色发展的现代化道路，加快构建抵御自然灾害防线，全方位贯彻"四水四定"原则，大力推动生态环境保护治理，加快构建国土空间保护利用新格局，在高质量发展上迈出坚实步伐。

作为一名生活、工作在黄河流域上游地区的高校教师，一方面为黄河流域生态保护和高质量发展成为国家战略而感到振奋；另一方面，也想为战略的贯彻和落地略尽绵薄之力。2020年，本人带领团队成员申报了国家社科基金项目《黄河流域绿色发展的法治协调机制研究》（20BKS075）。经过两年努力，完成了对黄河流域生态环境和绿色发展的田野调查、数据汇总和分析，发表了学术论文，完成了阶段性成果。为了求教于方家并更好地做好课题研究，我们决定先将阶段性成果公开出版。

本书第一章由吕志祥撰写，第二章由吴重佑、吕志祥撰写，第三章由谯丽、吕志祥撰写，第四章由刘敏、吕志祥撰写，第五章由乔金花、吕志祥撰写，第六章由崔雅丽、吕志祥撰写，第七章由赵天玮、吕志祥撰写，由吕志祥统稿定稿。感谢国家社科基金项目（20BKS075）对本书的资助！感谢中国民主法制出版社！

2022年11月1日
于兰州